全球華語魔法講盟

台灣最大、最專業的開放式培訓機構

別人有方法，我們更有魔法！

別人只談如果，我們更有結果！

別人有大樓，我們有更多的大師！

本書作者、責編、美編
攝於高雄崗山之眼

魔法講盟 開辦各類公開招生的教育與國際級課程：**出書出版班、642系統、講師培訓班、區塊鏈、眾籌、公眾演說、BU**……內容含金量高，保證有結果！不僅提升學員的競爭力與各項核心能力，更給予學員發揮的舞台，打造不一樣的精彩斜槓人生！

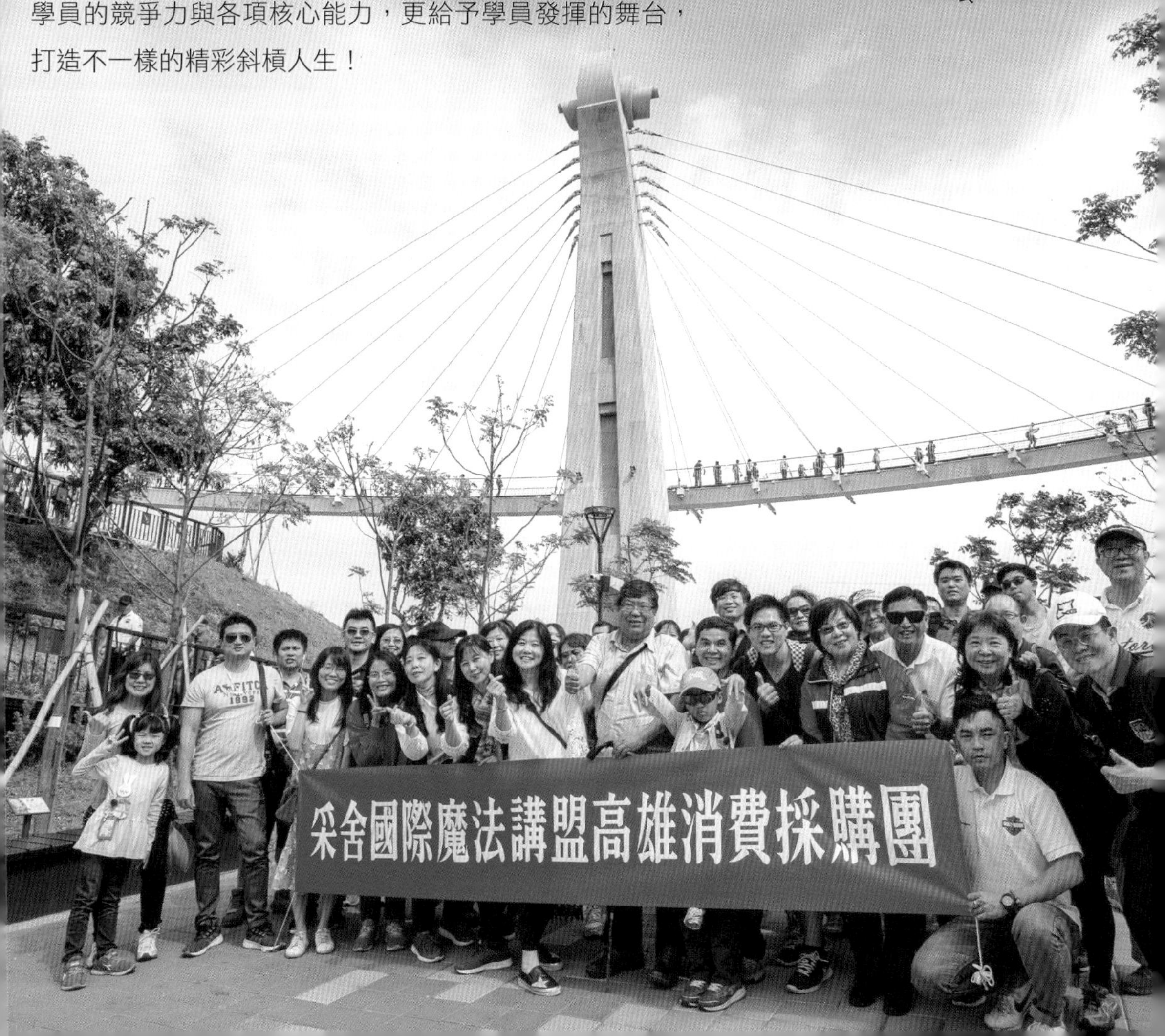

高雄文史采風 享受藝文美食

全面響應「貨出去、人進來、高雄發大財！」

Day1 崗山之眼

1 崗山之眼 *Siaogangshan Skywalk Park*

在8層樓高的玻璃步道眺望阿公店水庫與大高雄！就是要看得比別人遠！

2 英國領事館園區 *The British Consulate at Takow*

訪古論今，參觀國定古蹟總督官邸，欣賞中山大學與美麗西子灣景色及夕陽，見證高雄的發展歷史！

3 高雄港 *Kaohsiung Port*

乘坐渡輪橫越高雄港，前往旗津看海、踏浪、吃海產。攤販們親切的招呼，小編也購買了「韓國魚」與烏魚子，回來台北分送親友。

4 瑞豐夜市

瑞豐夜市第一輪消費後，作者覺得對高雄貢獻還不夠多，所以又加發每人1000元做第二輪採購。小編就拿了1000元跟幾位同仁去KTV唱歌。

5 澄清湖

齊聚青創基地，大家侃侃而談自己的項目與夢想！

6 衛武營國家藝術中心

曾是國軍南台灣最大的營區，車上多位弟子曾在此受訓，遙想當年訓練的甘苦，一切歷歷在目。

西子灣
打狗英國領事館
文化園區
瑞豐夜市
Day2
澄清湖
衛武營
國家藝術中心
高雄港
旗津星空隧道
4
采舍國際魔法講盟高雄消費採購團
旗津星空
隧道
5
采舍國際魔法講盟高雄消費採購團
6
O10
捷運車站／（衛武營站）
MRT Weiwuying Station
光之穹頂
最美の車站

★新創商機　★區塊鏈投資　★黃金人脈交流　★斜槓獲利模式
★事業經營　★財務自由　★成功創業　★職場競爭力　★快樂人生

知識的落差就是財富的落差！

掌握趨勢，知識＋行動力＝財富速翻倍

魔法講盟

致力於打造全球最佳國際級成人培訓系統

週二講堂

匯集跨界知名講者帶來豐富且多元的課程

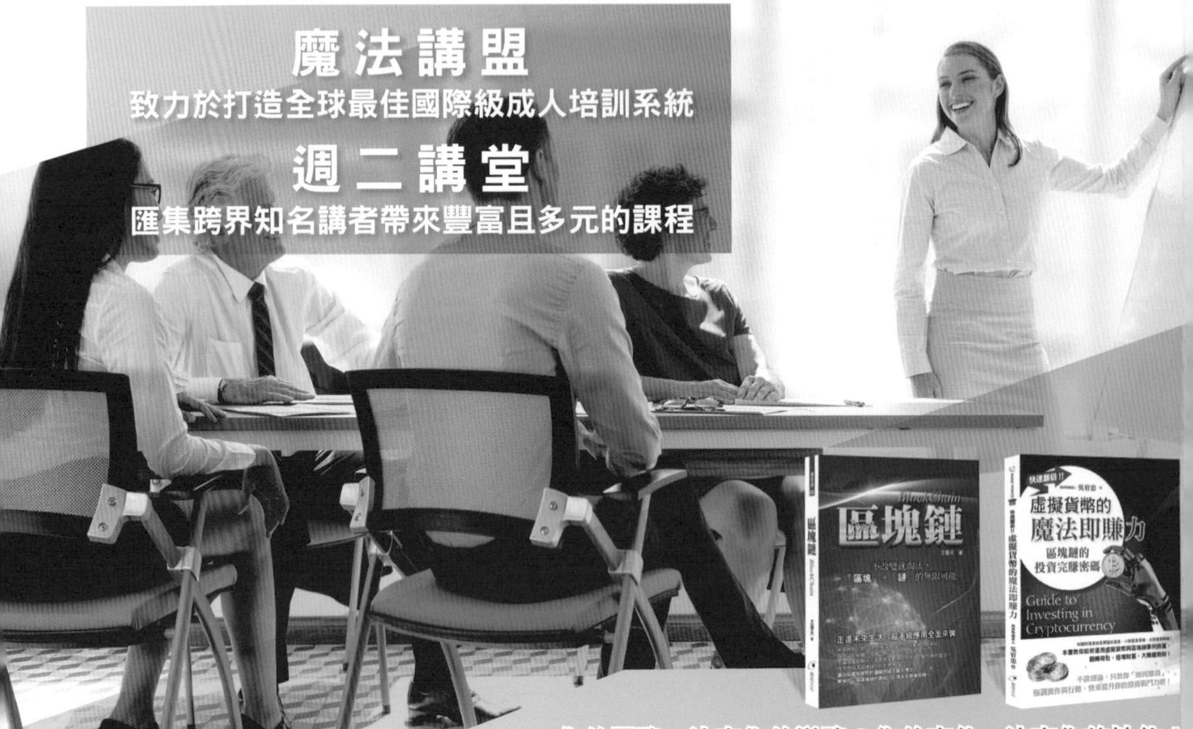

你的思路，決定你的道路；你的定位，決定你的地位！
現代社會已不是大魚吃小魚的年代，而是快魚吃慢魚的年代。
學歷代表過去，學習力代表未來！最壞的時代，只有你能改變自己！

魔法講盟　週二魔法講堂

時間：每月第 2 個週二與第 4 個週二，下午 1:30 ～晚上 9:30

2019 年場次

4/09．4/23．5/14．5/28．6/11．6/25．7/9．7/23．8/13．8/27．
9/10．9/24．10/08．10/22．11/12．11/26．12/10．12/24

上課地點：台北市中山區南京東路三段68號5樓（亞太國際教室 南京復興站 2 號出口）

預約專線：0980048095　客服專線：(02) 8245-8318

查詢 2020、2021 年開課日期及因講師眾多、主題豐富不及備載，
詳細授課資訊請掃右方 QR Code，或上 新・絲・路・網・路・書・店 silkbook.com www.silkbook.com 查詢。

2019亞洲八大名師會台北

保證創業成功 · 智造未來！

王晴天博士主持的亞洲八大名師大會，廣邀夢幻及魔法級導師傾囊相授，助您擺脫代工的微利宿命，在「難銷時代」創造新的商業模式。高 CP 值的創業創富機密、世界級的講師陣容指導投資理財必勝術，讓你站在巨人肩上借力致富。

個人成長 × 趨勢指引 × 創業巧門 × 商業獲利模式

誠摯邀想實作實戰、廣結人脈、接觸潛在客戶、發展事業的您，親臨此盛會，一起交流、分享，創造絕對的財務自由，成為未來的總裁！

2019 年 6/22、6/23

每日上午 9:00 至下午 6:30

地點：台北矽谷國際會議中心（新北市新店區北新路三段 223 號）

憑票免費入場 → 活動詳情，請上新絲路官網 www.silkbook.com

2019 The Asia's Eight Super Mentors

亞洲八大明師 高峰會

入場票券

連結全球新商機，趨勢創富，
BM 商業模式創業智富！

■ 6/22 （憑本券 6/22、6/23 兩日課程皆可免費入場）

■ 6/23 推廣特價：19800 元 原價：49800 元

時間 **2019 年 6/22，6/23 每日 9:00 ～ 18:30**

地點 **台北矽谷國際會議中心**
（新北市新店區北新路三段 223 號 大坪林站）

注意事項

1. 憑本票券可直接免費入座 6/22、6/23 兩日核心課程一般席，或加價千元入座 VIP 席，並獲贈貴賓級萬元贈品！
2. 若2019年因故未使用本票券，依然可以持本券於2020、2021年的八大盛會任選一屆使用。

新·絲·路·網·路·書·店 silkbook.com
更多詳細資訊請洽 (02)8245-8318或上官網新絲路網路書店 www.silkbook.com 查詢！

全球華語講師聯盟　王道增智會　采舍國際 www.silkbook.com　集團 采舍國際

The Legend of Han Kuo-Yu

韓國瑜總統之路

八大名師亞洲首席
王晴天／著

KAOHSIUNG

國家圖書館出版品預行編目資料

韓國瑜總統之路 / 王晴天 著 . -- 初版 .
-- 新北市 : 創見文化 , 采舍國際有限公司發行
2019.4　面 ; 公分 . -- (成功良品 ; 107)

ISBN 978-986-97636-1-5 (平裝)

1. 韓國瑜 2. 台灣傳記 3. 台灣政治

573.07　108004684

成功良品107

韓國瑜總統之路

出版者 / 創見文化
作者 / 王晴天
總編輯 / 歐綾纖
副總編輯 / 陳雅貞
責任編輯 / 林詩庭
專案編輯 / 黃鈺文
美術設計 / 陳君鳳、吳吉昌
封面繪者 / 哈雷大叔

本書採減碳印製流程，碳足跡追蹤並使用優質中性紙（Acid & Alkali Free）通過綠色環保認證，最符環保要求。

郵撥帳號 / 50017206 采舍國際有限公司（郵撥購買，請另付一成郵資）
台灣出版中心 / 新北市中和區中山路 2 段 366 巷 10 號 10 樓
電話 / （02）2248-7896　傳真 / （02）2248-7758
ISBN / 978-986-97636-1-5
出版年度 / 2019 年 4 月 三版五刷

全球華文市場總代理 / 采舍國際
地址 / 新北市中和區中山路 2 段 366 巷 10 號 3 樓
電話 / （02）8245-8786　傳真 / （02）8245-8718

全系列書系特約展示
新絲路網路書店
地址 / 新北市中和區中山路 2 段 366 巷 10 號 10 樓
電話 / （02）8245-9896
網址 / www.silkbook.com

媒體聯絡人 / 陳雅貞　Email / sharon@book4u.com.tw　電話 / (02)2248-7896#330

本書於兩岸之行銷（營銷）活動悉由采舍國際公司圖書行銷部規畫執行。

再版序

台灣安全，人民有錢！

韓國瑜在2019年4月9日開始「鐵人」訪美行程，除了參訪特斯拉、蘋果等知名企業外，也與洛杉磯副市長Nina Hachigian會面，甚至還成為首位獲頒聖塔克拉拉郡「榮譽市民」殊榮的華人！此外，韓國瑜也在哈佛大學、史丹佛大學、多場僑胞餐會上發表演說，演講中時常提及各式「接地氣」的標語或口號，更讓聆聽群眾耳目一新。

韓國瑜即使身在美國，也不忘關心台灣在2020年初大事——總統大選——的最新動態。因此，韓國瑜除了在演講中提及「他的高雄之路」外，也屢屢向台灣人民呼籲，2020年總統大選勢必得投給能實現「台灣安全，人民有錢」的候選人，更提出台灣未來前進的方向——國防靠美國、科技靠日本、市場靠大陸、努力靠自己。韓國瑜在離美前的最後一場演講上也提到「台灣的經濟已經鬼混了二十幾年」；韓國瑜之所以會如此憤怒，在某種程度而言，也是將自己的人生投射在虛度光陰的台灣上。韓國瑜在棄選立委後，便開始了長達16年的沉寂人生，與原地踏步20年的台灣何其相似！

韓國瑜在4月18日清晨飛抵桃園機場，數百名韓粉包車前往接機，由於媒體記者與韓粉太過熱情，韓國瑜數度被擠得差點踉蹌跌倒，最後才在韓國瑜「不要動」的喝令及現場航警的努力下，一行人順利搭車離開，前往高雄市政府繼續辦公。由此可見，韓流不僅未見退燒，還越演越烈！

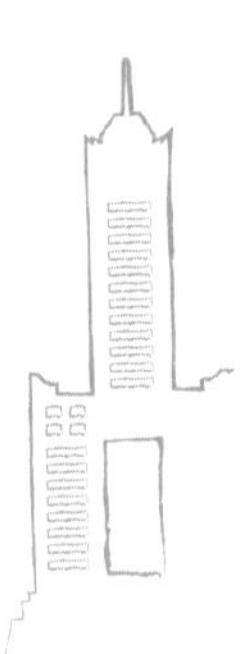

2019 年 4 月 23 日，韓國瑜為回應民間基層拱韓參選總統的呼聲而發表五點聲明。針對其中一點聲明「對於國民黨 2020 年總統大選，此時此刻，我無法參加現行制度的初選」，據筆者分析，可著眼於四大焦點——**2020 年**總統大選、**此時此刻**、**現行制度**的**初選**；只要這四大焦點有所改變，韓國瑜便有投入總統大選的可能，如：國民黨「徵召」韓國瑜投入總統大選。因此，期待台灣政治改變的人們也應回應韓國瑜的呼籲，加大拱韓的聲量，使其成為帶領台灣邁向「台灣安全，人民有錢」的第 15 屆中華民國總統！天佑台灣！天佑中華民國！

本書在短短 20 天內狂銷 10,000 本，吸引中視、中天等各大媒體報導，筆者也在本書再版時更新時事內容。

最後，筆者也期許能藉本書深入剖析韓國瑜「夜襲」成功的奧秘，帶領讀者走向王道成功之路！

夜色茫茫，星月無光，
只有砲聲，四野迴盪，只有火花，到處飛揚。
腳尖著地，手握刀槍，英勇的弟兄們，挺進在漆黑的原野上。
我們眼觀四面，我們耳聽八方，無聲無息、無聲無息，
鑽向敵人的心臟、鑽向敵人的心臟！
只等那信號一亮，只等那信號一響，
我們就展開閃電攻擊，打一個轟轟烈烈的勝仗！

（〈夜襲〉歌詞）

作者　謹識

作者序

搶了菜攤，丟了半壁江山

歷史上有太多成功人士都曾從雲端跌落凡間。美國第 16 任總統林肯，一生中遭遇過許多挫折，包括競選失敗、企業倒閉、被追債，當他終於競選州議員成功，以為自己悲慘的人生出現轉機時，隔年他的未婚妻又不幸去世，自己也得了精神衰弱症，不久後決心再起，競選州議會議長，卻再度敗北，接下來就是一連串的選舉失利。他嘗試了 11 次，也失敗了 11 次，終於，他在 1860 年獲得了生命中的第二次成功——當選美國總統，更在總統任期間解放黑奴，成為美國家喻戶曉的人物。

在台灣，也曾有個禿子在三十幾歲開啟了看似順遂的政壇之路，從縣議員當到立委，又娶回美嬌娘，可說是一腳跨入了人生勝利組；但他卻在前景一片看好時急流勇退，人生跌入谷底；在他當了十餘年的失意人士後，總算經伯樂邀請上任「菜攤」公司總經理，成為賣菜郎；本以為可以就這樣度過餘生的他，卻成了政治鬥爭下的犧牲品，被迫將轉虧為盈的菜攤公司拱手讓人；菜攤被搶、妻兒擔心受怕、黨內亂象橫生，讓他憤而再戰政壇，開始了他傳奇性竄起的第二場政治旅程。這位禿子是誰？他就是掀起「韓流」風暴的台灣政治新星——韓國瑜。

身為韓國瑜中學學弟的筆者，和韓國瑜也有相當多共同之處，包括曾經讀過「放牛班」。筆者甚至與韓國瑜就讀同一所中學——恆毅中學，只是筆者就讀的是初中部、韓國瑜就讀的是高中部，教務主任還有個令人印象深刻的綽號——阿豹。當

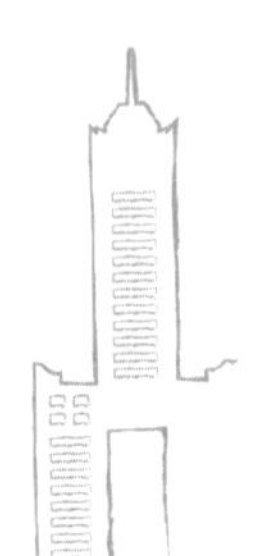

初先總統蔣公去世時，筆者還曾在師大劉友娟老師推薦下，作為學生代表上台朗誦〈蔣公遺囑〉，回想當時，若韓國瑜還待在恆毅中學，應該也會站在高中部人群中聆聽台上學弟的誦讀吧！當時恆毅中學的初中部是著名的升學班，因此考試卷都相當困難，在特難的試卷下，分數自然就較為慘烈，因此，筆者在之後轉入永和國中時，因成績數字不好看而被分入「放牛班」。

但，誰說放牛班沒有春天？筆者經過努力，一步步從放牛班升至前段班，再走上人生巔峰。而韓國瑜也透過他真摯又不做作的態度，成功跨過了難關，邁向高點——在 2018 年 11 月 24 日成功翻轉高雄，使高雄由「綠地」變「藍天」，「韓國瑜」三個字也因此深深地烙印在全台灣人民心中。

拿破崙曾有句名言：「人生最艱難的時候，就是離勝利最近的時候。」人生軌跡有如「駝峰」般綿延起伏的韓國瑜，面對自己跌宕波折的人生並沒有因此失意，反而能突破困境，成為享譽政壇、備受人民肯定的政治明星，這點是相當值得人們學習的。

韓國瑜的理想與精神讓筆者相當敬佩，除了因此組織全公司近百人前往高雄消費外，這也成為筆者嘔心瀝血撰寫本書的原因，希望能帶給青年學子一些啟發，助他們跨過難關，並在成功之後「莫忘初衷」！

作者　謹識

推薦序

就讓他再任性一次吧！

從2018年4月韓國瑜宣布參選高雄市長開始，台灣政壇就埋下了一顆巨型地雷，最後終於在11月24日這天引爆。

選前，許多人震驚、不解，甚至帶著看好戲的揶揄心態，冷眼旁觀著韓國瑜手忙腳亂地試圖在「極綠」的高雄拓展「業務」。然而，這些看衰韓國瑜的目光，最後全都因開票結果而瞠目結舌。

只因女兒韓冰的一句話：「他都六十了，就讓他人生再任性一次！」家人從強烈反對他參選轉而全力支持。韓國瑜僅用了近半年的時間，拿下高雄市長的寶座，而令他挑戰這項「不可能的任務」的原因，民進黨可說是起了推波助瀾的作用。

韓國瑜在職場上，並非事事都能稱心如意，他也曾孤獨地經歷過一段被人忽視、沒有任何資源的艱困時期，在這個時期，他不爭搶、不出風頭，低調地自我修養與進修。就職北農總經理的期間，他一路波瀾不驚、見招拆招，卻在即將退休之際，因颱風來襲、菜價高漲而遭民進黨官員大肆攻訐，最後，他憑藉著自己的情商與主見，於台北市議會中反駁市議員的質詢。他出色、精采、幽默且犀利的言談技巧，除了將自己心中的怨氣發洩出來以外，更使人民看見一位不一樣的政治人物。

大家總說「時勢造英雄」，但我覺得「時勢」與「英雄」是相輔相成的。即便有「時勢」相助，惟有平時有所準備的人，才能把握良機，趁勢成為「英雄」。韓國瑜之所以能勝選，除

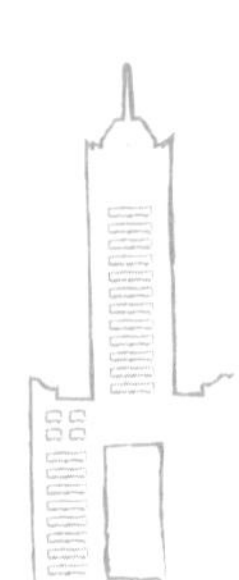

了看準機會、把握時勢外，更重要的還有策略上的改變與創新。

過去的政治競選宣傳模式著重在「樁腳」的穩固上，這種靠地方上有名望的鐵票老黨員進行拉票的宣傳方式，使許多年輕的民眾漸漸地與政治脫節，形成一種「選舉冷漠」的現象。韓國瑜的競選宣傳模式完全不同於以往，他成功制定了新穎的宣傳策略——將重心放在新一輩年輕朋友身上，並以他們常用的網路平台作為媒介，藉此號召廣大、無遠弗屆的網民參與自己的競選過程，成功增加了不少話題性。除此之外，他也摒除了過去饒舌難念的選舉標語，改用朗朗上口的口語化標語，這種呈現出自己真摯情感的「接地氣」舉動，完全符合鄉親百姓的胃口。於是，「韓流」就這樣乘勢崛起，一發不可收拾。

本書作者王晴天是我建中同學，現在他已是台灣知名的知識服務商，當然也是一名韓粉。九合一大選前，他透過國際電話興致勃勃地跟我說他已在撰寫一本韓國瑜的書，期許這本書能激勵台灣的年輕人，我也很開心能受邀為這本書寫推薦序。

本書作者將拉著你的手，引導你從內部剖析韓國瑜的成功秘訣，包括他在競選過程中使用的公眾演說方式、網路行銷模式、幽默言談技巧，甚至是他獨特的人格魅力。此外，在閱讀完本書後，更可以從韓國瑜的成長故事中，得到不少啟發性的創新思維模式。

作者精闢的論述與分析、詳細的資料整合，在在都能於介紹、分享韓國瑜的同時，帶你習得成功王道之學，助你攀上人生顛峰！現在，就讓我們跟韓國瑜一樣再任性一次吧！

建雛　　於紐約曼哈頓

基本資料

性別：男

出生：1957.6.17

籍貫：台北縣（今新北市）

住址：高雄市政府

電話：1999、
(07)335-2999

郵箱：http://soweb.kcg.gov.tw

自我評價

不懼不一樣的發聲與言論，成為民眾的傳聲筒；不為五斗米折腰，為民眾爭取最有利的福祉。以民為天、為民服務，是我韓國瑜永遠秉持，也最幸福的動力！

——引自韓國瑜Facebook
（關於韓國瑜）

教育背景

國小：
台北縣板橋國民小學
（今新北市板橋國民小學）

國中：
台北縣立海山國民中學
（今台北市立海山高級中學）

高中：
天主教恆毅高級中學
自由高級中學
（今桃園市私立光啟高級中學）
中華民國陸軍軍官學校

大學：
東吳大學英文系

研究所：
國立政治大學東亞研究所

工作經歷

1990年～1992年：
第12屆台北縣議員

1992年～2001年：
第2、3、4屆立法委員

2004年：
維多利亞雙語中小學創辦人

2006年～2007年：
台北縣中和市副市長

2013年～2016年：
台北農產運銷公司總經理

2017年～2018年：
高雄國民黨部主任委員

2019年～迄今：
高雄市長

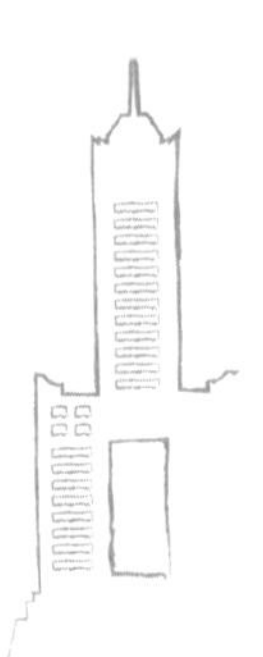

Kaohsiung

目錄 CONTENTS

第一章 韓國瑜的總統之路

第二章 韓國瑜的王道成功之路

第三章 韓國瑜登頂前哨站——高雄歷史沿革

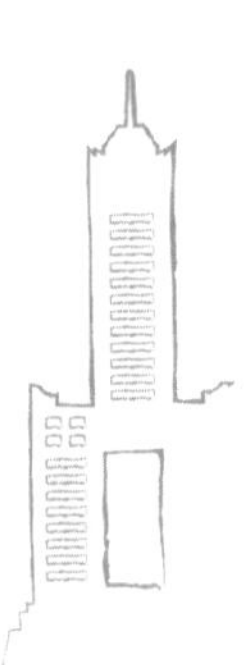

Kaohsiung

附錄

The Legend of

Han Kuo-Yu

第一章

韓國瑜的總統之路

1 Legend of the Beginning 韓國瑜傳奇之始

西元 1943 年，日本打著大東亞共榮圈的旗號，開始入侵印度，中國重慶國民政府軍委會派遣遠征軍前往印度，阻止日軍侵華的軍事行動。其中，一位懷抱著滿腔熱血的青年奮勇作戰，誰都想不到，他在 3 年前還是個領著合格教師證的老師，在他看見日軍侵華、生靈塗炭的慘況後，毅然決然地投筆從戎，報考黃埔軍校，成為了黃埔第 17 期的裝甲兵科學生。他就是——韓濟華，也就是現今台灣高雄市長韓國瑜的父親。

韓濟華對日作戰的英勇，國民政府都看在眼裡，因此他的官階隨之水漲船高，甚至奉命以裝甲兵連長的身分，作為第一波撤退來台的探路人。

韓濟華帶著妻小來到台灣後，首先於台中清水落腳，隨後北遷搬到桃園中壢。韓濟華一家住著最普通的、以稻草為屋頂、以竹泥糊成牆的簡陋房子，夫妻倆克勤克儉，終於存下足夠的錢，買了間小房子。正準備舉家搬進新居時，同住於眷村的鄰居遇到了些麻煩，韓濟華大手一揮，無條件將小房子轉贈給他，分文不取。

對於跟隨蔣中正征戰四方的來台軍人而言，即使在台灣落地生根，形成眷村聚落，這些軍眷們仍具有強烈的意識型態——「我們要打倒共產黨，要反攻大陸！我們在這裡不過是個過客，因此我們要團結一心，我們馬上就要回家了！」這種堅定的信仰深深地扎根於眾軍眷心中，韓濟華也不例外，也造就了他豪氣轉贈房屋給鄰居的行徑。

然而，時光荏苒，數度春秋就這樣過去了，「反攻大陸」已成了空想，而送出去的房子也如覆水般難以收回，韓濟華只得帶著妻小再度搬遷，來到了位於新北板橋的中正新村（後陸續改名為台貿九村、篤行新村）。

1957 年 6 月 17 日，一名男嬰在台北這平凡無奇的眷村中呱呱墜地，為他 60 年後一夕間名聞全台的傳奇人生揭開了序幕。

2 Military Life 平凡之子從軍去

西元1963年9月，於3年前就曾侵襲台灣的（同名）葛樂禮颱風再度來襲，但不同於3年前的輕颱葛樂禮，此次的葛樂禮颱風最大風速達每秒68公尺，突破17級的瞬間風速甚至能吹斷電線桿，七級的暴風半徑也長達400公里，它在台灣北部、中部釀成了嚴重的水災。

僅為6歲小一生的韓國瑜，親眼見證了這場天災劇變，房屋低矮的中正新村有不少房屋慘遭滅頂。眼看洪水衝進老舊的眷村肆虐，連新買的收音機都沉在水中，韓濟華顧不得在淌血的內心，連忙讓妻子帶著6個小孩前往中正國小避難，自己留守在滿目瘡痍的家園，無助又淒涼地等待著洪水退去。

靠著政府的賑災物資，韓濟華一家總算挺過了風災的重創，但隨之而來的是政府的搬遷令，一家八口只能無奈地依令遷往中和壽德新村。

到了壽德新村，韓國瑜成為板橋國小的三年級小學生，每天必須起個大早，花一個小時獨自漫步於田埂間步行上學去，滿山遍野的稻田也成為他在國小時印象最為深刻的風景。

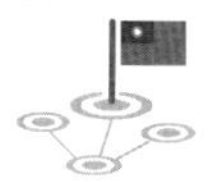

＊　＊　＊

4 年後，韓國瑜進入海山國中就讀。憑藉著都曾擔任教師職業的父母之身教、言教，韓國瑜在幼時打下深厚的學習基礎，在海山國中升級時的能力分班考試中更顯出類拔萃，成為原班唯一升上精英班的成員。

但到了情竇初開的國二下學期，韓國瑜的思緒不再只專注於書本上，而是漸漸飄到班上的女同學身上，成績也因此一落千丈，最後在升國三的能力分班考試上失利，被下放到「放牛班」。

因筆者曾讀過所謂的「放牛班」，也實際走訪了海山國中，探詢有關於海山國中「放牛班」的傳說，據傳放牛班的教室位址是在某棟樓的頂樓，外牆上掛著海山國中的校徽；因頂樓獨有「放牛班」一個班級，不僅沒有左鄰右舍的班級干擾，甚至教室旁邊還多了一個大空間的儲藏室，擁有相當不錯的教室環境。從教室窗戶往外望，正好能看見校門入口的龍門池；再遠眺一些，甚至能看見筆直延伸而去的道路；想當年韓國瑜應該就是待在這樣的環境下成長吧！

儘管韓國瑜因為被分進「放牛班」而遭父親責打，但他反而如魚得水——放牛班的 B 卷考試對於剛從考 A 卷的高規格精英班下放的學生來說，實在過於簡單。

然而，這種因材施教的分班制度，在某種層面上來說，造成了師資的不平衡，韓國瑜的成績也處於「高不成，低不就」

的窘困境地，在畢業後考入私立恆毅中學成為筆者的學長，卻在高二那年被通知留級，這也給了他極大的挫折感。

韓國瑜年輕時和許多人一樣，遇到挫折便會放縱自己，他的放縱便是——逃學並當小混混。韓國瑜傳自父親的爽朗個性，讓他總能聚集三五個情同兄弟的同學，帶著他們四處「打家劫舍」，享受當老大的威風。

縱使韓國瑜過著浪蕩的學生生活，他也自己劃定了底線——堅決不混幫派。他甚至在放學時間搖身一變，變回謙恭有禮的好學生，讓父母無所察覺他在外頭的所作所為。

西元 1975 年 4 月 5 日，87 歲的蔣中正總統過世，各校高中的軍訓教官大力鼓吹年輕人報考軍校，18 歲的韓國瑜也迎來人生中最重要的轉捩點。

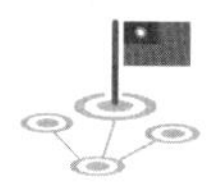

3 *Advanced Studies*

退伍後的苦讀進修

韓國瑜早在 18 歲就懂得為未來布局，他深切地明白，以自己位居中游的成績水平難以進入當時錄取率僅有 26.36%的大學校門。因此，他回家開了家庭會議，在他懇切的言詞下，終於獲得父母首肯，同意他報考軍校。

當韓國瑜順利考進軍校後，官拜中校的父親及從事軍職的哥哥並沒有為他開後門，反而讓他隻身從板橋火車站搭車，前往高雄鳳山的陸軍官校報到。

走進陸軍官校營區的韓國瑜，卻還是以小混混老大的派頭大搖大擺地走進軍區，果不其然，立刻被軍區長官視為「刺頭」，特別挑出來殺雞儆猴。他也在慌亂中換掉花襯衫、扔掉喇叭褲、剃成小平頭，開始融入與外界完全隔絕的軍旅新環境。

* * *

經過一年受訓後，韓國瑜表現突出，升任中尉排長，調往土城運輸兵學校。19 歲的他，面對著底下多數年紀比自己大上一輪的兵，難免有些徬徨，但他仍想方設法地帶好這些兵。當他煞費苦心地鑽營如何帶好這些兵、並在一年多後終於取得成果時，又被調離這個熟習的環境，甚至遠離台灣本島，領走了

「金馬獎」，到了外島中的外島——馬祖莒光島擔任汽車連副連長。

在外島當兵，其中的甘苦只有真正經歷過的人才能體會，韓國瑜在第一天走馬上任時就發現外島駐兵的「剽悍戰鬥力」。他為了要駕馭這些血氣方剛的兵，便拿出高二時練就的一身「打架」本領，狠狠給了這些兵一記當頭棒喝。韓國瑜在「武力鎮壓」之餘，也釋放出善意及略施小惠，「先給個大棒，再給顆甜棗」的做法，果然把這些大頭兵治得服服貼貼。

韓國瑜服役的 4 年中，一大半時光都是在馬祖莒光島的汽車連度過，除了與本連的官士兵們關係良好外，也與「鄰居」衛生連的醫學院高材生打成一片，這些醫官們的頭腦更讓他嘆為觀止，也令他立下決心重拾書本。

在服滿 4 年役期後，韓國瑜轉調至花蓮，每天花 14 個小時埋頭苦讀，持續了 10 個月，最後在以上尉軍階退伍的當年步入考場，考上東吳大學英文系，成為「高齡」24 歲的大學生。

＊　＊　＊

韓國瑜 6 年的軍旅生活共攢下了 10 萬元，這筆錢在當時一碗陽春麵只要 10 元、一顆肉圓只要 5 元的年代，可說是相當可觀的一筆數字。儘管身懷鉅款，韓國瑜卻沒大肆揮霍，而是轉頭就將這些錢全數交給母親，韓母也立即將這筆錢轉投資，投資的標的就是當時正夯的「鴻源機構」。然而，萬萬沒想到的是，這筆錢卻像肉包子打狗，在 1990 年 1 月隨著鴻源機構❶倒閉而

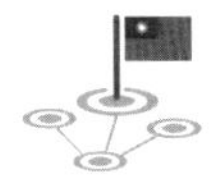

一去不回，血本無歸。

韓國瑜開始了他的大學生涯，他像現在的很多大學生一樣，開始了白天上課、晚上打工的生活，但不一樣的是，他利用自己在軍中磨練出來的強健體魄謀求待遇相對較好的工作，成功爭取到月薪在當時足足有上萬元的大夜班警衛工作。然而，大夜班警衛看似高薪，背地裡卻極其消耗工作者的身體健康與睡眠時間，韓國瑜的睡眠時間也因此被切割得支離破碎，讓他只能在下班到上課前小睡一到兩小時，或在課間、放學後略微小憩。

白天上課、晚上值班的忙碌生活足足持續了 4 年之久，直到大四下學期，韓國瑜才幡然醒悟，原來自己並不鍾愛文科，而是想放眼國際，探討國與國之間的脈動與關係！

韓國瑜停下了晚上的工作，再次閉關苦讀，但孝順的他也沒有向父母索要生活費，而是省吃儉用，就著自己過去打工的薪資所得積蓄來維持刻苦的求學生活。

＊　＊　＊

數月後，韓國瑜再次邁進考場，皇天不負苦心人，政大東亞研究所及淡大國際戰略研究所同時向他拋出橄欖枝。韓國瑜選擇了每月提供 4,000 元獎學金的政大就讀，這也為他日後的傳奇生涯奠定了堅實的基礎。

曾擔任過立委、國安會秘書長，並首創「九二共識」❷一詞來表達「一個中國，各自表述」的蘇起，曾以指導教授之姿，指導過韓國瑜寫學術論文；現任淡江大學陸研所副教授的張五岳，更是韓國瑜在政大東亞所的學長；曾任中國時報社長的王丰，也是韓國瑜的同學。這三位在政治界、學術界、新聞界響叮噹的人物，為韓國瑜的勝選及理念構築了「鐵三角」——韓國瑜以蘇起的「九二共識」為理念核心，以張五岳的「兩岸政治經濟策略」為骨架，以王丰的「資深新聞媒體傳播經驗」為傳聲筒，成功地在高雄打下綠地中的一片藍天。

韓國瑜在就讀研究所期間，也不再擔任保全、警衛等出賣勞力的工作，而是轉往台北市議員的聯合辦公室擔任助理，協助馮定國、陳俊源、高薰芳等市議員處理政治上的事務，開始培養起自己的政治敏銳度。

更重要的是，韓國瑜的妻子——李佳芬當時正於中國時報擔任編輯，獲邀採訪議員馮定國，因此與韓國瑜結識，也很快地墜入愛河。韓國瑜在與李佳芬約會時，自然不可能和女朋友進行 AA 制（平均分攤金額），於是經濟壓力倏然加大，讓他不得不額外再找一份工作。韓國瑜憑藉著自己的努力與能力，成功考進中國時報的大陸室，並利用自己大學就讀英文系的專長，當起外電翻譯的研究員，處理與大陸相關的新聞，同時也和女友李佳芬、同學王丰成為報社同事，使三人的關係日漸穩定並熟絡。

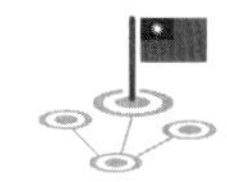

❶「鴻源案」為台灣經濟史上最大型的集團型金融犯罪案件。1981年，台灣第一家以「四分利」高利貸與老鼠會形式吸收民間游資的投資公司——「鴻源機構」成立，許多退伍軍人與公教人員將退休金、養老金，甚至是借貸來的金錢投入這隻「金雞母」中，沒想到在1989年中旬，立法院修正《銀行法》，檢調單位開始強力查緝地下投資公司，造成鴻源機構營運受挫，最後在1990年初倒閉，造成超過16萬人賠光積蓄。

❷「九二共識」的緣由開啟於1992年海峽兩岸的官方授權組織——海峽交流基金會、海峽兩岸關係協會在香港舉行的會談，此次會談是為了次年的辜汪會談而事先進行的事務性協商會議。過程中兩岸在彼此互動交流下，對「一個中國」問題達成一種默契，雙方可以口頭方式進行不同表述。大陸方面的立場是在非直接涉及一中爭議的事務性互動上，先擱置問題，但其根本核心仍為堅持世界上只有一個中國——中華人民共和國，是代表全中國的唯一合法政府；台灣方面的立場，則認為一個中國代表的是「中華民國」，其存在是不可否定的事實。也就是雙方為了彼此順利交流所達成的默契，達成一種雙方各說各話的政治妥協，其核心就在於「一中各表」。兩岸藉由此次會談形成的默契，順利開展往後一連串的和平交流。一直到2000年，時任陸委會主委的蘇起為了解決民進黨執政後的兩岸主權爭議，以求雙方能夠持續和平交流，於是將1992年香港會談後，兩岸所形成的默契，下了一個名詞，即是「九二共識」，其核心內容依舊是「一中各表」，並建議總統陳水扁接受以「九二共識」來爭取兩岸和解、持續和平交流的發展。而這個名詞後續也被大陸官方所認可，作為兩岸表達願意擱置問題，先務實交流的用詞。

4 Political Career 暴起暴落的政治生涯

從大四將目光看向國際，到考上政大東亞所，再到擔任市議員助理，在在都顯示了韓國瑜往政治路上出發的決心。

果不其然，從政大東亞所畢業不久的韓國瑜，在 1989 年就拍桌參選第 12 屆台北縣議員，這讓當時已經從女友過渡到妻子身分的李佳芬相當不滿，幾乎鬧起了家庭革命。

李佳芬出身政治世家，父親李日貴在雲林縣連續擔任過 3 屆的雲林縣議員，相當有名望，因此她也很清楚韓國瑜並不具備選舉必要的要素——雄厚的財力。當時剛結婚不久的兩人甚至還是無殼蝸牛，只租了小小一間屋子居住，並沒有多餘的錢財能投入選戰的深淵中，因此她非常反對當時還是政治素人的韓國瑜參選台北縣議員，甚至不惜以「離家出走」相逼。

為此，韓國瑜執拗地和妻子促膝懇談，提出了兩大協議——第一，絕不散盡家財拼選舉，避免使家人受累；第二，只嘗試這一次，不成功、便從此退出政治圈。

看著已經退讓到如此地步的丈夫，李佳芬妥協了，決定放手讓韓國瑜去闖一闖。

得到李佳芬的首肯，韓國瑜火急火燎地行動了起來。他先

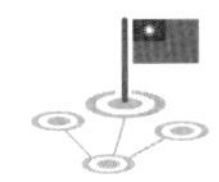

向外發出募款號召，卻只有幾個朋友響應，東湊西湊之下，總算湊足了 90 萬元。謹守和妻子約定的韓國瑜，只能用這筆資金打選戰，這迫使他只能挑最陽春、最省錢的道路前進。

還記得不久前的九合一大選，曾看見拼連任的市議員以選民服務處為根據，向外擴租了 3、4 個店面，來當競選總部，外面懸掛著來自四方的助選題辭，礦泉水、競選旗幟、工作人員、競選車輛等資源更是多到難以計數；反觀當年的韓國瑜，只能在眷村外租下一個低矮平房當競選總部，競選資源也只能接收之前立委落選人競選總部遺留下來的物件。

1989 年底，國民黨籍的陳學聖選上第 6 屆台北市議員，他對於與自己同是天涯淪落人❶的韓國瑜相當有好感，也明白他捉襟見肘的經濟情況，因此在選戰結束後，立即將自己的班底及可茲再次使用的二手資源轉送給韓國瑜。韓國瑜就拿著三手的麵包車及設備，帶著先前跟隨陳學聖的工作人員開打屬於自己的選戰。

打選戰最害怕的是什麼？怕的其實不是政見不好，而是選民根本不知道自己的名字！

韓國瑜也深知這個道理，於是挪了一大半的資金投入宣傳，但卻遠遠拼不過其他候選人動輒投入上百萬的宣傳模式。韓國瑜埋頭苦思，總算想到了一個不用花錢，卻可以讓選民記住自己的方式，那就是——在上班的尖峰時段站在街頭巷尾，向選民揮手「搏感情」。

人物速寫

首位幫助韓國瑜站穩政壇的政治人物——陳學聖

陳學聖，現任國民黨籍立委。1989年底，因黨內無年輕人參選空間，憤而選擇違紀參選，當選台北市議員。1998年，開始轉換跑道參選立委，當選第4、5、8屆立委。在2018年受命參與桃園市長選舉，宣傳方式不同於傳統鋪張浪費的旗海、傳單，改由高度環保且數位的模式貼近民眾生活，政見兼顧文化教育、環境保護、社會關懷等議題，可惜最終敗於民進黨強棒候選人（也是當任市長）鄭文燦之手。

聽起來是不是很熟悉？直到現在，每次選舉開始，總會有不少候選人站在車水馬龍的大路口、站在一個自己搭建的小平台上，和來往行人與車輛鞠躬、揮手，到了選前幾天，這種現象更盛，往往在該選區最熱鬧的路段，會有三、四組候選人站在同一個十字路口進行這種「揮手致意」的行為。

韓國瑜首創的選舉手法，充分把他的熱情展現在台北縣中和市（現新北市中和區）選民面前，在中和市造成了轟動，可想而知，他也因此一炮而紅，打響了知名度。憑著這股衝勁，造就了他在台北縣議員選舉中的優勢地位，最後也如願在衝刺3個月後高票當選，成為第12屆台北縣議員。

選上了台北縣議員的韓國瑜，開始了懵懂的政壇生活，他憑藉著滿腔熱血，準備替支持自己的選民赴湯蹈火。他除了以

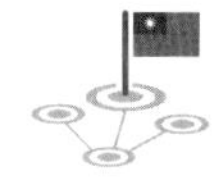

洪亮的嗓音、犀利的言詞，向當時民進黨籍的台北縣長尤清問政外，就職剛滿 8 個月的他，還帶著專屬於年輕人的血氣方剛。在一次尤清縣長忍無可忍、敲桌還擊自己的質詢時，韓國瑜暴走了，他隨手拿起桌上的保溫杯朝尤清扔去，人也快速逼近主席台，甚至動手勒住尤清的脖頸，試圖毆打他。這次幾乎演變成全武行的質詢，也成為韓國瑜政治上的一大汙點，他也因為這個事件傷了後腦杓，險些腦震盪，住進醫院療養觀察。

1992 年 5 月，台北縣出了一件大事——自強保齡球館大火。自強保齡球館就坐落在中和市，是當地頗受歡迎的保齡球館，為一棟三層樓的鋼架鐵皮建築。一樓為販售生鮮食品、民生用品的超市，二樓長年處在施工中，三樓則是保齡球場，裝潢奢華，還附有撞球室，甚至還備有電梯載送客人，這在 1990 年代來說，都是極其罕見的。如此罕見、華貴的場地，再加上當時保齡球文化風頭正盛，許多商人都看準了商機，發展保齡球館這種複合式休閒產業，甚至還打出了「凌晨 12 點後一局 10 元」的口號來搶客。

自強保齡球館的起火時間，正巧在凌晨，當時還有不少客人、員工、施工人員待在館場內。當消防隊獲報前往，卻被附近停滿機車的窄巷阻擋在外，延誤了救援時機，再加上館場內的裝潢多屬易燃性材質，應當分散成兩個方向的樓梯及升降梯集中於一處，造成只有部分熟悉館場的員工及施工人員能從機房後門逃脫，其餘受困的客人則無法逃生，共計造成 20 人罹難的慘劇。

身披中和選區議員當選人的韓國瑜自然當仁不讓，緊抓自強保齡球館中的消防安檢漏洞砲轟尤清，尤清無奈的官腔式話語激不起一點水花，瞬間就被韓國瑜的氣勢壓倒，最終也在地方議會及中央立院的督導下，開始大規模徹查非法的保齡球館及鐵皮屋建築，這樣的舉措使「保齡球」這個冉冉上升的運動新星殞落，更令不少商賈與既得利益者受到影響，韓國瑜也因此付出了代價。

事發後幾天，韓國瑜從小居住的壽德新村發生了火災，共計 8 棟房屋慘遭祝融之禍。儘管縣長尤清在第一時間趕到現場慰問，但後續起火點、起火原因的偵查卻顯然過於消極，彷彿有一隻看不見的手在操控整起事件，最終，這個火災的起火原因也成了不解之謎，沉進了歷史深淵。

韓國瑜也引以為戒，明白「在羽翼未豐之時，鋒芒太露是極其危險的」，因此他痛定思痛，剃了個大光頭，並就其光明磊落的行事作風，直接在議會餐廳公開向尤清道歉，並調整成較為和緩的問政風格。至此以後，韓國瑜雖然還是不改自己大砲的本色，卻已經收斂了許多。

＊　＊　＊

韓國瑜政壇的初試啼聲眼看就要在 1993 年 1 月底落幕，但他卻決定繼續乘勝追擊，對 1992 年底的第 2 屆立委選舉發起進擊。

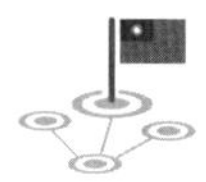

第 1 屆立法委員就是俗稱的「萬年國會」，也就是 1947 年，國民政府還在中國大陸時選出來的立法委員與國大代表，但很快就到了風雲變色的 1949 年，國民政府敗退來台，國會一直沒進行改選，因為當時的國民政府堅信最終能「反攻大陸」，而既然未來能反攻大陸成功，第 2 屆立委自然應當在選出第 1 屆立委的大陸各省之選舉地選出才是正統！但漸漸地，越來越多撤退來台的人們明白「反攻大陸」的艱難與無望，終於在 1990 年，由大批大學生發聲，為抗議萬年國會再次將「間接選舉」的觸手探入總統大選，在中正紀念堂廣場爆發了「野百合學運」，也就是「三月學運」，當時已由萬年國會國大代表選任為總統的李登輝接納了學生們的訴求，推動修憲，終於在隔年底使擔任國大代表 40 餘年的老國代們退休，安享晚年。

人物速寫

首位全民直選總統——李登輝

李登輝，為由全民直選產生的台籍總統。1990 年，李登輝獲第 1 屆國民大會選為第 8 屆總統（此前為繼任蔣經國剩餘總統任期），並召集多方協商，於次年，回應「野百合學運」訴求，包括宣布「廢止《動員戡亂時期臨時條款》」、「展開修憲，使『萬年國會』換屆改選」等內容。1994 年，國民大會正式確定「中華民國總統自第 9 任起，實施全民直選」方式。1996 年，李登輝當選全民直選的第 9 屆總統。

西元 1992 年 12 月 19 日，中華民國第 2 屆立法委員選舉終於要舉行了，可說是具有「終結萬年國會、全面改選」的劃時代意義。在當時朝野 14 個政黨中，共計推出了 403 位候選人來角逐 161 個席次，韓國瑜所在的選區——台北縣——候選人的數量更是應選人數的 3 倍之多。

但韓國瑜究竟何以能在 48 名候選人中嶄露頭角呢？追根究柢下，可以發現兩件創造出韓國瑜這位「英雄」的「時勢」。

第一，當時還未自立門戶的國民黨秘書長宋楚瑜，借鏡美國行之有年的初選制度，在國民黨內實行初選，韓國瑜依照規定參與黃復興黨部❷的初選，結果力壓群雄，連原先黨部預計提名、曾任第 1 屆立法院增額委員的周書府都得避其鋒芒，改列入不分區立委名單中。

人物速寫

末任台北縣長周錫瑋之父——周書府

周書府（1924 ～ 2001），末任台北縣長周錫瑋之父。1949 年，國民政府撤退來台，周書府孤身從川西逃至香港謀生，之後又輾轉回到台灣，與早先來台的家人團聚。爾後重回陸軍服役，最高軍階擔任至少將一職。1980 年，周書府轉換跑道，當選第 3 次增額立委。1987 年，周書府與民進黨立委朱高正鬥毆，為立法院首起鬥毆事件。1990 年，與時任立委陳水扁爆發口角衝突，陳水扁因而翻倒發言台。

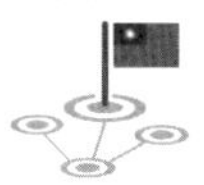

第二，當時的選舉制度仍為「複數選區單記不可讓渡制」，這個選舉制度的特色在於——每個選區需要選出的應選名額多於一人，但每個選民卻只能投出一票，而勝選標的則是票多者勝。換句話說，以當時台北縣共計 48 位的立委參選人而言，只要成為前 16 名，便可以當選。乍看之下，這個制度似乎是公平的，還是保持著多數決、「少數服從多數」的特性，但好巧不巧，當時有「政治金童」之稱的環保署長趙少康辭去職務，轉而參選立委，在立委選舉中一舉囊括了 23 萬張的選票，得票率更高達 16.96%，壓迫了其他候選人的得票率，甚至，最低票數的當選人僅得 3 萬多票。

於是，先在國民黨初選得勢、又得利於趙少康這台「超級吸票機」運作的韓國瑜，只小輸第 2 名的盧修一 3 萬多票，輕鬆獲得了第 3 名的佳績，開始了他的立委生涯。

＊　＊　＊

韓國瑜雖然在地方議會中習得了「理直氣和」問政風格，但在他擔任立委不到半年，就按捺不住他的拳頭，狠狠掌摑了陳水扁，這一掌挾帶的「洪荒之力」，導致陳水扁足足住院了 3 天之久。

讓我們搭著時光機回到 1993 年 5 月 5 日，這天的下午正在召開立法院國防委員會議，討論審查與榮民改革相關的預算。據《立法院公報》第 82 卷第 30 期的內容記載，當時的情況大概是這樣的：

當時進行到審查第 9 目「大陸榮胞安置 41,717,000 元」的預算時，立委魏耀乾率先質詢退輔會副主委施震宙有關「大陸榮胞」的定義，隨後慢慢切入主題——照護大陸榮胞的人事預算太高。在立委魏耀乾以「至少刪去 1,000 萬元的預算」為結論後，換當時同為質詢方的立委陳水扁發言。

陳水扁先將大陸榮胞及照護員工的人數、生活費、人員維持費數據化（160 名大陸榮胞的生活費 16,371,000 元；44 名照護員工的人員維持費 22,202,000 元），數據化後的數字一看就知不合理，而陳水扁也從此角度犀利地進行質詢，只是他錯用了一個形容詞來形容大陸榮胞。

「你把他們當作豬在養啊！」在短短幾秒內被陳水扁提了兩次，在第二次被提起後，韓國瑜的怒火終於被點燃，儘管韓國瑜的身分在退輔會的界定中，是屬於隨國民政府撤退來台的「榮民」，而非由大陸西南方輾轉來台的「大陸榮胞」，但一直以來都以投筆從戎的父親為榮的韓國瑜，卻對這些不及隨國民政府來台的「大陸榮胞」感同身受，畢竟，那些都是曾經和父親並肩作戰的戰友，只是他們時運不濟，無法及時從大陸撤退來台罷了！

韓國瑜怒髮衝冠，也不管陳水扁是否是在替那些又盲又殘的大陸榮胞爭取權益，也不管是否輪到自己發言，立刻拍桌抗議，希望陳水扁能改口。結果，陳水扁堅持認為自己並沒有錯，這無疑是抱薪救火的舉動讓韓國瑜瞬間理智斷線，走上前去掀翻了陳水扁的發言台。若此時陳水扁能意識到自己的缺失並改口，相信隨後關於「韓國瑜掌摑陳水扁」的事件就不會發生了，也不會使自己多在醫院內住了 3 天。

這種在立法院中上演全武行的舉動，並不是由韓國瑜首開先例。早在還是萬年國會的 1988 年，就有民進黨立委朱高正跳上主席台毆打立法院長劉闊才的事件，自此以後，不同黨籍的立委就時常爆發口角衝突，國民黨的立法院長也屢屢動用警察權，經常把鬧場的民進黨立委抬出議場。

因此，韓國瑜絕不是第一個動手打人的立委，也不是最後一個。然而，這場因「形容詞」衍生的風暴才正要開始。他先是接到了恐嚇電話，接著又有力挺陳水扁的南部鄉親聚眾北上包圍了立法院。

當時具有天道盟黑道背景的立委羅福助，立刻動員幫派分子前來聲援，與南部鄉親爆發了推擠，連中正一分局都不得不動員部署大量警力，藉此遏制雙方越演越烈的衝突。

儘管還有不少老榮民到場支持著韓國瑜，但這些戴著墨鏡、嚼著檳榔的兄弟，卻使韓國瑜在衝突落幕後，被貼上「黑道同路人」的標籤。

最終由當時的民進黨主席施明德進行調解，韓國瑜也在解開誤會後，鄭重於院會公開道歉，整起事件終於圓滿落幕。

＊　＊　＊

西元 1993 年 9 月 2 日，天道盟會長許天德從友人黃健榮車內取出槍枝，在台北市大龍街開槍傷人，想找人頂罪的兩人，將腦筋動到為人海派、重誠信的立委韓國瑜身上。

事發 3 個月內，黃健榮火速找到了願意幫忙頂罪的小弟王朝貫，又以「選民服務」為由希望韓國瑜出面帶小弟投案，並向警方要求「不可刑求」。古道熱腸的韓國瑜，自然不會推辭選民的請託，單純地以為兇手確實是王朝貫，只是怕被刑求罷了！

就這樣，韓國瑜親自帶著王朝貫前往大同分局投案，刑警也依言沒對王朝貫刑求，甚至還有不少警員收了黃健榮賄賂，在警局內瞞天過海、隻手遮天，這起事件一直到隔年許天德被逮捕才曝光。

帶著小弟前往投案頂罪的韓國瑜，在離開警局時還非常高興，認為自己的「選民服務」相當到位，卻沒想到這件事使他成為眾矢之的。在韓國瑜親自前往台北市警局說明整起案情後，警方的監聽資料也漸趨完整，將他排除在頂包案之外，這可說是不幸中的大幸了。

不過，這起事件也讓韓國瑜的背上更添了一筆「黑」，「黑道同路人」的標籤更加難以撕去了。

＊　＊　＊

韓國瑜對於能源政策一直有著自己的見解，包括他在還是高雄市長候選人時，就以「東食西宿」為喻，不可諱言地說到「非核」與「不缺電」是魚與熊掌不可兼得的。因此，他也一直被

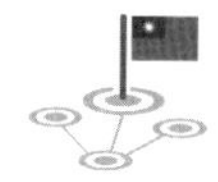

歸屬為擁核派人士。

然而，早在 1980 年就提出興建方案的核四廠（現名「龍門核能發電廠」），更在 1994 年給韓國瑜帶來了一個大麻煩。

當年，反核團體以高成炎為首，發起罷免擁核立委林志嘉、洪秀柱、詹裕仁、韓國瑜的運動，兩個月內就達成了五萬多份連署書的成案門檻。國民黨對於來勢洶洶的罷免案，也略有膽寒，連忙集結黨籍立委，在立法院中推動修法，把罷免成功的門檻從「三分之一以上投票，同意票多於反對票」拉高到「二分之一以上投票，同意票超過二分之一」。

在這樣的護航下，罷免投票開始了，最終的投票率卻只有四分之一，暫不論修法後的「二分之一投票率」，就連修法前的「三分之一投票率」都搆不著邊。無論如何，幾位擁核的立委就此逃過一劫，韓國瑜也因此得以繼續自己的立委生涯。

＊　＊　＊

1995 年，第 3 屆立委選舉吹響號角，各黨無不躍躍欲試，對這場總統大選的前哨戰磨刀霍霍。

上一場立委選戰造成「超級吸票機」的關鍵人物——趙少康，也在選上第 2 屆立法委員後沒多久，就脫離國民黨，自組「新黨」，成為領頭羊。並在 1994 年參選台北市長，可惜最終因「棄保效應」而敗給之前擔當立委時的同僚——陳水扁。

無論如何，儘管韓國瑜在擔任立委期間，總有不少言論與新聞將其「抹黑」，但依據中選會公告的選舉結果來看，即便這次少了趙少康這把「大傘」替同黨籍人士遮陽，但韓國瑜的表現卻更加亮眼，他在五股鄉的得票率高達 7.22%、在中和市的得票率也有 7.21%。

毫無疑問地，身披 45 號候選人戰袍的韓國瑜，最終在 50 位候選人中高票連任成功。

＊　＊　＊

隔年 1 月，退輔會提出了預算案，準備為國軍老兵翻修老舊眷村。不論是隨國民政府撤退來台的外省老兵，還是參加過八二三砲戰等戰役的本省老兵，由國家出面為這些將大半輩子奉獻給國共戰爭的老兵修屋，是理所應當的。然而，在立法院召開二讀會審查預算時，卻出現了二十幾名民進黨立委包圍主席台的舉動。

可想而知，這讓父兄、岳父都是老兵的韓國瑜，再一次怒火中燒。為了讓預算案順利進行，韓國瑜再次在民進黨立委的環伺下掄起拳頭，這次不再只針對單一人士，而是一整片擋住主席台、妨礙會議進行的立委們。

至今，韓國瑜對於當年在立法院為了讓會議順利進行而上演全武行，仍不感到後悔。當年的他無疑是榮民、老兵、軍眷權益最忠貞的捍衛者。

＊　＊　＊

3 年後，也就是 1998 年，韓國瑜三度參與立委選舉，並且再次連任成功。

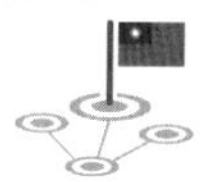

到了 2000 年時，曾被韓國瑜掌摑過的陳水扁，再次因為國民黨的分裂（曾任國民黨秘書長的宋楚瑜脫黨參選，瓜分國民黨參選人連戰的得票數）而漁翁得利，成功當選總統，實現了台灣第一次的政黨輪替。

這個消息一傳來，韓國瑜覺得大勢已去。韓國瑜明白，儘管自己曾在大庭廣眾下向陳水扁道過歉，但「住院 3 天」的一掌之仇是無法因幾句道歉就消弭於無形的。這大概就是韓國瑜在立委後期開始怠惰，經常參與政商名流的宴會或餐敘，也不再犀利問政，不再積極替選民服務，也不再保持著自己參選立委初衷的原因。

韓國瑜也因此首次在黨內初選敗下陣來，從台北縣區域立委選區被國民黨改列為第33名不分區立委，遠在安全名單之外。許多人都以為，韓國瑜在自己必定無法連任的情況下，才在說這種不願參選的話，是一種「馬後炮」，但事實上，韓國瑜的參選意願在第 4 屆立委任期結束前，就已可窺見一斑。

有父親打頭陣進入政壇、自己也擔任過議員的李佳芬，鄭重地告誡面對選戰向來無往不利的丈夫，一旦棄選，很可能需要沉潛很長一段時間，甚至可能一蹶不振，無法再次東山再起，一切都將化為烏有。

可惜韓國瑜不以為意，認為沒什麼大不了的。結果，事實出乎他的意料之外，比他所想像到的還要嚴重許多！

✪ 自強保齡球館大火

影片傳送門

1992 年 5 月 11 日凌晨 3 點，台北縣中和市（現新北市中和區）中山路二段 64 巷底的自強保齡球館突然發生大火，當時火光衝破天際，消防車、救護車鳴笛聲刺耳，劃破寂靜夜空。

位於窄巷底的保齡球館外停滿了機車，消防車難以直達門口；再加上許多易燃材料堆放在裝潢中的二樓；最致命的一點是「煙囪效應」的發生；這些原因都導致了火勢朝一發不可收拾的事態發展，最後造成 15 男、5 女，共計 20 人死亡的慘劇。

❶ 國民黨的創黨歷史悠久，老牌黨員常壓縮到年輕黨員的參選空間，因此，在當時的情況下，陳學聖、韓國瑜等年輕黨員，為謀求從政之路，只得違紀參選（未獲國民黨提名，自行參選）。

❷「黃復興黨部」正式名稱為「國軍退除役人員」黨部，所以受該黨部提名而當選的立委，有「軍系立委」之稱。

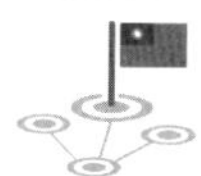

5 Silence for Sixteen Years 蟄伏十六年後的契機

韓國瑜從「什麼都有」淪落到「什麼都沒有」的地步，只用了短短一個月。

在韓國瑜還掛著「立委」的頭銜時，政商名流無不笑臉相迎，酒席餐敘間也觥籌交錯，好不熱絡，當時他什麼都有，有錢賺、有朋友、有人脈；但在他棄選後賦閒在家的時光，原本向自己點頭哈腰的官員、與自己平起平坐的大商賈、對自己稱兄道弟的朋友們，都在轉瞬間消失的無影無蹤。

以勢利聞名的官員與商賈就罷了，那些曾經接受過韓國瑜恩惠的朋友們，有不少趁機落井下石，甚至在他背後指指點點，暗地裡戳著他的脊梁骨，以他的失敗為負面教材告誡小孩。這讓韓國瑜大受打擊，他怎麼想也想不明白，對待朋友恨不得「兩肋插刀相挺」的自己，究竟為什麼會落入如此地步呢？

雙子座熱情奔放、善於交際的性格，造就了韓國瑜身邊總是圍著一圈又一圈的朋友，而現在這些朋友散了、垮了，韓國瑜只能繼續戴著堅強的面具，在別人看不見的時候咬牙苦撐。

這種內心的煎熬也反映在韓國瑜的家庭上。

＊　＊　＊

李佳芬在大學畢業前一年與韓國瑜相遇。當時，世新大學以傳播學系聞名，她在其中專修的就是廣播學系。世新大學廣播系與其他大學不同的是，它有獨立屬於學校的「世新廣播電台」，可供廣播系學生實習。

某日，有看報紙習慣的李佳芬，在社論專欄上看到一篇由台北市議員馮定國署名、與「專業里長制」相關的文章，感興趣的她決定前往市議會訪問撰文者。然而，當她依約準時到達馮定國的辦公室時，卻發現人去樓空，只留著一位面帶笑容的禿頭助理望著自己，她等了三個多小時，還是不見人影。

耐心用罄的李佳芬，忍不住和助理抱怨，而這位承受抱怨的助理，正是當時還在政大東亞所念書、兼任台北市議員聯合辦公室助理的韓國瑜。長袖善舞的韓國瑜盡力安撫怒火中燒的李佳芬，最後不得已，只得招認那篇文章其實是由自己代筆寫成的，雖然李佳芬不相信，但在韓國瑜的拖延戰術下，受訪主角——馮定國總算回到辦公室了，李佳芬也很快地完成採訪，回學校處理後製程序了。

在韓國瑜與李佳芬周旋的時候，冒出了一句玩笑話：「你雖然長得不漂亮，卻很有智慧！」這讓李佳芬對韓國瑜印象深刻。李佳芬的想法相當另類，她不同於一般女生，覺得這個助理對自己不禮貌（竟然說自己不漂亮！），反而將重點放在後一句話上，認為這個助理有一種獨特的眼光。

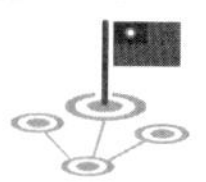

而韓國瑜也對李佳芬的相當有好感，陪在馮定國身邊接受李佳芬採訪時，更覺得這個女生不只聰慧，說話更是條理清晰，算是對她一見鍾情。於是，韓國瑜便開始了自己的猛烈追求攻勢。

一開始，韓國瑜還是以「拿回採訪錄音的播出備份檔案」為由，打電話聯繫李佳芬，約她出來見面、吃飯；之後又以各式各樣的藉口，打電話找李佳芬聊天，在「不經意」下問出她的位置後，說：「什麼？這麼巧！原來你在這裡，我正巧也在這附近啊！我馬上趕過去！」

如此這般層出不窮的追求攻勢，唬得李佳芬在迷迷糊糊下，開始和韓國瑜約起會來，只是關係卻一直沒有確定下來。

李佳芬對於是否要和韓國瑜步入婚姻殿堂，還是相當猶豫的。韓國瑜當時才三十出頭，腦門上卻一片光亮，這種形象在李佳芬眼中自然是有所扣分的;再加上李佳芬明白，「議員助理」這個職位，通常都是從政者的跳板，而韓國瑜能為馮定國捉刀寫下社論專欄文章，更顯示出他對於政治的敏感與熱衷，這更讓李佳芬舉棋不定。

最後，李佳芬還是敗在愛情帶來的喜悅上，接受了韓國瑜禿子的形象，嫁給了韓國瑜。

在新婚後不久，韓國瑜便表態參選台北縣議員，這讓當初要求韓國瑜保證不從政的李佳芬氣壞了，和韓國瑜冷戰了幾個月，才在韓國瑜半保證、半求情的態度下軟化，放手讓他參選台北縣議員。

在韓國瑜擔任 1 屆縣議員、3 屆立委的十餘年間，他的 3 個子女也陸續出生，可說是人生的大贏家。

家，是永遠的避風港。韓國瑜從政壇上消失之後，家庭成為幫他擋去閒言閒語的保護傘，但他苦悶的心情、敏感的情緒，也漸漸轉移到家庭上，偶爾會和妻子起爭執。但夫妻倆都會顧慮到 3 個子女的心情，盡可能不讓「家庭戰爭」擴大，使孩子們不受影響。

＊　＊　＊

韓國瑜自行在第 5 屆立委選舉前壯士斷腕，放棄了連任立委這條路，卻也讓他沉下心來思考人生的下一步，究竟該何去何從。這讓他想起了他在擔任立委的後期，儘管花天酒地，卻仍然有著與他人截然不同的夢想——想籌辦一所學校！

然而，就在韓國瑜召集了幾個碩果僅存的好友，興致勃勃地討論著如何興學的時候，把他拍落無底深淵的車禍事件發生了。

2004 年 1 月 3 日深夜，韓國瑜充當司機，載著當時還在擔任雲林縣議員的妻子李佳芬，從雲林縣的西螺市區開往南邊的新社，經過一個閃紅燈的路口時，與一台無照超速的重型機車發生擦撞。重型機車上的黃姓騎士在遭受撞擊後緊握住機車車把，隨著慣性往前滑行了八十幾公尺才停下，雖然全身多處外傷，但所幸意識清楚；但他身後的白姓朋友卻沒這麼幸運，未

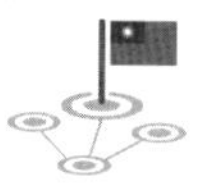

戴安全帽的他，從後座高高彈飛，重摔在一旁，頭部受到重創，顱內出血，最終送醫不治。

這起車禍過失致死事故，令韓國瑜相當自責，最後也以 450 萬元的和解金與死者家屬達成和解，他勇於認錯的態度，也受到法官肯定，最後以「6 個月得易科罰金的有期徒刑，緩刑 2 年」的判決結案。

處理完車禍官司後，韓國瑜終於騰出手，向教育部申請設立雲林縣私立維多利亞國民中小學。於是，這所融入了自己與妻子教育理念的學校，終於在 2004 年 8 月 18 日創辦，以自己為創辦人、岳父李日貴為董事長、妻子李佳芬為副董事長。

這所坐落在雲林縣斗六市的私立學校，除了大手筆聘用英語外師之外，也規定了每週至少 12 小時的英文教授時數，比一般小學多了數倍，由此可見韓國瑜他那從未改變的、欲把台灣推向全世界的寬宏理念。

＊　＊　＊

韓國瑜沉寂之時，並非所有的朋友都一哄而散，也曾經有朋友試圖拉他一把。

在韓國瑜還是政治素人時，第一次踏入政壇就當選了台北縣議員，與邱垂益成了同事，邱垂益開始注意起這個「腦筋好、反應快」的小夥子。韓國瑜在台北縣議員任期未滿就蹦上立委舞台、連任 3 屆立委時，邱垂益卻仍在台北縣議會浮沉。最後，邱垂益在 2005 年預備轉換跑道，參選台北縣中和市長，便想起了這位曾經一飛沖天的政治天才。

人物速寫

向韓國瑜伸出援手的中和市長──邱垂益

邱垂益，現任國民黨籍新北市議員邱烽堯之父。1998 年，參選台北縣議員，連續當選第 12 ～ 15 屆台北縣議員。2005 年底，參選台北縣中和市長，特邀過去同為台北縣議員的韓國瑜助選，成功當選後，順勢聘請韓國瑜擔任副市長。2010 年，「台北縣」升格改制為「新北市」，原任中和市長的邱垂益，改任第 1 屆中和區長。2018 年，九合一大選時，任中和聯合競選總部主委。

當時，邱垂益競選台北縣中和市長的選情告急，他嘗試性地向韓國瑜發出了求助訊息。韓國瑜一聽，二話不說，也不管當時自己還在北京大學兼讀博士班，立即搭客運北上，為邱垂益的選情謀劃造勢。

有了韓國瑜的加持，邱垂益果真順利地當選了中和市長。邱垂益也沒有因此忘了韓國瑜，力邀他擔任中和市副市長，一方面輔佐從議員轉任市長的自己，另一方面也給韓國瑜復出的機會。韓國瑜望著自己多年來的好友，決定再幫他一次。

韓國瑜走馬上任中和市副市長一職，有 12 年民意代表經驗加持的他，更能深切體認到民意，將各類事情處理的井井有條。

然而，熱心關切政治時事的韓國瑜，也在 2006 年國慶日前

夕參與百萬人民倒扁運動，陪著人民對當時總統陳水扁家族弊案發出怒吼；甚至在隔年為了反制台北地檢署「大小眼」，僅起訴施明德等16名總指揮，因而自願成為第一批自首名單中的人。

到了2007年，沉澱許久的韓國瑜也準備再戰立委選舉，參與了黨內初選。可惜因為國民黨內部的派系杯葛問題，造成韓國瑜的立委初選資格被取消，復出之路再度化為泡影。

此後韓國瑜就暫息了復出政壇之心，也辭去了中和市副市長的職位，回到雲林鄉下，過起無所事事的失業生活。

＊　＊　＊

賦閒在家的韓國瑜，並沒有因此就與世界脫節，他仍舊每天早上都固定閱讀報章雜誌，閒暇時關注電視新聞，以「老百姓」的身分關心著國家社會時事。

2009年8月6日，莫拉克颱風挾帶豐沛的雨水來襲南台灣，在短短兩日內，就在部分地區降下該區整整一年的降雨量。強降雨除了造成平地淹水外，山區更因此引發土石流，當時的高雄縣小林村更因此慘遭滅村。在8月8日晚間8點多，小林村的倖存者用顫抖的雙手播出了求救電話，直至9日下午2點半，搜救直升機終於救出44名倖存者。這樣的救災速度，讓坐家裡沙發看電視新聞的韓國瑜心急如焚，拿起電話，先知先覺地聯絡上當時還在擔任立委職務的吳敦義幕僚，強調「救災視同作戰」、「動作絕對要快」的觀點。

人物速寫

首位民選高雄市長──吳敦義

吳敦義，現任國民黨主席。1973 年，當選台北市議員。1981 年，返鄉參選，當選南投縣長。1990 年，為末代官派高雄市長，並於 4 年後連任，任內多次批評中央政府「重北輕南」的政策。2002 年，再度返鄉參選南投縣立委，連續 3 屆當選。2009 年，擔任行政院長，能力受總統馬英九肯定，故成為馬英九競選連任時的副手。2017 年，擊敗洪秀柱、郝龍斌、韓國瑜等競爭者，當選國民黨主席。

八八風災過後，行政院長劉兆玄因救災行動效率不彰而飽受質疑，最後負起政治責任下台，吳敦義被總統馬英九任命為新的行政院長。吳敦義在上台後，除了迅速地展開災後重建工作外，更加強了國軍救災的規劃，他將台灣概分為北、中、南、東四個區塊，與國軍的「軍團」級別銜接，能使國軍在救災方面更有效率。

＊　＊　＊

簡稱「北農」的台北農產運銷股份有限公司，可說是韓國瑜復出政壇的前哨站，只要說到韓國瑜，除了高雄市長這個響亮的抬頭外，民眾大多都會想起他曾經擔任過北農的總經理。

2012 年底，台北市仍由國民黨籍的郝龍斌擔任市長，當時的北農總經理張清良因個人健康因素請辭，讓北農這個服務台

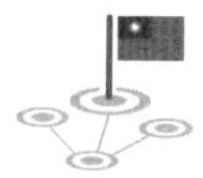

北都會區蔬果供應的大機器頓時沒了領頭羊，群龍無首。為北農找到新負責人的差事，落到中華民國農會總幹事張永成（第13到14屆雲林縣長張榮味的妹婿、第18屆雲林縣長張麗善的丈夫）頭上。

張永成左思右想，既想找個人推銷與自己切身相關的雲林縣農產品，又想找個熟悉台北政壇的人物，終於讓他想起淡出政壇許久的韓國瑜。他連忙一通電話打給正在爬山運動的韓國瑜，兩人相談甚歡，成功說動韓國瑜接任北農總經理一職。

2013年，韓國瑜正式任職北農總經理。過去沒有實際接觸過「賣菜」這事、在家也不太當「煮夫」的他，在第一天任職後就走進果菜批發市場，蹲在菜攤前「認識青菜」。不恥下問的韓國瑜，卻常常被當時覺得他是空降司令的同仁「洗臉」。但他也不因以為意，他身上擔負著張永成交給自己的重任，韓國瑜既不想落了伯樂張永成的面子，也不想讓自己在議會被質詢時面上無光，於是他加倍努力，天天跑果菜批發市場，日日與菜販為伍，每天還請同仁把每一季的蔬菜實體擺進辦公室，讓自己一種一種慢慢認，把菜認全了才下班。就這樣，韓國瑜熬了好長一段時間，終於從「認菜地獄」裡畢業。

但「認菜」只是擔任北農總經理的必備才能之一，其最重要的任務是為北農賺錢，於是韓國瑜把目光落在鬆散、無紀律的北農組織上。韓國瑜把自己年輕時的當兵習慣帶進了北農，對一個從拍賣箱中偷菜的拍賣員開鍘，不聽岳父李日貴「人情留一線，日後好相見」的勸解，堅持認為那位拍賣員隨手拿取青菜的模樣，恐怕已經是累犯，因此更不該縱容，反而應藉此殺雞儆猴。在依照程序將偷菜的拍賣員開除後，韓國瑜也在北農貼出公告，鄭重警告那些存有僥倖心態的人：再有人這樣偷取農民的心血，就一律開除！

除此之外，韓國瑜實地走訪後，發現拍賣員輕輕的一槌子，就能使菜價起天翻地覆的變化。於是，韓國瑜又下令讓拍賣員親自前往農產地，與那些看天吃飯的農民一起吃飯、下田耕作幾天，以免又輕鬆落槌，把農民的血汗隨意賤賣掉了。

韓國瑜也常常在下班後「夜探」果菜批發市場，一方面了解交易狀況，一方面抽查各職位同仁的工作狀況。結果在某天凌晨，果然被他抓到有個警衛怠忽職守，居然在進出貨的重要時段滑手機、玩遊戲！這讓韓國瑜相當生氣，隔天立刻就把這個警衛給開除了。

狠狠地給了偷懶、摸魚的員工當頭棒喝後，自然得給點甜棗。韓國瑜手下的這些「兵」，不僅日夜顛倒，更有不少人在早上 8 點下班後，不回家休息，反而強撐著工作後的勞累身心聚眾喝酒、賭博；長久下來，造成肝臟難以負荷體內的物質疏通與循環，引發了肝病，更有不少員工因此死亡。

看著這些員工如此糟蹋著自己的身體，韓國瑜深思熟慮後，猛一拍桌，決定要維持員工的身體健康。他除了找來氣功大師李鳳山教導這些員工強身之道外，還鼓勵員工們回到學校進修；

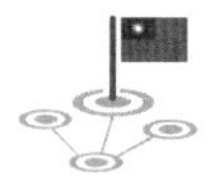

曾是 24 歲高齡大學生的韓國瑜，很清楚「讀書」能為人們帶來成功與不一樣的人生。因此，韓國瑜給了這些員工三條路。

其一，鼓勵他們就讀大學或研究所，對於有些人擔心學費的問題，韓國瑜大手一揮，公司幫忙貼補一半學費，讓員工學習無後顧之憂；其二，在星期一到星期四的下班時間，跟隨韓國瑜找的老師學英文，培養自己的世界觀與英文能力，以便與世界接軌；其三，在閱讀完一本書籍後，寫下心得報告，除賺取 1,000 元的獎金外，更使自己學習到書中的知識內容。

這三個方案，無論是讀書、上課，還是寫心得報告，都發揮了作用，慢慢將向來以吃喝玩樂為重的北農員工導入「正途」，也成功使充滿各式蔬果氣味的北農，也漸漸飄起了書香氣息。

白天忙著在辦公室內工作、晚上忙著視察果菜批發市場的韓國瑜，自然沒有多餘的時間處理交際應酬、拓展人脈，甚至只能過上每天從租屋處往返北農的兩點一線單調生活。

韓國瑜憑藉著一股衝勁與對張永成知遇之恩的感謝，以自己的精力、能力為基礎，為北農建構起從未有過的輝煌成績。

在韓國瑜到北農擔任總經理以前，北農一直處於入不敷出的狀態。長期虧損「吃老本」的北農，自然無法支撐起大批員工的薪水，只能靠著裁員、減薪來縮減支出，多數公司應有的福利——年終獎金，更是可望而不可及。北農的慘澹經營更使員工的向心力不足，有能力的員工紛紛跳槽，留下了諸多混水摸魚的蛀蟲，這些蛀蟲就在上班時一日混過一日，偶爾還能從拍賣箱中挑選蔬果回家加菜。北農也因此每況愈下，一日不如一日，成了惡性循環。

但在韓國瑜出任總經理後，便以績效作為頒發獎金的評判標準。只要是用心工作的員工，除了原先就有的中秋禮金外，更增加了端午禮金，禮金的金額更是原先的五倍。在這樣的獎金攻勢下，北農的交易總金額果然「步步高升」，原本持反對意見的股東更被蒸蒸日上的業績壓得啞然無言，最終下放權力給韓國瑜全權負責。

面對董事會的放權，韓國瑜也開始擬定各式福利，不僅給員工增加節日禮金，年終獎金發得也毫不吝嗇；四十年來從未分紅過的股東，也終於能拿到盈餘的紅利。北農這種雙贏的局面，就是由韓國瑜一手開創出來的。

有韓國瑜坐鎮的北農，四年間的營運績效不斷向上翻新，韓國瑜也信守承諾，「只要公司賺錢，就發獎金」，員工都樂呵呵地拿著自己的績效獎金，股東們也喜孜孜地數著自己的分紅，整個北農洋溢著新興蓬勃的朝氣。

這時，韓國瑜的業績也傳進台北市長柯文哲的耳中，他翻開北農帳冊，肯定了韓國瑜的治理成效，並且與夫人一同親自前往雲林拜會韓國瑜，希望能延攬他進台北市府團隊當顧問，這讓韓國瑜相當感動，也答應為柯文哲出謀劃策，可惜當時國民黨與民進黨關係緊張，使韓國瑜迫於壓力，只當了 3 天顧問，

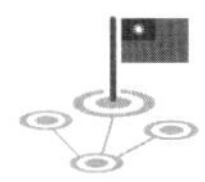

就辭職回北農專心擔任總經理去了。

儘管韓國瑜迫於壓力，無法繼續成為台北市府團隊的顧問，但他仍相當感謝柯文哲的看重。在國民黨放棄了韓國瑜十餘年後，韓國瑜終於在一個無黨籍市長身上得到了賞識。

然而，好景不長，2016 年 5 月 20 日，民進黨籍的蔡英文總統宣誓就職，面對台灣第三次的政黨輪替，民進黨也開始大刀闊斧地整頓以往由國民黨把持的諸閒缺、眾肥缺職位，迅速將這些空位換上己方的人馬。台北農產運銷公司這間服務範圍遍及台北都會區、近年業績金額不斷攀升的農產公司，自然也成為覬覦的目標。

2016 年 6 月，民進黨將大手伸入北農的人事變革中，直接指派時任民進黨秘書處主任的蔣玉麟頂替韓國瑜，成為新的北農總經理，並讓韓國瑜在 9 月時自行下台。韓國瑜也因此遞交辭呈給台北市長柯文哲，但柯文哲卻壓下他的辭呈不發，甚至直接解任欲提案解任韓國瑜的董事長許長仁，由此可見，柯文哲當時還是偏向讓有能力的韓國瑜繼續擔任北農總經理。

這一連串的動作，打亂了民進黨任命北農總經理的節奏，但時逢強烈秋颱莫蘭蒂侵襲，直撲南台灣的蔬果產地，最終造成嚴重的農產損失，致使全台菜價失控，居高不下的菜價，激起陣陣民怨，也給了民進黨可乘之機。

民進黨立委段宜康朝韓國瑜開火，在 Facebook 上嚴厲指控北農的黑幕並質疑韓國瑜擔任總經理的資歷；這使得韓國瑜火冒三丈，召開記者會反駁，更拿出曲棍球諷刺段宜康，直言願與段宜康對賭；段宜康除了嚴正拒絕外，更翻起了韓國瑜擔任立委時動手打人的舊帳。

人物速寫

民進黨籍爆料大師級立委——段宜康

段宜康，現任民進黨籍不分區立委。1994 年，當選台北市議員，質詢問政犀利。曾當選第 5、8、9 屆立委。2014 年，踢爆「頂新飼料油」事件；同年底，指控國民黨立委林滄敏涉及曲棍球協會弊案，並發誓「若查無不法，願當眾吞曲棍球」，經法務部偵查後，確無不法。2016 年，多次颱風襲台，菜價長期維持高檔，段宜康再度指控北農總經理韓國瑜為「菜蟲」，韓國瑜以「吞曲棍球」為賭注遭拒。

由於柯文哲壓下韓國瑜的辭呈，讓他得以繼續擔任北農總經理，也在年底的台北市市政總質詢中與市長柯文哲「並肩作戰」，面對民進黨籍市議員王世堅的連天砲火，韓國瑜毫不驚懼，反而相當沉穩，犀利的反駁話語讓人眼前為之一亮，除了博得滿堂彩外，也讓韓國瑜小紅了一把。

然而，民進黨也不因此放過韓國瑜，繼續想方設法要把韓國瑜拉下馬，換上己方的人馬。他們拒絕了韓國瑜誠心發出「讓繼任者先擔任副總經理一段時間，藉此讓繼任者熟悉北農業務」的建議，各種抹黑的指控更使檢調單位屢次衝進北農總經理辦

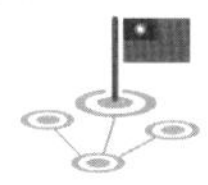

公室與韓國瑜的私人租屋處翻箱倒櫃，抱走大量的帳冊查核。這段期間，韓國瑜承受了莫大的壓力，檢調的傳票也如雪花般飛來，更時常傳出韓國瑜將因此被收押的風聲，這使得妻子李佳芬相當惶恐。

最後，這場拉鋸戰終於進入了賽末點——韓國瑜受不了家人的心隨著各種不利於自己的消息和傳聞而忐忑不安，也受不了北農的員工和農民們天天陪著自己被批判、攻擊。

韓國瑜在民進黨的環伺攻勢下，也曾試圖向國民黨中央求援，但他發出的求助吶喊彷彿是一顆小石子，落入孤寂的深淵中，聽不見任何回音；唯一肯伸出援手的只有自己的上司——無黨籍的市長柯文哲，自己最親、最愛的國民黨團卻悶不吭聲，這讓他大受打擊，相當心寒。

一面是如狼似虎的民進黨人士，一面是裝聾作啞的國民黨團，韓國瑜一咬牙，決定再次放棄自己得來不易的北農工作，回頭朝冷眼旁觀的國民黨進兵，企圖整頓越見頹靡的國民黨紀律。

＊　＊　＊

2016 年 1 月的總統及立委大選，國民黨參選人朱立倫慘敗給民進黨參選人蔡英文。這場選戰使民進黨除了以勝利之姿重新成為執政黨外，也拿到了國會中的六成席次，站上民進黨「完全執政」❶的巔峰，也開啟了台灣第三次政黨輪替❷。

反觀不僅總統大選慘敗、在國會中又只剩 35 席的國民黨，可說是落入谷底，甚至有人評斷此時為國民黨「自 1949 年以來的最大敗局」。新聞媒體大多將敗選的直接原因歸咎在「宋楚瑜參選瓜分選票」及「陣前換將」上。

慘遭「陣前換將」的悲情主角正是資深立委洪秀柱。連續擔任了 8 屆立委的洪秀柱，在 2015 年 6 月抓準時機，在國民黨初選中以 46.2%的民意調查跨過 30%的門檻，隔月就獲得國民黨的提名，成為國民黨競逐總統的參選人，相關的競選影片、競選行程都如火如荼的展開。到了 10 月，國民黨卻臨時廢止洪秀柱的提名，改徵召時任國民黨黨主席及新北市市長的朱立倫參選。

人物速寫

國民黨政壇小辣椒——洪秀柱

洪秀柱，自 1989 年成為立委後，連任 8 屆。2015 年，國民黨在縣市長選舉中挫敗，洪秀柱在黨內重要人士均未表態下登記參選總統，並通過國民黨內部初選，參與 2016 總統大選；但因其兩岸政治主張受主流國民黨員抵制，因而在選前 3 個月遭到撤換，改由朱立倫參選。2016 總統大選國民黨再度敗選，朱立倫因此辭去黨主席，洪秀柱高票當選黨主席，但於 2017 年競選黨主席連任失敗。

這場「換將」風波，再加上馬英九執政時面對各種突發事件的處理失誤，使國民黨在總統大選狠狠摔了一個跟頭，士氣

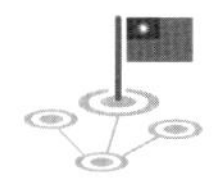

前所未有的低迷，連朱立倫都因選戰失利而請辭國民黨黨主席，可說是群龍無首。儘管洪秀柱很快地透過黨員直選而成為新一任的國民黨黨主席，但國民黨內部仍有不少風波正待撫平，韓國瑜也在此時開始北農的「蒙難」生涯。

可想而知，在國民黨的內部情勢複雜難辨之時，韓國瑜向黨中央的求援信息受到了輕忽，使韓國瑜這頭遭受群狼欺壓的伏虎怒火滔天。

身為軍系的國民黨黨員，韓國瑜決定效法蔣中正，開始「攘外必先安內」的策略，將目標訂在角逐新一任的國民黨黨主席上，想藉此改變以「冷漠」著稱的國民黨。

韓國瑜的參選聲明中，很直接的點出兩個主題——「給年輕黨員參選機會」和「黨產歸零」。前者組織年輕人投入縣市議員選戰，企圖培養出國民黨的「新血」，藉此與人才輩出的民進黨抗衡；後者則強調切割歷史恩怨，將屬於國家的錢財還給國家，先掃平過去，才能展望未來。

這兩個主題的提倡，顯然是一種針對國民黨老黨員的「大換血」，這些老黨員大都有著盤根錯節的勢力，各自佔據著對自己有利的職位，因此面對來勢洶洶、企圖侵犯自己既得利益的韓國瑜，自然相當牴觸。

韓國瑜除了外患，也有內憂——資金不足。這造成韓國瑜只能開始他最熟悉、也是最擅長的競選方式——帶著幕僚全省走透透，挨家挨戶拜訪眷村的老伯伯、老太太，並把握住能曝光的任何機會。無論是政見發表會、演講，還是受訪機會，韓國瑜都抱以最大的熱誠，用盡全力打響自己的知名度，以求得一線勝選的契機。

與韓國瑜對壘的有：曾任副總統的吳敦義、前任國民黨黨主席洪秀柱、曾任台北市市長的郝龍斌、曾任總統府國策顧問及資政的國民黨副主席詹啟賢、曾任 6 屆立委的潘維剛。這些都是國民黨中的老黨員，隨便舉出一個，都比韓國瑜這個最高成就是「當過 3 屆立委」的人，還更有知名度與政治實力。

但韓國瑜的努力與衝勁，也不是徒勞無功，從下方表列出的選舉結果可看出，資歷墊底的韓國瑜，雖沒有拔得頭籌，成績卻頗為亮眼，可說是在國民黨內部一鳴驚人。

第 7 屆中國國民黨主席選舉結果			
號次	候選人	得票數	得票率
1	洪秀柱	53,063	19.2%
2	韓國瑜	16,141	5.8%
3	潘維剛	2,437	0.9%
4	郝龍斌	44,301	16%
5	詹啟賢	12,332	4.5%
6	吳敦義	144,408	52.2%

儘管韓國瑜最終落選，但他在競選時的表現讓當選人吳敦義青眼有加，再加上他在聲明稿中直言：「若是台南、高雄兩市，本黨沒有適當同志參選，本人願意親自到艱困選區參選！」這使吳敦義親自前往拜會韓國瑜，在商談後，安排他接掌國民

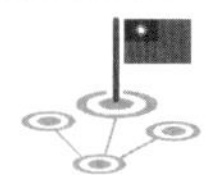

黨高雄市黨部主委。

＊　＊　＊

韓國瑜的家人也聽到外界傳得沸沸揚揚的風聲——韓國瑜將接掌高雄市黨部主委，當時他們的反應相當一致——堅決反對。不論是妻子李佳芬，還是女兒韓冰，都對國民黨這個使丈夫（父親）傷心透頂的政黨相當失望，更不希望韓國瑜一腳邁入「高雄」這個深綠選區的泥沼。

黨部主委的任務究竟是什麼？能讓韓國瑜的家人避之唯恐不及？理想上，黨部主委應當是該黨中央深植於地方的「參謀」，除了肩負維持地方營運的責任外，最大的任務就是替黨內推舉合適的候選人，藉此打贏地方選舉。

乍看之下，黨部主委是個吃力不討好的職位，但實際上，黨部主委卻是參選縣市長候選人的兵家必爭之地。擔任黨部主委者不是自己有意參選，就是會指派代理人參選，穩坐黨部主委的位子就能爭取更多的資源與關注度。

當我們把這個眾人心照不宣的事實套用至韓國瑜身上，就會發現一切卻朝著更糟糕的方向發展。

首先，韓國瑜擔任的黨部主委在高雄，而高雄是個自 1998 年開始，就一直由民進黨籍市長執政的縣市，長達 20 年的執政時間，可以看出當地人民的政治傾向，因此，與當地人民政治傾向相悖的韓國瑜，在高雄可說是舉步維艱。

其次，國民黨黨產的正當性一直以來都是民進黨的攻擊標的，在 2016 年民進黨全面執政後，民進黨更變本加厲地成立了不當黨產處理委員會，藉此調查、清算國民黨的黨產，而國民黨的黨產也一步步遭到凍結。遭到凍結黨產處置的國民黨，自然會縮緊褲袋，把錢花在刀口上，而「高雄」這個深綠的選區，能得到的資源就更加稀少了。

最後，擔任高雄黨部主委還有一個最重要的作用——推舉適合於當地參選的候選人——這對韓國瑜的家人來說，就是最不可為的原因。必然不會有人願意在一個必定落選的選區擔任候選人，但蒐羅合適人選又是黨部主委的工作，在職位任務的壓力及無人可用的窘境下，韓國瑜勢必得親自參選。

韓國瑜必定是知道接任高雄黨部主委將會面臨到的絕境，但看著吳敦義以首任民選高雄市長的身分聲淚俱下，懇切地希望韓國瑜能接下重擔，為高雄市的人民福祉打拼，讓韓國瑜也對高雄產生一股使命感。另外，韓國瑜也對未來進行規劃，他認為在台南和高雄這兩個深綠票倉中，高雄是相對比較好切入選戰的部分，這座移民城市的民進黨籍市長謝長廷、陳菊都不是高雄在地人，但高雄市民卻願意把票投給他們。因此，韓國瑜接受了吳敦義的聘書，躍躍欲試地朝高雄進軍。

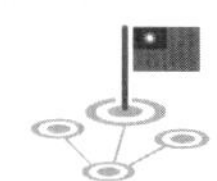

✪ 八八風災的生離死別

2009 年 8 月，中颱莫拉克重創南台灣，本該是全家歡慶父親節的日子，在高雄縣甲仙鄉（今高雄市甲仙區）的小林村卻成了生離死別。400 餘位的小林村居民就此消失在土石泥流中，只有 44 名倖存者從豪雨中幸運逃離，這場風災也使小林村幾近滅村，成了倖存者的夢魘。此外，全台統計風災的死亡人數竟高達六百餘人，農漁產業的損失更高達 200 億元，可說是台灣近年相當嚴重的一場天災。

影片傳送門

✪ 問「世堅」情是何物？

2016 年 11 月 17 日，時任北農總經理的韓國瑜前往台北市議會，接受王世堅、江志銘、林世宗等民進黨籍市議員備詢。期間韓國瑜口條清晰，句句反駁王世堅的犀利質詢，更帶出了三大話題性流行語——月亮跟著禿子走、吞曲棍球、問世堅情是何物。

影片傳送門

❶「完全執政」是指從中央（總統）到地方（縣市首長）的行政與立法機構都由同一個政黨獨大執政，一條鞭執政下的狀態，雖易壓縮到該國的政治發展，但也讓該國的民主政策便於推行。2016 年，民進黨籍的蔡英文當選總統，同時立法院中的民進黨籍立委席次也過

半，可說是民進黨在中央完全執政的一年。

❷「政黨輪替」是指不同政黨交替執政的現象。2000年，民進黨籍候選人陳水扁當選總統，結束國民黨在台灣長達55年的執政，為史上首次政黨輪替；2008年，國民黨籍候選人馬英九當選總統，為台灣第二次政黨輪替；2016年，民進黨籍候選人蔡英文當選總統，為台灣第三次政黨輪替。

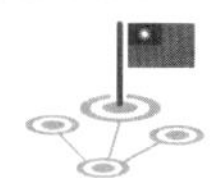

6 Han Stream Sweeping Taiwan 韓流旋風席捲全台

2014 年 7 月，高雄發生嚴重的氣爆事故，共計造成 32 人死亡、321 人受傷的慘劇。台灣高雄地方檢察署也在偵查終結後，起訴了包括高雄市長陳菊在內的高雄市政府、華運公司、李長榮化工的相關人員，甚至在負擔賠償比例時，高雄市政府獨占了 40%，可見其過失責任最為嚴重。然而，這起事件卻沒有為陳菊的連任之路帶來意外波折，反而仍繳出得票率 68%的漂亮成績單。除了將高得票率歸功於陳菊良好的施政表現外，高雄廣大的泛綠基本盤選票也助了陳菊一臂之力。

無論如何，韓國瑜在前期可說是完全不被看好的，他在上任高雄市黨部主委時，身邊的團隊除了自己外，甚至只有幕僚黃文財和司機吳啟全兩個人。此時國民黨的黨產遭到凍結，黨中央將僅存的資源壓在台北、台中等可放手一搏的縣市上，對於高雄這個顯然必敗的縣市毫不關注。韓國瑜因此成為不支薪的主委，生活捉襟見肘，無法拿出錢來租借平房或公寓，只能在市黨部的主委休息室歇腳，每天只能睡在簡陋的行軍床上入眠。

相當反對韓國瑜接掌高雄市黨部的妻子李佳芬，當然也曾在他接任後南下高雄探望。她看著丈夫克難地住在小坪數的主委休息室中，房內只放一張單人床、一張書桌、一個三層櫃，甚至沒有洗衣機，衣服只能自己手洗，飲食更是極度不正常，時常空腹喝咖啡、吃餅乾，草草結束一餐後，又開始勤跑基層，與市民搏感情；這一切都讓李佳芬相當不捨。幸好，韓國瑜的努力有了回報，有位熱情的高雄市民主動提供備有洗衣機的空房給韓國瑜，終於讓他有了落腳之地。

儘管生活上的艱辛已大為紓解，但李佳芬還是不願讓韓國瑜參選高雄市長，夫妻倆時常因此冷戰。李佳芬如此反對韓國瑜繼續從政，也是其來有自。她深諳「樹大招風」的道理，民進黨豈容得下韓國瑜在自己的深綠票倉裡蹦跳、搗亂？

果不其然，從韓國瑜表態參選開始，民進黨無所不用其極地想讓韓國瑜知難而退。除了翻起北農的舊帳外，也找起夫妻倆創辦的維多利亞雙語學校的麻煩。

從民進黨想方設法地把韓國瑜從北農總經理的位置上「擠」下來，就可以看出他們對這個位置有多垂涎。接任北農總經理的是民進黨籍總統府資政深綠大老吳晟之女——吳音寧。想當然爾，甫上台的吳音寧，自然對「前朝老臣」開鍘，韓國瑜在高雄的幕僚黃文財、司機吳啟全正是因為在北農過於親韓而慘遭降級，成為北農最底層的員工——理貨員，兩人不甘受到這種「報復性轉職」的處置，憤而遞出辭呈，雙雙投奔南下高雄開創新局的韓國瑜，就此成為韓國瑜在高雄唯二的幕僚班底。

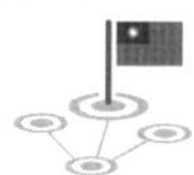

人物速寫

北農的「高級實習生」——吳音寧

吳音寧，台灣鄉土文學作家、本土大老吳晟之女。2017 年，在韓國瑜下台後，吳音寧獲農委會副主委陳吉仲推薦，繼任北農總經理。吳音寧在上任前一直都是從事文學創作或社會運動，未接觸過財務報表或營收成長率等公司營運之部分，因此在進入台北市議會備詢時，被國民黨籍議員質疑專業程度。2018 年，再度爆發「送菜案」及「送洋酒案」，更使國民黨議員見獵心喜，砲火連天。

韓國瑜此時也正處於焦頭爛額的狀態。民進黨砲火持續猛烈，檢舉韓國瑜「菜蟲案」與「高價水果禮盒及獎金案」；國民黨也不甘示弱，指控吳音寧「送菜案」、「送洋酒案」。雙方人馬隔空交火，前後兩任北農總經理雙雙被列為被告，又互為證人。官司纏身的韓國瑜只得屢屢前往地檢署報到，面對咄咄逼人的檢察官與律師，他單純地就事論事，拒絕對吳音寧發出不實的指控，完全顯示出他忠厚老實的一面。對於「被指控為菜蟲」一事，韓國瑜淡然地配合會計師查帳，會計師果然查不到任何不法的蛛絲馬跡，證明了他的清白；直到韓國瑜正式上任高雄市長，「贈送高價水果禮盒及獎金」的官司仍未終結。

另一方面，維多利亞雙語學校，這所寄託著韓國瑜教育理念的學校，也在此時遭受池魚之殃。當民進黨發現在司法層面奈何不了韓國瑜時，就開始利用起自己身為執政黨的優勢，開始對維多利亞雙語學校這隻砧板上的魚下刀。不僅查稅人員三不五時前來敲門，立委更是大膽爆料，把 20 年前韓國瑜向台糖租借土地的便宜租約曝光，讓韓國瑜再度深陷特權風波。韓國瑜除坦然承認便宜租到國有地外，也條理分明地公布當時租金便宜的原因——台糖對外出租土地的租金一律為公告地價的 10%，再加上政府鼓勵民間興學，租金可以再打 8.25 折——如此清算下來，租金自然相當便宜。韓國瑜也確實用這片土地孕育了不少優秀人才，2018 年更有「15 名學生中 14 名考取全球百大學校」的輝煌紀錄。

＊　＊　＊

韓國瑜到任國民黨高雄市黨部主委後，時常彎下身段，前往拜會高雄的各大工會成員——這大概是韓國瑜最熟悉的打交道模式了，從他最初從政選縣議員、立委，一直到最後選黨主席，他都以這種「土法煉鋼」的方式，堪稱無往不利。

一開始，工會成員對他還是不屑一顧，直觀地覺得「韓國瑜就是個國民黨的人馬」，因此意欲與其劃清界線；然而，韓國瑜在雙方碰面後，開口就是一句：「我們今天不談政治，只交朋友！來來來！大家喝酒！」這大概是最讓人耳目一新的說辭了，韓國瑜摒棄了以往官腔的形式，改以「交朋友」的方式來和市民打交道。

以結果而言，果然收到了巨大的成效，市民開始知道現在

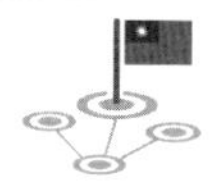

的國民黨高雄市黨部主委似乎與先前的國民黨官僚人士不同。針對同個工會，韓國瑜也不會只拜會一次，他連續拜會兩、三次的結果，使市民感覺自己受到重視，也開始正視起這個屢屢出現在自己眼前的禿子。

除了工會這種社會團體外，韓國瑜也嘗試拜會公家機關與企業，他第一站選的就是高雄市青果公會，公會的理事長在韓國瑜還在擔任北農總經理時，曾與他有過密切的往來。然而，當韓國瑜興沖沖地前往時，卻被擋在門外，連大門口都不得進入，這讓他只能摸摸鼻子，轉身回到國民黨冷清的黨部。

高雄市青果公會並不是唯一拒見韓國瑜的公家機關，許多高雄企業也以五花八門的理由拒絕韓國瑜拜會，這些企業最怕的就是公部門施加壓力，打擊自己的財源。因此，韓國瑜在高雄可說是寸步難行，只能與基層市民往來，但這也讓他察覺到民心已然思變。

「某黨推個西瓜都會當選！」這是島國前進發起人林飛帆，在韓國瑜接任高雄市黨部主委的前四天，助陣時代力量於台南市成立黨部時的致詞。這段致詞很直接地點出了「台南市為深綠選區」的現象，但市民卻對這句話相當反感，認為這是在影射市民沒有判斷力。與台南的政治傾向相當類似的高雄，也被殃及池魚，成為所謂的「西瓜縣市」。

人物速寫

太陽花學運的領導者——林飛帆

林飛帆，為 2014 年太陽花學運領袖。主張「台獨、港獨」，並支持「廢除死刑」與「婚姻平權」。在太陽花學運結束後，發生「北捷隨機殺人」事件，林飛帆在 Facebook 上公開表示「若只是為向殺人兇手鄭捷復仇，我無法輕易支持死刑」，遭到輿論抨擊。2017 年，林飛帆參與時代力量舉辦的台南黨部成立大會，在會中演講意有所指地說「某黨推個西瓜出來都會當選」，使民進黨及深綠縣市人民大感不滿。

高雄市民的選舉傾向在無形中受到了影響，他們迫切需要一個特殊的非民進黨候選人來證明自己的判斷能力。韓國瑜就在這一股意外的助力下，緩緩地進駐高雄市民的視線內。

＊　＊　＊

李佳芬看著丈夫身陷砲火中心，萬般不捨，屢屢南下高雄給韓國瑜打氣。在某次南下高雄時，選定高雄福華飯店落腳，晚上 8 點多，從飯店往外看，整個街道空空蕩蕩，來往行人屈指可數，在昏黃的路燈照耀下，更顯得寂寥與冷清。這讓李佳芬大感意外，也相當難過，高雄在日治時期是全台最重要的港埠城市與軍事要地，素有「港都」之稱，更掌管了 20 世紀中葉的南台灣政治、經濟、交通中心樞紐，怎麼會淪落到這種冷清的地步呢？

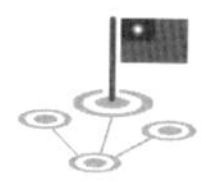

經過女兒韓冰勸說後，李佳芬終於點頭，應允讓韓國瑜參選高雄市長。一方面認同女兒的觀點，準備讓韓國瑜再任性一次；另一方面，也是不忍看到曾與台北市並稱為台灣唯二直轄市的高雄市繼續沒落下去，給丈夫一個機會，試著翻轉高雄，讓高雄重回當初能與台北市並肩的盛況。

得到妻子首肯的韓國瑜，彷彿得到了千萬人的支持一樣，壯著膽子，開始思考著向國民黨中央討資源的方法。想了一圈利害關係後，韓國瑜決定來招「聲東擊西」戰術。

2018 年 3 月，正是國民黨針對台北市長一職進行初選登記的最後一日，韓國瑜突然現身台北市國民黨中央黨部，領表登記參與初選。這一記直拳打得國民黨中央措手不及，也引起了外界的譁然。眼見已經引起注目，韓國瑜覺得自己已經成功向國民黨傳達了「資源公平」❶的意見，於是以「證件不齊」為藉口，撤銷登記。

隔天，國民黨秘書長曾永權發出回應，表示資源必定會南北平衡；身為把韓國瑜拱上高雄市黨部主委的國民黨主席吳敦義，針對韓國瑜的吶喊表示要先看看韓國瑜的努力程度與社會接受度，拮据的國民黨才有可能投入其他資源。

無論是曾永權還是吳敦義，不約而同地明示或暗示「國民黨不排除將資源投向高雄選戰」。雖然當下沒有得到國民黨中央實質的援助，但韓國瑜也不氣餒，回到高雄，暗自給自己加油打氣時，突然有支持者聽見風聲，請韓國瑜吃了滷肉飯，這讓他大為感動，立即把戶口遷至勞工眾多的林園區王公里，並在正式宣布參選高雄市長後，順手就把競選總部設在國民黨高雄市黨部內，盡可能縮減選舉開支。

韓國瑜參加國民黨內部針對高雄市長所進行的初選，擊敗時任立委的陳宜民，獲得國民黨提名，總算在高雄站穩了腳步。他也迅速地擬定了選戰策略——陸戰與空戰並行。他先將能動用的人馬分成 7 等份，其中 2 等份從網路、平面媒體等方向專攻人口最多、議論主導全台灣的大台北地區，為自己發聲，是為「空戰」；其餘 5 等份，則投入高雄在地服務，仔細傾聽民意，是為「陸戰」。然而，在前期還能雙管齊下，越靠近選戰，韓國瑜毅然將「空軍」調回高雄，主打「陸戰」。

這是一種相當特殊的選戰策略，那 2 等份的「空戰人員」，發揮了奇效，成功帶動了網路上的聲量，拉了不少網軍，其中高雄市民也有不少志同道合者，一轉身也投入韓國瑜的陣營，成為「陸戰人員」。就這樣，韓國瑜的聲勢就像滾雪球般越滾越大，飛速飆漲，但可惜始終無法超過民進黨候選人陳其邁。

＊　＊　＊

天助自助者，上天給韓國瑜送來了一個勝選契機——八二三高雄水災，讓韓國瑜民調在 9 月時首次超過對手陳其邁，呈現「黃金交叉」❷的態勢。

2018 年 8 月 23 日，尚未形成輕度颱風的熱帶性低氣壓進入台灣內陸，在短時間內帶來劇烈降雨，暴雨過後，大陸的華南

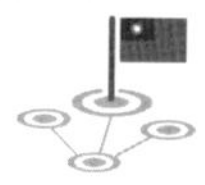

地區形成一個大低壓帶中心，引來挾帶豐沛雨量的西南氣流，再度直撲南台灣，短時間的驟雨，更炸得高雄排水系統失靈，多處傳來淹水的災情。

全台灣都緊盯著身為執政黨的民進黨，希冀他們能針對這次暴雨事件提出有效的因應手段。然而，民進黨官員卻接連犯了幾次荒腔走板的重大失誤，使整體風向開始朝有利國民黨的方向傾斜，在高雄這樣的淹水重災區尤甚。

先是副總統陳建仁在 8 月 24 日帶著家族前往金門旅遊❸；接著總統蔡英文直至淹水第 3 天（8 月 25 日）才姍姍來遲，在嘉義縣長張花冠陪同下，搭乘雲豹裝甲車視察淹成「水鄉澤國」的布袋鎮，甚至還站在車上朝災民微笑揮手致意；最後民進黨籍的立法院副院長蔡其昌更是在淹水災情尚未完全解決的情況下，領著數位同黨籍立委組團前往波蘭國會參訪。

國人對於民進黨的觀感，隨著這幾起接連發生的事件滑入谷底，甚至被貼上「無法苦民所苦」的標籤。

高雄除了是淹水的重災區外，暴雨更是持續下個不停，原高雄市長陳菊早在 4 月就上任總統府秘書長，高雄市長一職則由許立明代理。這位代理市長甫上任時，也算是蕭規曹隨，讓多項大型公共工程如期完工，然而，遇到八二三水災，他卻慌了手腳，遲至早上 6 點多才宣布停班停課，遲來的停班停課公告使冒著大雨通勤的高雄市民抱怨連連。

在中央、地方的民進黨執政者頻頻出包時，民進黨立委段宜康又將矛頭指向老對手韓國瑜，在 Facebook 發文，分享韓國瑜參加同黨市議員候選人競選歌曲發表會的閹割版影片——影片中的韓國瑜笑著與人共舞，在民進黨團的斷章取義下，引爆了另一場爭議。但此時處於風波中心的韓國瑜，卻連雨鞋也沒穿，只簡單踩著拖鞋行走在永安區混濁的汙水中，親切地慰問當地災民。

民進黨與韓國瑜兩種截然不同的勘災方式，讓韓國瑜的支持度急遽上升。既然聲勢看漲，韓國瑜自然要把握住時機，開始舉辦造勢活動，將自己的理念傳達給更多的人。從 10 月開始，到 11 月 23 日為止，韓國瑜接連舉辦了一連串的造勢活動，一場比一場盛大。

2018/10/6 左楠造勢活動

「左楠」是高雄左營、南梓區的簡稱，一直以來便是國民黨的最大票倉，左營港周邊地區更是現存最大規模的海軍眷村。有鑒於此，韓國瑜於此成立韓國瑜左楠之友會，並封街舉辦造勢活動，請來前總統馬英九及新北市長朱立倫站台，吸引了數千名支持者前來。

李佳芬提早到達現場，幫忙張羅造勢活動的前置作業時，就遇到熱心民眾幫忙排椅子，更熱絡地和李佳芬握手、話家常；漸漸地，支持群眾也開始湧入造勢現場。由於造勢現場是狹長型的地勢，坐在太後面的區域，很難參與造勢活動，因此，許

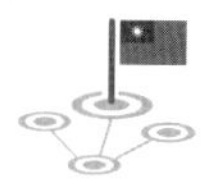

多支持者放棄了排定的座位，轉而站在兩側的路邊，猛搖國旗高聲吶喊，這是好久不見的、可以盡情揮舞著中華民國國旗的選舉造勢大會，令人動容！

民進黨也關注著韓國瑜這匹鬥不死的黑馬，當看到後半區域的座位閒置時，他們連忙拍了幾張擺滿空椅子的照片，聲稱僅三、四百人到場，希望能藉此阻止「西瓜效應」❹的蔓延。

2018/10/10 三民造勢活動

國慶日當天，韓國瑜再接再厲，於三民區河堤社區的鼎泰公園成立三民之友會。由於三民區一直以來都是民進黨的票倉，因此屢屢有民進黨人士「唱衰」，認為前去的人一定寥寥無幾。然而，實際情況卻讓他們驚愕了！

這場韓國瑜連同三民區議員參選人黃香菽、黃柏霖、童燕珍、曾俊傑的聯合造勢晚會，再度擠滿了數千名熱情的支持者，甚至還有社區居民從陽台探頭、揮舞國旗給他們加油打氣，開車路過的人們也會特地搖下車窗、對他們豎起拇指。即使已過規定時間，從四面八方聚集而來的支持者，仍遲遲不肯離去，直到主持人下令開始疏散人潮，群眾才在互道晚安後，漸漸散去，連住在台北的筆者等人也深受感動，上網訂了國旗，準備下次南下高雄共襄盛舉！

2018/10/26 三山造勢活動——第一站·鳳山

由前立法院長王金平組織的「韓國瑜三山之友會」主打農會系統，第一場就辦在陸軍官校坐落的鳳山，據估計至少來了 5 萬人共襄盛舉。

這場在鳳山區經武橋下舉辦的挺韓晚會，現場排了近兩萬張的椅子，不但座無虛席，甚至周邊的道路、陸橋、空地、圍牆上都擠滿了猛揮國旗的支持者，最後連王金平動員的 1 萬人都進不了會場，只得讓載滿人的遊覽車掉頭折回。除了住在高雄的市民出席外，也有不少「北漂」的青年到場相挺，甚至有熱心的計程車司機們自動自發地提供從捷運站到會場的免費接駁服務。

現場可說是人山人海，一開始車輛還能緩緩駛進會場，但當鄰近晚會開場時間，連人都寸步難行，更不用提開車入場，因此許多民眾只得搭「11 路公車」，靠著自己的雙腳走進會場。

韓國瑜的主要競爭對手——民進黨籍候選人陳其邁，早在 14 日就先在鳳山舉行競選辦公室成立的造勢晚會，據統計也有 3 萬名支持者參與。儘管陳其邁造勢現場也是座無虛席，但站著的支持者很少，甚至會場外還停了不少輛遊覽車，讓人不禁懷疑民進黨相關陣營究竟是動員了多少人來「湊數」；反觀韓國瑜的鳳山之友會，除了座無虛席，周圍還擠滿支持者，甚至連韓國瑜、王金平進場時，都得穿過重重人牆，才能踏上演講台。如此相較之下，高下立判！

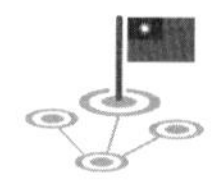

		韓國瑜（國）	陳其邁（民）
鳳山	造勢日期	10/26（週五）	10/14（週日）
	造勢場地	經武橋下（狹窄）	鳳山議會（寬敞）
	參與人數	5～8 萬人	3 萬人以上

2018/11/8 三山造勢活動——第二站・旗山

王金平主導的「韓國瑜三山之友會」第二場，在晚間 7 點半於大旗美地區的美濃高美醫專揭幕。

美濃區是民進黨立委邱議瑩的大本營，造勢會場不僅位置偏遠，場地也相當狹小，韓國瑜也貫徹自己「一瓶礦泉水」的理念，不提供任何便當、飲料給前來的民眾，再加上舉辦時間在平日晚上，可能使一些忙碌的上班族卻步。

然而，早在傍晚 4 點多就有大批人潮湧入會場，等到 5 點多現場的椅子就已坐滿，找不到座位的支持者一路朝外蔓延，攤販們也提早到現場「卡位」，一輛輛餐車開著比路燈還亮的照明設備停在一旁，伴隨著擁擠的人潮，儼然形成小型夜市，「香腸瀑布」也於焉成型！

因會場位置於離捷運站、高鐵站都有一大段距離，這時數百輛計程車司機自發性地組成義勇軍，車隊候於左營高鐵站，往返載送支持者到造勢會場。據估計現場至少擠進 3 萬人，這對於舉辦在平日晚間的造勢活動而言，已是一個相當大的數目。

競爭對手陳其邁這時也察覺到事態嚴重，連忙選在 11 日於寬敞的旗山體育場舉辦「旗美大團結」造勢活動，更請來副總統陳建仁、總統府秘書長及原高雄市長陳菊等人站台。然而，陳其邁辦在周末的造勢現場人數，卻也與韓國瑜辦在平日的造勢現場人數相差無幾，由此可見兩人在旗山區的選民支持程度。

		韓國瑜（國）	陳其邁（民）
旗山	造勢日期	11/8（週四）	11/11（週日）
	造勢場地	美濃高美醫專（狹窄）	旗山體育場（寬敞）
	參與人數	3 萬人以上	3 萬人以上

2018/11/14 三山造勢活動——第三站・岡山

王金平主導的「韓國瑜三山之友會」最末場，位址定於岡山河堤公園。

早在下午 4 點多，會場附近就漸漸湧現人潮，許多攤販也提早到路邊佔位、擺攤，除了烤香腸、手搖杯飲料等小吃攤外，也有不少民眾賣起與韓國瑜相關的周邊產品，如印有「我們跟著禿子走」的帽子、「高雄要翻轉」的 T 恤；傍晚 5 點多時，四周道路更是人滿為患，車輛只能緩速前進，一批批人潮在交警的急促哨聲指揮下過馬路，湧進會場；筆者也特地在當日中午就離開位於台北的公司，搭乘高鐵到左營站，終於在 6 點 10 分左右到達會場！

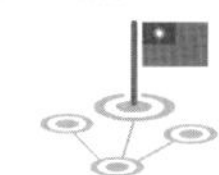

從一兵一卒打到千軍萬馬！我現在岡山！

到了韓國瑜上台的前一個小時，多名國民黨市議員候選人上台演講，此時會場中已經擠得水洩不通，此時主持人宣布參與人數已達 7 萬人；到了 7 點半，會場播放軍歌「夜襲」，民眾情緒高昂地進行大合唱，韓國瑜也在此時穿過重重人牆進場，筆者一邊揮舞著國旗，眼角也泛出了淚光！實在太感動了！

這場造勢活動除了同樣有大批計程車司機擔當義勇車隊外，也有不少在地青年駕著機車，自發性地組成義勇機車隊，往來接送民眾前往會場。在造勢會場的支持者們即使互不認識，也會互相打招呼，宛如一家人一樣的相處模式，更讓造勢現場彷彿嘉年華會般盛大。

然而，2018 年 11 月的第三個禮拜正是選舉黃金週，畢竟下個禮拜日就是投票日，因此，韓國瑜在舉辦完岡山之友會後，隔了 3 天，又舉辦「超級星期六」造勢晚會再戰鳳山區，場面依然非常熱絡，韓粉、攤商、計程車司機仍沒有缺席，讓造勢現場人數衝破 10 萬人大關。可惜的是，國民黨主席吳敦義在上台致詞時，向總統府秘書長陳菊開砲，暗指陳菊是「肥滋滋的母豬」；面對這樣的突發狀況，韓國瑜眉頭一皺，在換自己上台發言後，立即直言頂頭上司的發言失當，強調選舉不該對任何人做人身攻擊，表示「寧願乾乾淨淨的輸掉，也不要骯髒地贏得選舉！」

由於韓國瑜的緊急救場滅火，才控制住這場失言風波，沒有大失血（但應該還是多少有些許影響），隔日的陳其邁岡山「超級星期天」造勢晚會上，也不免提到這個失言事件，被暗諷的對象陳菊，也現身為陳其邁站台，打起苦情牌，搏到了不少同情票。

		韓國瑜（國）	陳其邁（民）
岡山	造勢日期	11/14（週三）	11/18（週日）
	造勢場地	岡山河隄公園	舊黃昏市場空地
	參與人數	約 10 萬人	約 10 萬人

＊　＊　＊

從這些造勢活動的反應熱絡程度，就可以看出韓國瑜打下的基礎有多堅實。在造勢現場，韓國瑜除了發給支持者一瓶沒

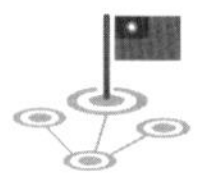

有印上候選人文宣的礦泉水外，還有一支小國旗，希望能藉此喚醒台灣人民現已日漸萎靡的愛國心，但筆者一直喜歡揮動自行上網買的大國旗，有感啊！

在鳳山「超級星期六」造勢現場，韓國瑜演講結束後，出現了一面長 18 公尺、寬 12 公尺的超巨大國旗，台下民眾也紛紛舉起雙手，自發性地接力傳遞這面國旗；從空中俯瞰現場，超巨大國旗的覆蓋面積至少百人以上，卻始終沒有任何一處接觸到地面，穩穩地在民眾手中傳遞，彷彿也傳遞著自己對台灣的熱情。最難能可貴的是，這個傳遞巨型國旗的橋段，並不是韓國瑜安排好的橋段，而是由一位民眾自費 4 萬元，接連 2 天手工趕製而成，象徵著在挺韓國瑜的同時，也支持著台灣。

這時，選戰已經來到最後的衝刺階段，剩不到一個禮拜就要揭曉韓國瑜努力了數個月的成果了，這讓韓國瑜不由得繃緊神經，進行最後衝刺。正巧三立新聞台看準了這次高雄選戰的話題性，向韓國瑜提出邀請，想讓他和陳其邁在電視辯論會中對決。

其實早在 11 月 10 日，4 位高雄市長候選人就曾在公辦電視政見辯論會時對壘過。這場政見辯論會採取「候選人先闡述政見，再回答 4 位學者提問」的模式，雖然沒有 4 位候選人交互詰問的部分，但仍有不少民眾關注韓國瑜與陳其邁的辯論情況。然而，多數民眾認為這場辯論會韓國瑜表現失常，雖然他提出的「青老共住」政見已在荷蘭、德國施行，但卻流於空泛，沒有陳述具體措施；反觀陳其邁卻說得有條不紊，井然有序地陳述自己的施政方針，並提出不少由數任同黨籍市長留下的施政數據說話，讓民眾邊聽邊覺得陳其邁「有在做功課」。

這場電視政見辯論會的結果，也成為韓國瑜心中的一根刺，但他既沒有前人栽下的樹可以乘涼，也沒有龐大的幕僚團隊可以依靠，他只能繼續勤勤懇懇地繼續跑基層、辦造勢晚會，準備好每一場對民眾的喊話與演講。因此，當政治立場傾向民進黨的三立電視台朝韓國瑜拋出邀請，他二話不說，立刻就答應了下來，也不管自己在參加完一連串造勢晚會後、已近乎超出負荷的身體，打起精神準備起辯論會的辯論素材。

為了這場辯論會，韓國瑜找來了 20 位前輩、顧問幫忙「集訓」，可惜這些前輩對高雄不夠熟悉，思考不夠周延，使論辯無力，在交叉詰問的環節上被陳其邁壓著打；反觀陳其邁，找了現任的市府團隊出謀劃策，在施政數據上下苦功，可惜深陷在固有的領域中，一直提「會針對……編預算」，沒辦法跳脫既有的施政格局、開創出新觀點，只能蕭規曹隨，甚至也不敢批評前人的施政缺失，至多只能讓高雄維持現狀，無法為高雄帶來突破性的進展。

但兩場辯論會，韓國瑜及陳其邁兩人的辯論優勝劣敗，由原來的「陳其邁穩壓韓國瑜」轉為「五五波」，韓國瑜雖不能說是一雪前恥，但也是一種飛躍性的進步了！

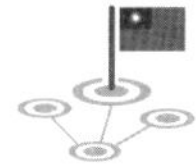

＊　＊　＊

選前最後一個星期五，韓國瑜在夢時代旁台糖物流園區廣場舉辦「選前之夜」造勢大會，主辦單位除了準備3萬張椅子外，也申請了周邊的路權，甚至出動十幾塊大螢幕，就是希望能讓遠處的支持者也能看到舞台上的韓國瑜。與以往的「選前之夜」造勢大會不同的是，韓國瑜團隊沒有找來大人物協助站台輔選，反而把焦點聚集在高雄在地的業者與上班族身上，並請來歌手與樂團表演，這讓造勢大會格外火熱與歡樂，宛如一場嘉年華會般。

韓國瑜曾在鳳山造勢現場表示「要找禿頭進場」，在「選前之夜」也實現了這個半開玩笑的構想。有超過300位韓粉主動報名參加「禿頭進場」的隊伍，最後從中挑選了277人，代表著高雄市277多萬的人口，讓這些禿頭們手持氣球前往會場，彰顯韓國瑜意欲「照亮高雄」的競選氣魄。最後，估計超過15萬人擠進會場，場中的氣氛歡騰，在韓國瑜踏上舞台演講時達到最高潮。

韓國瑜也在演說中簡單地列出當選高雄市長後的三大工作方向：「建構高雄總目標」、「不貪汙且親民」、「把高雄的好、美及產品推銷到全世界」，最終以「東西賣得出去，人進得來，高雄發大財」的理念作結。

相對地，陳其邁也抓準最後機會，拉原高雄市長陳菊、勞動部長許銘春、代理市長許立明及高市府局處首長等政務官登場助講，並邀請不少藝人上台表演，在最後演講時更激動拭淚，表示「要用選票證明，黑夜韓流會過去，日出溫暖會來到」。

		韓國瑜（國）	陳其邁（民）
選前之夜	造勢日期	11/23（週五）	
	造勢場地	夢時代旁的台糖物流園區廣場	鳳山捷運西站外廣場
	參與人數	15 ～ 20 萬人	20 ～ 22 萬人

＊　＊　＊

2018 年 11 月 24 日，正是中華民國九合一大選的投票日，天氣晴朗，許多民眾都興致高昂地前往投票所投下自己神聖的一票，但由於許多地區的投票所動線設計不良，再加上圈選處過少，導致投票民眾大排長龍，平均須要排上 1 個小時左右才能投到票。高雄也陷入這樣的投票窘境中，但仍有許多北漂、外漂族都回到高雄投票，據事後統計，投票率高達 73.54%，這些選民在太陽下苦等，只為把選票投給支持的候選人。

下午 4 點，高雄各大投票所開始開票，韓國瑜、陳其邁的票數一開始還「互有輸贏」，到後面漸漸拉開差距。最後在 8 點 50 分，陳其邁自行宣布敗選；韓國瑜則在 9 點 10 分宣布勝選，並發表勝選感言，承諾未來將秉持著高雄最高的價值——愛與包容，不分藍綠，不分族群——大家一起努力為高雄打拼。

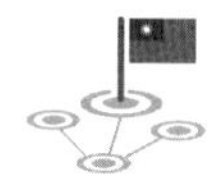

2018 年高雄市長選舉結果				
號次	候選人	政黨	得票數	得票率
1	韓國瑜	國民黨	892,545 票	53.9%
2	陳其邁	民進黨	742,239 票	44.8%
3	璩美鳳	無黨籍	7,998 票	0.5%
4	蘇盈貴	無黨籍	14,125 票	0.9%

＊＊＊

大勝陳其邁 15 萬票後，韓國瑜並不準備休養因選舉而四處奔波的過勞身子，在選舉後、就職前的一個月間，屢屢在臉書上開直播視訊，暢談自己未來對高雄的改革內容。

在萬眾矚目下，終於到了 12 月 25 日就職典禮，韓國瑜早在 8 點半就在愛河搭乘愛之船，靠岸後前往愛河旁的舞台就職，並以詩人余光中的〈讓春天從高雄出發〉作為開場白，期間更夾雜了英文演講內容，不難發現韓國瑜準備將高雄推向世界舞台的企圖心。

韓國瑜上工首日，也接受媒體專訪，強調「只要自己當市長，高雄不能有任何一個孩子餓肚子」，這讓筆者格外感動，早在 2011 年時，桃園市就提出「愛心餐食券」計畫，補助弱勢學童 50 元餐券，讓他們可前往愛心店家飽餐一頓；到了 2012 年時，新北市長朱立倫也跟進，提出「幸福保衛站」計畫，讓飢童可到超商食用免費餐點果腹；這次韓國瑜更在就職日發出同樣的願景，就是希望高雄的所有孩童能安心、快樂地成長茁壯。

隨後，韓國瑜上任後，急於改善前任民進黨政府的施政缺失——在 823 豪雨過後，高雄馬路上一夕之間出現 5,000 坑洞——除了立即啟動「路平計畫」外，也叮囑市府團隊要加強道路施工品質，以免陷入「補了又破、破了又補」的輪迴圈中，準備讓高雄用路人體驗平坦、無坑洞的路面。為此，深夜 10 點，李四川副市長甚至親自前往視察苓雅區中正一路的道路刨鋪工程，督促施工的同時，也慰勞在深夜進行施工的工人。這個舉動讓民眾都看到了「變天」後的高雄市府，行動力不容小覷。

韓國瑜也不忘當初使自己民調與對手陳其邁呈現「黃金交叉」的契機——八二三水災。為求不讓八二三水災重演，韓國瑜向世界級治水專家李鴻源博士提出邀約，請他前來擔任高雄市水利顧問。據李博士的看法，高雄水患不是一天造成的，治水也非一蹴可幾，要全面性地完成治水工作，至少須要 2 年時間才能見效。對此，韓國瑜雖然覺得時間過久，但仍尊重李博士的專業意見，指示水利局全力配合，期望在全球環境不穩定、爆發各種極端氣候下，能使高雄倖免於難、百姓安居樂業。

由韓國瑜領導的高雄市府團隊，更興起了一股「夜宿」旋風，除韓國瑜本身力行每月夜宿基層產業（第 1 站「高雄果菜市場」、第 2 站「永安兒童之家」、第 3 站「彌陀漁會」、第 4 站「計程車運將家」……），就為求了解基層產業民生外，環保局長、教育局長紛紛夜宿興達廠附近民宅與偏鄉學校，希望

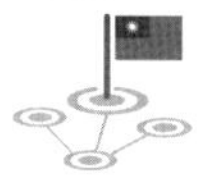

能設身處地感受基層市民的生活與困境，藉此敦促自己修正市政不足之處。

＊　＊　＊

2019 年 1 月 17 日，韓國瑜首次以高雄市長的身分站上市議會的報告台，面對 20 年來首度成為在野黨的民進黨議員。

這些議員們無不嘶聲吶喊，就為了要求韓國瑜兌現選前開出的支票，為此，韓國瑜壓縮自己施政報告的時間，被迫讓出大部分時間與舞台給質詢自己的議員們發揮；這些議員們甚至把這些政見做成氣球，最後一一戳破，以示政見「破功」，對此，韓國瑜也以「就職 20 天彷彿 20 個月」形容，強調自己已兢兢業業地朝目標前進。

隔了 2 天，韓國瑜也在自己的 Facebook 上發文，敘述自己第一次議會備詢的感想，並由衷希望在下一次市政質詢時，能有更充裕的時間進行施政報告。

＊　＊　＊

在韓國瑜就任後，主要在兩個方向能看到他的努力，一是民生上，二是經濟上。

在民生方面，最受高雄人詬病的「路不平」狀況已漸趨改善，韓國瑜要求副市長全力督導「路平」政策，高雄許多路段也已依照規劃進行翻修。

在經濟方面，韓國瑜曾將高雄形容成雞蛋的蛋白及蛋黃，「農漁產業」屬蛋白區、「精華地帶」屬蛋黃區，針對這兩區的經濟成長計畫，韓國瑜也提出了具體的方向——「蛋白區」主打產品外銷、「蛋黃區」爭取投資客與觀光客前來投資、消費。

一心想把高雄各種產業推上國際舞台的韓國瑜，深夜還在高雄在地酒吧開直播，學習調酒，卻被總統府發言人黃重諺暗諷為「喝醉的土包子」。面對黃重諺的嘲諷，韓國瑜以「3 月初舉辦包子大賽」為題，幽默地自我解嘲，在將黃重諺一軍的同時，也借力使力將「高雄包子大賽」推向全國，再次打響高雄的知名度。

為了讓高雄更快成為全台首富之都，韓國瑜馬不停蹄地四處走訪，只要能讓高雄更好的貴賓與計畫，他都親自接待並了解，在春節期間也行程滿檔，勞累使他時常紅著雙眼，體力更屢屢透支，免疫力在及格邊緣徘徊的結果，就是一不注意就有感冒找上門。

韓國瑜力倡的「南南合作」❺也在 2 月份開始推行，首站是東南亞國家——馬來西亞及新加坡。韓國瑜分別與新加坡最大的連鎖超市 FairPrice、中大型超市昇菘超市，以及百美超市簽下三年合約，為高雄農、漁民帶來每年 4600 萬台幣的訂單，最後才在台商、華僑的歡送下打道回國。

「南南合作」的第二站是港、澳等大陸南方城市。韓國瑜不僅搶回 53 億元新台幣的訂單，也在兩岸交流方面下苦功——廈門將開通前往高雄的郵輪航班，也將組織 8000 名遊客的旅遊團前往高雄。韓國瑜除了打開「蛋白區」的農、漁產品市場外，

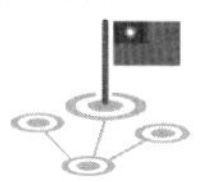

也成功為「蛋黃區」拉了不少觀光客，此行可說是成果豐碩。

＊　＊　＊

2018 年底的縣市長選舉結束後，有好幾位區域立委參選人當選，他們須依法辭去立委職位，因此，不少區域須進行立委補選，補足缺少的人數。國民黨眼見韓流發威，便讓韓國瑜為新北市三重區、台南市等艱困選區進行輔選，這使韓國瑜的行程更滿了。

受全國人民關注的新北三重選區及台南選區，是民進黨經營已久的鐵票區，儘管韓國瑜輔選時來了不少支持者，場面相當熱絡，但其中相當一部分是來自外地、沒有投票權的韓粉。因此，雖然造勢現場人潮滿滿，聲勢浩大，實際擁有投票權的在地人恐怕還是只占一部分。

3 月 16 日，正是立委補選投票日。民進黨籍候選人們惶恐地等著開票，深怕又像高雄一樣，在鐵票區被國民黨翻盤。但開票結果完全跌破眾人眼鏡，民進黨守住了新北三重及台南兩個鐵票區的席次，被預測應該為「全壘打」的國民黨卻只拿下彰化一席，金門則大暴冷門，由無黨籍候選人拿下。

2019 年新北市第三選區（三重區）立委補選結果				
號次	候選人	政黨	得票數	得票率
1	蘇卿彥	無黨籍	1,303	1.2%
2	鄭世維	國民黨	51,127	46.8%
3	余天	民進黨	56,888	52%

2019 年台南市第二選區立委補選結果				
號次	候選人	政黨	得票數	得票率
1	楊筱如	無黨籍	492	0.4%
2	郭國文	民進黨	62,858	47.1%
3	吳炳輝	無黨籍	350	0.3%
4	謝龍介	國民黨	59,194	44.3%
5	陳筱諭	無黨籍	10,424	7.8%
6	徐國棟	無黨籍	269	0.2%

但，韓流真的退燒了嗎？

首先，從日前台北市士林、大同選區的立委補選看起：當時柯 P 也曾為無黨籍候選人站台，但該候選人卻仍然敗選；這次新北三重、台南選區也一樣，韓國瑜的個人魅力只能起部分作用，大部分還是得靠選區候選人的個人魅力來影響選民。不幸的是，三重選區的候選人鄭世維缺乏個人知名度，參選全台最綠的台南選區的謝龍介雖具有知名度，卻不敵佔據地利優勢的民進黨候選人，惜敗 3,000 票。這兩區的選舉證明了「輔選人的光環難以完全轉移到候選人身上」。

其次，以韓國瑜數度走訪的新北市三重、台南選區為例，在綠營鐵票區贏得選舉本來就是相當困難的一件事。從數據來看，2016 年，新北市三重的立委選舉，藍綠得票率相差近 24%，國民黨比民進黨少了 3 萬餘票；同年，台南市第二選區的得票率也相差近 58%；兩地都是民進黨大勝，票數差距就相當大；然而日前的立委補選，卻成為史上差距最少的一役。

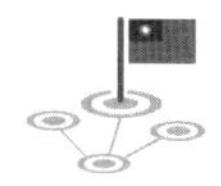

由此可見，韓流迄今仍未過去，全台灣還是有大比例的韓粉支持著韓國瑜。

✪ 高雄石化氣爆事件

2014 年 7 月底，高雄市前鎮區、苓雅區的多條重要道路發生連環爆炸，路面嚴重損壞，周邊店家、車輛也因爆炸而遭受重大經濟損失，除無辜民眾遭受波及外，更有 5 名警消、2 名義消罹難，共計死亡人數為 32 人。

影片傳送門

2018 年 6 月，民事賠償官司宣判，高雄市政府、榮化、華運均應負起賠償責任。

✪ 雲豹裝甲車的勘災行

在八二三水災爆發的第 3 天，民進黨籍總統蔡英文才在同黨籍的嘉義縣長張花冠陪同下，搭乘雲豹裝甲車勘災。一開始，蔡英文還站在車上彷彿是候選人在掃街拜票般，最後甚至還露出微笑。

影片傳送門

這讓雙膝以下還泡在水中、多數家當都沉在水裡的災民看得頗不是滋味，憤怒地擋在車前，不讓車隊繼續前進，大聲嚷著「再開進來就把我輾過去！」逼不得已，蔡英文只得下車，徒步涉水前往災區勘災。

✪ 高雄市長的肺腑之言「不能讓孩子餓肚」

影片傳送門

2018 年 12 月 25 日，新任高雄市長韓國瑜正式就職，被眾多高雄人簇擁的現象更吸引不少外國遊客駐足觀禮，同時發表的英文就職演說更成功對這些國際友人行銷高雄。

韓國瑜在上工首日也接受了新聞媒體記者獨家專訪，除向中央政府喊話（給錢、給權，或給政策）外，也發自肺腑地宣告「在自己擔任市長一日，高雄的孩子絕不能餓肚子」！讓高雄市沒有一個餓著肚子的孩子，絕對是比賺錢還重要的重點市政。

❶韓國瑜以「不求滿漢全席，但求一碗滷肉飯」的簡明口號，要求國民黨中央給予些許幫助，但不求與其他縣市一樣的資源。

❷「黃金交叉」主要指短周期均線（韓國瑜的民調線）由下方往上突破長周期均線（陳其邁的民調線）的現象；反之，則為「死亡交叉」。兩者原為股票專業用語，現亦常用於選舉呈現民調的陳述中。

❸在南台灣受暴雨所苦時，副總統陳建仁領著家族成員玩遍金門各大熱門景點。儘管沒有任何一條法律規定「副總統不能在淹水時進行家族旅遊」，但既然身為副總統，自然應當以國事為重，若能在淹水災情傳出的第一時間回台坐鎮，定能為自己贏得不少美名。可惜陳建仁是在消息曝光後，才灰溜溜地從金門返台，這樣亡羊補牢的行徑已經太遲了，造成國人觀感不佳，飽受淹水所苦的高雄市民更在民進黨身上狠狠地記上一筆。

❹「西瓜效應」又可稱為「依偎效應」，所指就是趨炎附勢的狀態。

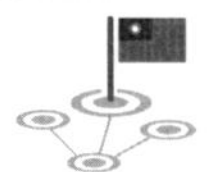

語詞源於台灣俚語「西瓜靠大邊」，指專挑較大的西瓜剖片。常用在形容選舉的事態發展上，指選民會把票投給具有優勢地位的黨或候選人，讓其優勢更加明顯，最後因此勝選。

❺「南南合作」是韓國瑜針對高雄對外貿易的重要政策。其主張「台灣南部大城高雄」的經濟版圖，應與「中國大陸南方城市」與「東南亞國家」結合，形成一個「三角形」的國際交流空間。

7 Parallel Universe 韓總統之路的平行宇宙

2020 年 1 月即將舉行總統大選，在野的國民黨及執政的民進黨都嚴陣以待，一方想重新奪回政權，另一方想繼續把持政權。因此，選擇參與總統大選的候選人就是最重要的一個環節。

國民黨在 2018 年九合一大選獲得壓倒性勝利後，對於 2020 年總統大選，就呈現「數個太陽」的狀態，這些元老級太陽們的司馬昭之心，全國人民都看在眼裡，但此時選總統呼聲最高的，非當前國民黨的主力王牌——韓國瑜莫屬了。

前面說到「韓國瑜」輔選新北三重及台南選區立委，雖都敗選，但韓國瑜本身並未失敗，從得票率就可以看出「兩個深綠選區有近一半的票投給了國民黨」。這種現象，就和 2000 年陳水扁得以當選總統，為台灣開啟首次政黨輪替一樣。

1998 年底，陳水扁競選連任台北市長失利，蓄積實力後，轉而在兩年後參選總統，一舉推翻國民黨長期執政的狀態，成為首位民進黨總統。據筆者推斷，當時陳水扁在台北市——這個國民黨票倉中，獲得了近 46%的選票，這讓陳水扁燃起了角逐 2000 年總統大選的野心。畢竟，陳水扁的故鄉在台南官田，南部大部分的選票必定是投給他，而在北部這種艱困選區中，

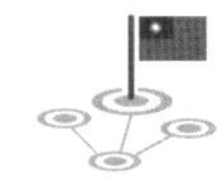

都能拿近半的選票，選總統必定能贏過國民黨候選人。果不其然，陳水扁在 2000 年寫下了台灣政治史上的新頁。

同理可證，韓國瑜在台南這種「綠遠大於藍」的艱困選區，都能散發自己的韓流魅力，為國民黨候選人輔選拉票，成功讓民進黨候選人冒出一身冷汗，更遑論他的立足地——高雄及北部的國民黨票倉了！因此，韓國瑜只要參選總統，國民黨的贏面就相當大！

但韓國瑜參選總統，高雄又該如何是好呢？

據《地方制度法》第 82 條內容：直轄市長辭職時，所遺任期超過 2 年者，先由行政院派員代理，並在 3 個月內完成補選。

筆者建議，韓國瑜可以「請假」參與總統大選。若選上，自然可以服務全台灣人民；若沒選上，退一步也能繼續服務高雄市民。道理很簡單，就目前韓國瑜在執政時遇到的困難而言，執掌中央行政機關的民進黨一下子不許韓國瑜與中國大陸往來、一下子拒絕推動韓國瑜呈請的自經貿區等政策，使韓國瑜無法放開手腳全力發展高雄經濟，迫得韓國瑜只得參選總統，藉此弘揚自己的政治理念。

繼韓國瑜走訪星馬、港澳後，2019 年 4 月也開始「美東、美西跑透透」的訪美鐵人行程。韓國瑜在訪美之旅中，除了為高雄招商外，也應邀前往哈佛、史丹佛大學演講，傳播自己的政治理念。至此，韓國瑜以「高雄市長」身分進行的國外參訪行程，就已經為高雄帶來數十億的訂單，若韓國瑜能當選 2020

年總統，勢必能實現他「台灣安全，人民有錢」的主張！

照目前的情勢來看，國民黨推出角逐2020總統之位的候選人最有可能在「韓國瑜、王金平、朱立倫、郭台銘」之中，若國民黨不提名王金平，王金平則有可能會脫黨參選，造成國民黨勢力的分裂；至於民進黨，則應該是「蔡英文、賴清德」中二擇一，若蔡英文在黨內初選敗給賴清德，也可能脫黨參選，使民進黨不再團結一心；至於其他候選人，則以「柯文哲」最有可能。

然而，不管是民進黨還是國民黨，兩黨的黨內初選結果未出來前，政黨提名候選人是誰，局勢都還未見明朗。在此，筆者就用「平行宇宙論」的概念來稍加分析2020年至2024年的總統大選候選人與結果。

＊　＊　＊

究竟何謂「平行宇宙論」？此論調的背景建構在「除了我們現在身處的這個宇宙以外，還有諸多其他宇宙的存在」之上。而「平行宇宙」，即是指當某個事件發生時，同時又發生了兩種不同的轉折，造成兩種不同的後續發展，這兩種的發展就造成了兩個平行宇宙。許多小說、電影都很喜歡使用這種概念，包括2012年前後在大陸及台灣風行的穿越劇、日本動畫電影《你的名字。》等等。

關於韓國瑜是否參選總統，日前雖已發表聲明，但實際上仍有諸多變數，將「平行宇宙論」套用至此，便再好不過了。

平行宇宙 1-1：韓 vs. 蔡

2019 年上半年，國民黨內部為了 2020 年初的總統大選候選人傷透了腦筋，最後終於在基層黨員的竭力聲援下，徵召韓國瑜參選，原先吶喊「參選到底」的前立法院長王金平，也在國民黨主席吳敦義及前新北市長朱立倫等多位大老的勸說下，以國民黨整體為重，避免重蹈「分裂後使漁翁（民進黨）得利」的覆轍，改而參選立委。

儘管韓國瑜心中不甚滿意如此倉促地再起選戰，但如今的局勢已彷若宋太祖趙匡胤的「黃袍加身」戲碼，他只得接下自己鍾愛的黨給予的眾望，領導國民黨邁向總統大選。

反觀國民黨最重要的競選對手——民進黨，雖在 4 月將黨內初選延至 5 月 22 日，但原先在 3 月表態參與初選的賴清德，最終也在初選延期間與黨內各巨頭夜談數晚後，宣布退出，轉而支持蔡英文連任，民進黨早國民黨一步完成內部整合，全黨上下齊心支持蔡英文競選連任。

選前倒數 7 個月，面對持續高昂不退的韓流來襲，民進黨咬著牙，開始撩撥起中間選民的感情，持續以「統戰」的口號抨擊匆促應戰的韓國瑜。被趕鴨子上架的韓國瑜則用了一週的時間閉關沉澱思緒，出關後，他不慌不忙地以「維持現狀」為主軸、「經濟發展」為核心，在全台各地發表了一篇又一篇的演說。韓國瑜真摯動人的演說，成功轉化了絕大多數的中間選民的意向。

最後，韓國瑜領導著國民黨，以近六成的得票率擊敗了蔡英文，當選中華民國第 15 屆總統。同時，第 10 屆立委選舉也由國民黨大獲全勝，王金平回鍋立委成功，再度站上主席台，立法院一改 2016 年由民進黨全面執政的態勢，轉由國民黨當家做主！

當選總統的韓國瑜，也依法辭去高雄市長，在任命朱立倫為行政院長後，依法派任督導高雄「路平」有功的李四川副市長為高雄代理市長，並於 2020 年 4 月進行高雄市長補選。高雄市長補選結束後，李四川以些微優勢擊敗再度來襲的陳其邁順利當選高雄市長，與前上司韓國瑜同為台灣／高雄人民打拼經濟。

2024 年，韓國瑜再度競選連任成功，成為中華民國第 16 屆總統，立法院長仍由王金平出任，領導著立法院中過半數的國民黨立委，共同為台灣的未來努力。

平行宇宙 1-2：韓 vs. 王 vs. 蔡

韓國瑜被國民黨徵召參選總統後，王金平不服國民黨提名韓國瑜參選總統，於是退黨參選，與韓國瑜、蔡英文呈現「三足鼎立」之勢。

儘管王金平整合了國民黨各大地方派系，但仍不敵國民黨基層黨員的政治意向，引發「西瓜效應」，在三方大戰中敗下陣來，僅瓜分了韓國瑜四十多萬票，給韓國瑜製造了些許阻礙。

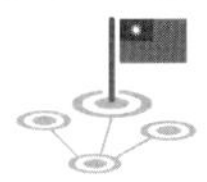

最終，韓國瑜仍力壓蔡英文，在 2020 年總統大選脫穎而出，領導國民黨踏上全面執政的寶座。

其後演進脈絡與「平行宇宙 1-1」相同，故不加贅述。

平行宇宙 1-3：韓 vs. 蔡 vs. 柯

在 2019 年上旬，2020 總統大選的候選人總算大勢底定，最先宣布參選的是民進黨提名的蔡英文，蔡英文在說服賴清德退出民進黨初選後，氣勢高昂，憑著民進黨在中央的完全執政權力，開始實施一系列利民的措施，包括減稅、發送消費券、油電凍漲等，希望能藉此拉抬民意對自己的支持度。

第二個宣布參選總統的候選人是台北市長柯文哲，儘管柯文哲在 2018 年底競選台北市長連任時聲勢略有受挫，與國民黨候選人丁守中票數呈現拉鋸狀態，僅差距數千票，但他為了貫徹自己的理念，決定趁國民黨還在內鬥、民進黨疲弱龜縮時，表態參與競爭總統之位。

最後一個被參選總統的候選人，是國民黨中最亮最紅的政治明星——韓國瑜。

韓國瑜在 2018 年 11 月擊敗了對手陳其邁，翻轉高雄的綠地為藍天，國民黨乘勝追擊，在 2019 年 3 月台南立委補選時，派出韓國瑜輔選謝龍介，差點又再次於全台最綠的台南上演「翻轉大戲」。雖然台南立委選戰中，國民黨仍敗給民進黨候選人，但僅 3,000 票的差距，著實讓民進黨捏了把冷汗。

國民黨終於在 2019 年 5 月上旬確定了提名總統候選人的方式，由國民黨主席吳敦義出馬說服韓國瑜被動參與黨內初選，韓國瑜為了讓自己鍾愛的黨及熱愛的台灣土地「雙贏」，終於決定披甲上陣，與表態「參選到底」的王金平競爭國民黨初選。儘管王金平整合了國民黨內部的地方紅黑派系，但仍不敵廣泛基層黨員支持的韓國瑜，在初選中敗下陣來。

無法獲得國民黨提名的王金平，對於曾在高雄市長選戰中受恩於自己的韓國瑜不免有些怨懟，認為他不夠顧念舊情，甚至是恩將仇報，但經過國民黨主席吳敦義及新北市長朱立倫等多位大老勸說後，總算放下成見，轉而參選立委，也積極為韓國瑜邁向總統寶座造橋鋪路。

最後，韓國瑜領導著國民黨，擊敗了蔡英文與柯文哲，順利殺出重圍，當選中華民國第 15 屆總統。

其後演進脈絡與「平行宇宙 1-1」相同，故不加贅述。

平行宇宙 1-4：韓 vs. 王 vs. 蔡 vs. 柯

國民黨徵召韓國瑜參選總統，民進黨也提名蔡英文為總統候選人，柯文哲仍以無黨籍身分參選總統，三方候選人匯聚，使被國民黨棄置的王金平相當眼紅，憤而脫黨宣布參選到底。

在「棄保效應」的運作下，王金平、柯文哲的大部分泛藍系的支持者轉而支持較有勝算的韓國瑜，蔡英文面對三方（韓國瑜、王金平、柯文哲）的支持者夾殺，潰不成軍，連任之夢破滅，更將自 2016 年民進黨全面執政的輝煌紀錄拱手讓人。

韓國瑜便在舉國歡騰之下，登上總統寶座，開始貫徹自己「全力發展經濟」的理念，領導台灣人民朝「安全生存前提下發展經濟，讓人民生活得更好」的方向邁進。

其後演進脈絡與「平行宇宙 1-1」相同，故不加贅述。

平行宇宙 2-1：韓 vs. 賴

2019 年 3 月，前行政院長賴清德領表參與民進黨初選，直面爭取連任的蔡英文。民進黨中有一派最為重要的勢力——獨派，全台至少有 20%的人民思想是屬於這個派系，尤其在民進黨內部更為明顯。在中國虎視眈眈下，民進黨內部的獨派大老，不可能、也無法推舉他們心目中最好的「台獨」候選人（即使僥倖當選，也要擔負大陸武統台灣的可能風險）；他們對於蔡英文又不甚滿意，滿分 100 的狀態下，只給她打 20 分；因此，只能退而求其次，選擇分數低空掠過及格線的賴清德了！最後，賴清德也在獨派大老支持下，順利出線，成為民進黨角逐 2020 年總統大選的候選人。

國民黨看見民進黨推出獨派最強的候選人，明白那些元老級的「太陽們」已經無法帶動中間選民的投票傾向，故對因 2018 年九合一大選出現的明日之星——高雄市長韓國瑜，發出徵召令，同時國民黨主席吳敦義也帶著前新北市長朱立倫等大老，前往拜會「宣布參選到底」的前立法院長王金平。在三巨頭促膝懇談後，王金平轉戰不分區立委，吳敦義、朱立倫則全力支持韓國瑜。

賴清德、韓國瑜兩人的直球對壘，堪稱是史上最精采的統獨對決大戰。誰能爭取中間選民的支持，誰就能勝選！中間選民的喜好相當容易判讀，那就是——維持現狀，他們既不想被中國大陸統治，也不想因台灣獨立而被中國大陸武統。

賴清德明白台灣人民的心理，他打著「維持現狀」的旗號，表示儘管他個人支持台灣獨立，但也會考量其他台灣民眾的觀感；韓國瑜則秉持著一貫的兩岸策略「九二共識」，在維持現狀之餘，也全力發展台灣經濟，尤其是藉著「九二共識」與大陸官方搭上線，再憑著台灣與大陸人民同文同種的優勢，把台灣農漁產品輸往大陸，再加強大陸觀光客來台灣消費的力度。

關於「台獨」還是「九二共識」，筆者認為這一點都不需要考慮，必定是選——九二共識。這就好像是 2008 年曾舉辦過的「入聯公投」與「返聯公投」一樣，出發點都是希望台灣能成為聯合國的一員，不再被排除在地球村之外；然而，不論是「入聯」還是「返聯」，都一定會遭受到中國大陸的阻撓。

中國大陸當局也已經相當明確地宣告：只要台灣宣布「台獨」，大陸立刻武統台灣。因此，「台獨」這條路是萬萬不能走的！因此，選出一位表面上號稱「維持現狀」、暗地裡支持「台獨」的總統，顯然是在捋中國大陸這隻猛虎的虎鬚，除了邦交國會不停失去外，農漁產品也無法銷往大陸、大陸觀光客也被

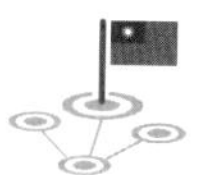

限制來台，甚至台灣加入各種國際組織的機會也會被大大壓縮。這些現象都將使台灣朝向經濟停滯困頓不前、民生凋蔽的局面發展。

反之，只要安撫好名為「中國大陸」的猛虎，他便能為台灣廣開方便之門，也能在他的勢力下發展經濟，不只能進入中國大陸市場，更能打開進軍全球市場的道路。

2,300 萬台灣人民都在為台灣與自己的未來布局規劃，紛紛在 2020 年 1 月 11 日，投下自己神聖的一票。這場史上最精采的統獨對決，也讓台灣的投票率創下歷史新高。最終，賴清德在開票流程進行到九成時就宣布敗選，半小時後，韓國瑜也在團隊的簇擁下登上競選總部外的舞台，發表勝選感言。

韓流魅力還不僅於此，立法院中的國民黨可說是旗開得勝。原本在 2016 年立委選舉中的最大黨——民進黨，也因國民黨的猛烈反撲而迅速凋零；其餘的小黨，如時代力量、親民黨、無黨團結聯盟等，總和席次甚至不到 5 席；國民黨則成為總統、立委選舉中的最大贏家，中華民國也邁入由國民黨全面執政的新里程碑。

韓國瑜在 5 月 20 日的總統就職演說中，重申了「九二共識」的深刻意義，中國大陸的領導人習近平也很快地向台灣伸出友誼之手，除了既有的「惠台政策」外，更多加碼了多項政策，包括規劃開通台海高鐵等。韓國瑜也就著原有的兩岸政策，強勢發展台灣經濟，讓台灣經濟逐漸攀上另一個高峰，尤其高雄的地區經濟成長率更勇冠全台！

在韓國瑜遵照《地方制度法》請辭高雄市長後，時任行政院長的朱立倫立刻派遣督導高雄「路平」有功的李四川副市長擔任高雄代理市長，並在 3 個月之內進行高雄市長補選。2020 年 4 月，國民黨提名的候選人李四川成功當選高雄市長。

儘管韓國瑜成為了中華民國總統，卻也不忘當初力挺他的高雄市民，在各直轄市搶佔資源時，總是稍加偏心給高雄多點好處，其他縣市也不會因此抗議。畢竟，在經濟再度起飛後，眾人的各項所得都有感成長，這都是高雄市民「讓」出他們的市長所帶來的經濟效益。

2022 年，李四川以相當高的施政滿意度，再次險勝民進黨候選人，成功連任高雄市長。

2024 年，韓國瑜在全民的擁護下，競選連任，並帶領國民黨與民進黨再次交鋒，最終仍以國民黨獲勝收場。

平行宇宙 2-2：韓 vs. 王 vs. 賴

王金平不服於國民黨提名韓國瑜參選總統大選，不顧國民黨主席吳敦義、前任新北市長朱立倫等大老勸說，執意脫黨參選，與韓國瑜、賴清德「三分天下」。

樁腳散布國民黨各個階層的王金平，這次顯然踢到鐵板，國民黨從上到下一條心，只有少部分地方派系仍支持王金平，中間選民更是一面倒的支持韓國瑜。由於韓流過盛，導致這次

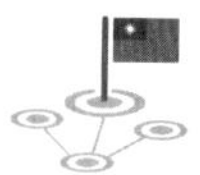

國民黨的小分裂並沒有為民進黨帶來太多贏面，仍以韓國瑜領導的國民黨為最終勝利者。

其後演進脈絡與「平行宇宙 2-1」相同，故不加贅述。

平行宇宙 2-3：韓 vs. 賴 vs. 柯

無黨籍的柯文哲估量著自己的聲勢，在賴清德、韓國瑜都尚未確定參選時，宣布競逐 2020 年總統大選，成為競爭總統寶座的第三方勢力。

賴清德、韓國瑜分別為民進黨、國民黨中最具聲望的政治人物，柯文哲雖然也有不少支持者，但卻因為「西瓜效應」的蔓延，使民調不如預期。為此，「棄保效應」發威，柯文哲的支持者紛紛把票轉投給較具勝選可能的韓國瑜或賴清德。

2020 年 1 月 11 日，總統大選的開票結果，柯文哲因「棄保效應」發威而慘敗，只得灰溜溜地回歸台北市擔任市長；同時，因「棄保效應」而得利的韓國瑜，擊敗獨派代表賴清德，當選中華民國第 15 任總統。

其後演進脈絡與「平行宇宙 2-1」相同，故不加贅述。

平行宇宙 2-4：韓 vs. 王 vs. 賴 vs. 柯

國民黨老牌「太陽」、前立法院長王金平，不滿國民黨團徵召韓國瑜參選總統，故脫黨參選，瓜分韓國瑜的少部分選票，又成一樁國民黨因總統大選而小分裂的局面。

民進黨提名的總統候選人——賴清德，期望能如同 2000 年總統大選一樣，趁國民黨分裂而勝選；時任台北市長的柯文哲也同時宣布參選，謀求總統大位。

儘管總統大選有四組參選人，但所有人都心裡有數，知道勝利者必定在韓國瑜及賴清德之中，因此選舉中常見的「西瓜效應」發生了。據選前民調顯示，王金平的民調結果墊底，柯文哲比王金平的民調稍高，原本總統呼聲最高的韓國瑜，卻因王金平吸走少部分國民黨選票，與賴清德呈現「五五波」的態勢。

2020 年 1 月 11 日晚間，總統大選開票結束，柯文哲、王金平兩人因韓國瑜及賴清德這兩台「超級吸票機」發威而慘敗；同時，前有「高雄因韓國瑜而經濟起飛」的現象，後有韓國瑜切中民心的演講與政見，政治主張傾向「台獨」的賴清德最終不敵韓國瑜，於票數開至四分之三時宣布敗選，韓國瑜也於同一時間宣布勝選，並發表勝選感言。

其後演進脈絡與「平行宇宙 2-1」相同，故不加贅述。

平行宇宙 2-5：韓 vs. 賴 vs. 蔡＋柯

2019 年 3 月，前行政院長賴清德領表參與民進黨初選，直面爭取連任的蔡英文。雖然蔡英文動用自己在民進黨中的勢力干預了黨內初選機制，使民進黨中執會在 4 月 10 日通過提案，決議將黨內總統初選延至 5 月 22 日，但仍在黨內初選不敵獨派

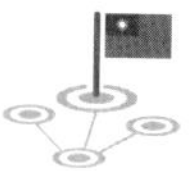

勢力，敗給賴清德。

蔡英文在民進黨內初選失利後，為了不背負「史上第一個無法競選連任的總統」名號，在苦思一晚後毅然退黨參選，甚至在幕僚的建議下，拉攏了政治傾向親綠的白色力量掌門人——柯文哲為副手，準備爭取總統連任。

即使民進黨分裂成兩股勢力，國民黨仍也不敢大意，在基層黨員的力拱下，黨主席吳敦義順應民意，對高雄市長韓國瑜發出徵召令，同時也帶著前新北市長朱立倫，前往拜會「宣布參選到底」的前立法院長王金平。在三巨頭促膝懇談後，王金平轉戰立委，吳敦義、朱立倫則全力支持韓國瑜。

長期以來團結一心的民進黨，首次嘗到分裂苦果。儘管明面上賴清德與蔡英文、柯文哲等人都沒有直接對陣喊話，但暗地裡的支持者、幕僚無不互相攻訐、隔空交戰。即使蔡英文在柯文哲的魅力加成下，民調險勝賴清德，居於三組總統候選人的中端，但仍與位於頂端的韓國瑜有不少差距，最後 2020 年總統大選，由臨時披甲上陣的韓國瑜當了一回漁翁，一舉擊敗賴清德與蔡英文、柯文哲，帶領國民黨拿下執政黨的寶座。

其後演進脈絡與「平行宇宙 2-1」相同，故不加贅述。

平行宇宙 3-1：郭 vs. 蔡

2019 年上半年，經前任、現任國民黨主席朱立倫、吳敦義等黨內大老數度勸說，韓國瑜堅決婉拒參與 2020 年總統大選，但表態支持國民黨提名的總統候選人；經國民黨內部初選後，在 2019 年 4 月宣布參與黨內初選的郭台銘擊敗前立法院長王金平與前新北市長朱立倫等重量級競爭者，順利出線，受國民黨提名為總統候選人。

反觀國民黨最重要的競選對手——民進黨，經一番波折後，終於確定了參選人，蔡英文成功整合民進黨中的各個派系，並說服部分獨派大老支持自己，最終順利在民調上略勝賴清德一籌，拿到連任總統的入門票。在國民黨遲遲無法確定總統候選人的時候，民進黨已完成了內部統合，全黨支持蔡英文競選連任。

選前倒數 7 個月，韓國瑜在處理高雄市政之餘，也全省走透透，盡力輔選總統候選人郭台銘，並高聲吶喊，化解了那些「非韓不投」的風潮。經韓國瑜輔選站台的造勢晚會，無不場場爆滿，場內「郭總統好！」的呼聲不斷，場外攤販吆喝聲也不絕於耳，小國旗、各式印上口號的潮 T 也成了最吸睛的周邊小物，韓流魅力也將郭台銘的聲勢推向高峰，在民調及支持者的熱情度上，穩壓蔡英文一籌。

到了選前倒數 3 個月，蔡英文一方面靠著中央執行優勢與民進黨團的支持，頂著國民黨立委的反對聲浪，快速通過減稅、油電凍漲等政策，希望藉此討好選民，卻使稍有起色的國家負債再度加重；另一方面，也找出郭台銘及韓國瑜的「黑料」，大肆抨擊與造謠，希望左右中間選民的意向。

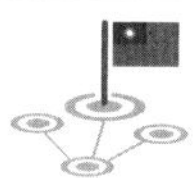

最後，郭台銘成功將韓國瑜的特有光環轉移到自己身上，領導著國民黨全面擊潰民進黨，除了自己當選中華民國第 15 屆總統外，國民黨也在第 10 屆立委選舉中大獲全勝，中央政府一改 2016 年由民進黨全面執政的態勢，轉由國民黨當家做主！

韓國瑜也在郭台銘當選總統後，功成身退，回到高雄繼續為高雄市民打拼。國民黨全面執政的中央政府，與韓國瑜理念相似，除了給韓國瑜足夠的預算經費外，在對外政策上郭台銘更常常與韓國瑜「熱線」，參考韓國瑜的意見，漸趨緩和的兩岸關係更讓中國大陸開放不少「惠台政策」，這些政策也讓台灣的經濟越發蓬勃。

2021 年，國民黨主席選舉，韓國瑜再度領表參選，最終以近九成的得票率力壓群雄，成為新一任的國民黨領袖，國民黨也在韓國瑜的領導下，逐步發展成全國最大黨。

2022 年，時任高雄市長韓國瑜爭取連任，並再度高票當選，韓式旋風再度席捲全台，連 2018 年時屈指可數的「綠地」縣市，也有部分轉成「藍天」，國民黨再次於地方大獲全勝。

2024 年，深受全民愛戴的韓國瑜終於決定披甲上陣，競選中華民國總統，時任總統的郭台銘也宣布放棄連任，轉而支持韓國瑜。競選期間，韓國瑜民調遠勝民進黨推出的賴清德，在開票後，毫無懸念地當選為第 16 屆中華民國總統。

平行宇宙 3-2：郭 vs. 蔡 vs. 柯

在國民黨提名的總統候選人懸而未決時，柯文哲表態參選中華民國總統。郭台銘隨後也與被動的高雄市長韓國瑜、朱立倫、王金平等人，參與黨內民調式初選，由於郭、韓民調接近，在誤差範圍內，但韓市長仍不想離開市長崗位，最終由郭台銘出線，成為國民黨提名的總統候選人。蔡英文則透過整合黨內各個派系，終於在黨內初選擊敗「獨派」賴清德，拿到連任總統的入場券。

受到「棄保效應」的影響，柯文哲的民調墊底，遭到柯文哲瓜分不少選票的蔡英文民調略為偏高，但與站在峰頂的郭台銘有相當一段差距。就這樣，靠著韓國瑜的聲援與柯文哲瓜分民進黨選民的選票，郭台銘以過半的優勢擊敗蔡英文，當選第15屆中華民國總統，並任命王金平為行政院長。

2022年，韓國瑜在4年任期中將高雄打造成全台首富之都，高雄市民也回以選票支持，使韓國瑜順利高票連任高雄市長。

2024年，韓國瑜挾著持續不墜的韓流與民心，登上第16屆中華民國總統寶座。

平行宇宙 3-3：郭＋王 vs. 蔡

曾在2018年縣市長大選時，成功整合地方派系，讓高雄綠地變藍天的前立法院長王金平，在國民黨內部初選時敗給鴻海

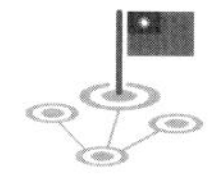

董事長郭台銘，無緣進軍總統之位，但郭台銘卻在此時出人意表地特邀王金平擔任副手，王金平也欣然允諾。

民進黨初選也由競選連任的蔡英文出線，與國民黨提名的「郭王配」，競爭第 15 屆中華民國總統。

選前初期，國民黨與民進黨的兩組候選人民調勢均力敵；但隨著高雄市長韓國瑜表態全力支持國民黨候選人之後，「郭王配」的聲勢節節高漲，靠著韓國瑜的抬轎輔選，「非韓不投」的聲浪漸消，國民黨成功整合了泛藍、韓粉等支持者，民調也猛然超車時任總統的蔡英文。

到了 2020 年 1 月 11 日總統大選當天，「郭王配」與蔡英文的得票差距隨著開票結果逐漸拉開，最後郭台銘與王金平分別當選為第 15 屆中華民國正、副總統。

2024 年，連任高雄市長的韓國瑜參與總統大選，擊敗對手，當選第 16 屆中華民國總統。

♞ 平行宇宙 3-4：郭＋朱 vs. 蔡 vs. 柯

在國民黨與民進黨還擺不平黨內初選時，柯文哲表態參選 2020 年總統大選。國民黨也隨後確定由初選勝利者——郭台銘率隊出征，至於副手人選，則經過黨內大老討論後向郭台銘提議，最終確認由朱立倫擔任副手。

競選初期，民調顯示柯文哲力撼國民黨提名的「郭朱配」，兩組人馬互有勝負，競選連任的蔡英文卻因施政表現不佳等影響而居次，但隨著高雄市長韓國瑜表態力挺國民黨提名的候選人，「郭朱配」的民調瞬間拔高，以少量優勢領先柯文哲。

韓國瑜也在國民黨號召下，撥空協助國民黨候選人的站台輔選，在 2020 年總統大選的競選期間重演 2018 年末的韓流威力，民調一舉擊潰蔡英文及柯文哲，最後順利贏得總統大選，使民進黨的總統連任夢碎。

在總統大選中大獲全勝的郭台銘，在考慮行政院長人選時，也不忘力挺自己的韓國瑜，特邀韓國瑜繼任行任院長，韓國瑜溫言婉拒後，力薦曾在 2018 年縣市長選舉中給自己諸多幫助、如今卻因初選失利而淡出政壇的王金平，郭台銘依言秘密拜會王金平，並在隔日宣布任命王金平為行政院長。

2024 年，時任總統的郭台銘放棄連任，交棒給已將高雄建構成全台夢幻之都的高雄市長韓國瑜。韓國瑜通過國民黨內初選，成為國民黨提名的總統候選人，最後順利當選第 16 屆中華民國總統。

平行宇宙 4-1：韓＋郭 vs. 賴

2019 年 3 月，賴清德表態參與民進黨內部初選後，提出了一連串政見，並主張「雖然個人意見為『台獨』，但最後仍會考慮到全民意見，盡可能維持現狀」，黨內「獨派」大老也能諒解他的說法，因此決定全力支持賴清德，蔡英文也因此在黨內初選失利，成為中華民國首度無法競選連任的總統。

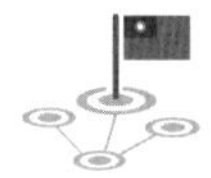

2019 年 4 月底，國民黨中常會通過決議，將包括高雄市長韓國瑜、鴻海董事長郭台銘等人在內的人選納入初選民調名單，此舉順利為日前以五點聲明宣布「此時此刻無法參加現行制度初選」的韓國瑜解套。韓國瑜也因此種黨內初選制度，代表國民黨「被」參選中華民國總統，隨後，黃袍加身的韓國瑜接納黨主席吳敦義的提議，以民調第二名的郭台銘為副手，率隊向民進黨人馬發起衝鋒。

2020 年總統大選，韓國瑜、郭台銘雙劍合璧，在民調上遙遙領先民進黨提名的賴清德，最終也順利替國民黨摘下總統寶座。

韓國瑜依法請辭高雄市長一職後，民進黨派出在 2018 年底敗於韓流的陳其邁，成功奪回高雄市長之位；已當選總統的韓國瑜也不計較高雄再度翻轉為「綠地」，仍不遺餘力地把高雄推向世界。

2024 年，韓國瑜挾帶著超高人氣與亮眼政績，連任中華民國第 16 屆總統成功。

平行宇宙 4-2：郭 vs. 賴

2019 年 4 月 23 日，韓國瑜發表了五點關於 2020 年總統大選的相關聲明，確定在「此時此刻，無法參加現行制度的初選」。在 4 月中旬即已宣布參與黨內初選的郭台銘，也對國民黨內部大聲疾呼，要求為韓國瑜量身打造適宜參與的黨內初選規則；

儘管如此，韓國瑜也在深思熟慮過後，決心當完這一任高雄市長後，再考慮其他出路，但也表態無條件支持國民黨提名的總統候選人。

2019 年中旬，台灣兩大黨——國民黨及民進黨——吵得沸沸揚揚的 2020 總統大選初選總算落下帷幕，雙雙確定了政黨提名的總統候選人——國民黨提名鴻海董事長郭台銘、民進黨提名前行政院長賴清德。

韓國瑜也實現當初「無條件支持國民黨提名的總統候選人」諾言，在處理高雄市政之餘，也全省跑透透，四處為郭台銘站台輔選，發表了一篇又一篇動人的演說，造勢現場旗海飄揚，民眾邊揮舞著國旗、邊喊著「郭總統好」，甚至有不少人激動落淚。

巨賈郭台銘挾帶著「韓國瑜光環」及「國民黨大團結」的重量級聲勢，迎戰由「賴神」賴清德率領的民進黨大軍。

2020 年總統大選，國民黨總算在郭台銘主攻，朱立倫、王金平、韓國瑜、吳敦義等人助攻之下，成功奪回總統寶座，擊敗之前在民進黨中聲勢極強的「賴神」賴清德。

2021 年，國民黨主席選舉，韓國瑜抱持著「改變國民黨」的心願，再度領表參選，與幾位國民黨大老競爭，最後韓國瑜在國民黨基層的支持下，以六成的得票率力壓眾大老，成為新一任的國民黨領袖，國民黨也在韓國瑜的領導下欣欣向榮，重回「全國最大黨」的王座。

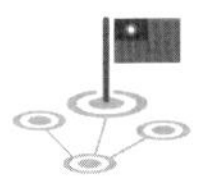

2022 年，時任高雄市長韓國瑜爭取連任，並為各縣市國民黨候選人輔選，除了自己高票當選外，韓式旋風再起，使少部分在 2018 年時屹立不搖的「綠地」縣市轉成「藍天」，國民黨再次於地方選舉大獲全勝。

2024 年，自認已將高雄建設成首富之都的韓國瑜，終於在幕僚的建議下參與黨內初選，時任總統的郭台銘也宣布放棄連任，轉而支持韓國瑜。競選期間，韓國瑜民調遠勝民進黨推出的候選人，在開票後，毫無懸念地當選為第 16 屆中華民國總統。

平行宇宙 4-3：郭＋王 vs. 賴＋柯

2019 年 4 月 24 日，國民黨中常會在暗潮洶湧中達成「共識」，除了將郭台銘、韓國瑜等熱門總統候選人被動納入初選外，也將初選民調時間定於 6 月 5 日以後，正好在民進黨進行總統初選民調之後，希望可以在確認主要對手是誰，再進行相關布局。

5 月 31 日，民進黨如期展開 2020 總統大選黨內初選民調，深受黨內獨派大老青睞的賴清德擊敗當任總統蔡英文，順利出線，獲得民進黨提名資格，隨後又在民進黨團的建議下，夜會台北市長柯文哲，並在 6 月初確認以柯文哲為副手，謀求能延續民進黨之執政。

2019 年 6 月，國民黨在確認最終對手為「賴柯配」後，也展開初選民調，儘管民調結果以韓國瑜勝出，但韓國瑜隨即發表聲明，堅決不接受這種「被初選」的機制，國民黨團只得退而求其次，確立民調居次的郭台銘為國民黨提名總統候選人。

面對來勢洶洶的「賴柯配」，郭台銘深感壓力，前立法院長王金平也在此時表態願為副手，郭台銘也順勢接受提議。2020年總統大選確認以國民黨的「郭王配」對上民進黨的「賴柯配」。

到了選前4個月，雙方候選人持續召開造勢大會，韓國瑜也暫放高雄市長的工作，與新北市長侯友宜、台中市長盧秀燕等各地實力大老進行南北串連，以行動支持國民黨提名的總統候選人。

然而，在2019年初的立委補選中，便可看出「候選人光環難以轉移」的現象，再加上「非韓不投」的聲勢始終高居不下，導致國民黨支持度不如預期；而民進黨提名的「賴神」與「柯P」的雙醫師陣線則在持續在網路上發酵，聚攏不少來自中間選民的支持者，民進黨內部眼看情勢大好，打鐵趁熱，由蔡英文、陳菊、蘇貞昌、謝長廷等大老站台輔選，營造大團結的氛圍。

最後，2020年1月11日，總統大選落幕，聲勢持續走低的「郭王配」不出意外地敗給「賴柯配」，民進黨成功保住政權，行政院長仍由蘇貞昌續任。

由於2020總統大選失利，國民黨主席吳敦義負起政治責任，辭去黨主席職務，高雄市長韓國瑜也順勢宣布投入國民黨主席補選。

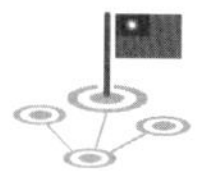

2020 年 3 月，國民黨主席補選以韓國瑜拔得頭籌，上任後，也開始了一連串改革國民黨內部的行動，讓國民黨這株枯黃的樹木從根部重新煥發出欣欣向榮的生機。

2022 年，韓國瑜以國民黨主席之姿，重整一波黨內新血投入縣市長選舉，自己也以亮眼政績成功連任高雄市長。最終，國民黨在 2022 縣市長選舉中繳出近乎滿分的成績單——僅有極少數縣市仍保持為「綠地」。

2024 年，韓國瑜在全民支持下，高票當選第 16 屆中華民國總統。

平行宇宙 4-4：郭台銘、王金平與蔡英文分別獨立參選

2019 年 4 月中旬，資深國民黨員的鴻海董事長郭台銘宣布參與國民黨內初選，但國民黨主席吳敦義仍在最後關頭放棄原訂之初選程序，以民調式初選徵召「戰力最強」的韓國瑜為國民黨提名候選人。郭台銘與王金平對此感到不滿，於是分別以「獨立參選人」身分參選，與韓國瑜直球對決。

賴清德則在民進黨初選中小勝現任總統蔡英文，獲民進黨提名資格；蔡英文也不甘於無法代表民進黨競選連任，亦以「獨立參選人」身分參與 2020 總統大選。

至此，2020 總統大選演變成五方混戰。最終，韓國瑜在各方勢力的夾殺下，衝出重圍，獲得最後勝利，成為第 15 屆中華

民國總統，並任命朱立倫為行政院長，也旋即致電郭台銘，以真摯的言語化解兩人的矛盾，達成大和解，共同努力打造「台灣安全，人民有錢」的生活環境。

韓國瑜當選總統後，依法辭去高雄市長一職，高雄市長補選也隨後展開，民進黨派出的候選人陳其邁當選高雄市長。韓國瑜即使已經「升格」為總統，卻也不忘當時支持自己的高雄市民，面對與自己不同黨派的陳其邁呈上的政策，只要能使高雄更好，韓國瑜一概同意，並催緊相關部門盡速處理。

2024 年，韓國瑜競選總統連任成功。

平行宇宙 4-4-1：郭台銘、王金平內部整合成功，與柯、蔡各自獨立參選

在 2020 總統大選的選前倒數階段，郭台銘與王金平眼見韓國瑜聲勢高居不下，密會後達成「整合」協議，王金平甘居於副手之位，形成「郭王配」獨立參選，一直處於觀望狀態的柯文哲也順勢加入混戰，試圖分一杯羹。然而，最終 2020 總統選戰五方（郭、柯、蔡、賴、韓）大戰結果仍以韓國瑜一枝獨秀收尾。

韓國瑜當選總統過程脈絡與「平行宇宙 4-4」相同，故不再加贅述。

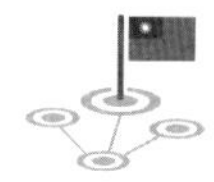

平行宇宙 4-5：重演換柱風波

2019 年 6 月中旬，郭台銘參與國民黨內部並無韓在內的初選，險勝朱立倫、王金平等人，順利出線，成為國民黨提名的 2020 年總統候選人。但韓粉、死忠支持者與藍領階級民眾僅有不到三分之一的人願意支持郭台銘，導致郭台銘的民調持續下滑。

爾後，國民黨主席吳敦義在黨內基層與民意的壓力下，重演 2015 年的「換柱風波」，在選前徵召韓國瑜，並廢止郭台銘的提名。最終，韓國瑜披甲上陣，重整韓粉的凝聚力，在競選期間勢如破竹，民調遙遙領先其他候選人，終於在 2020 年 1 月 11 日當選第 15 屆中華民國總統，並於 2024 年連任成功。

平行宇宙 5：朱 vs. 蔡＋賴

2019 年 6 月，韓國瑜確認不參與競爭 2022 總統大選，但仍表明願支持國民黨提名的總統候選人；郭台銘也在初選開始不久，旋即退出初選，表明願與韓國瑜站在同一陣線，無條件支持國民黨提名的候選人。國民黨初選就在黨內兩強——韓國瑜與郭台銘——的放棄下落幕，前新北市長朱立倫擊敗前立法院長王金平，獲國民黨提名為 2020 年總統大選候選人。

相較於紛擾詭譎的國民黨初選，民進黨則早在 5 月就底定候選人名單，經黨內各方勢力協商後，決定由蔡英文、賴清德聯手出戰，因為他們明白，民進黨並不具備分裂的本錢。

面對來勢洶洶的「蔡賴配」，朱立倫不敢大意，韓國瑜也兌現承諾，為朱立倫抬轎，可惜「轉移候選人光環失效」，朱立倫的民調雖略有上升，仍小輸「蔡賴配」幾個百分點。

2020 年 1 月，總統大選開打，朱立倫在開票時居於劣勢，最終不敵民進黨推出的最強候選人組合，以數萬餘票敗選，吳敦義也因此辭去黨主席職務，改選後，由韓國瑜拿下黨主席一職，成為國民黨內部的實權領袖。

2022 年底，在縣市長大選中，韓國瑜以二十萬餘票大勝民進黨候選人，成功連任高雄市長。

2024 年，國民黨推出「韓朱配」與民進黨的賴清德直球對壘，堪稱是最精采的統獨對決，在競選初期「韓朱配」的民調就小幅勝過賴清德，並在韓國瑜多次於造勢大會上演講後呈現一面倒趨勢，逐漸將差距拉大。最後，國民黨成功擊敗民進黨，成為台灣新的領導者。

第二章

韓國瑜的
王道成功之路

1 The Secret to Win the Election 韓國瑜勝選秘訣

提到民國 107 年 11 月 24 日這一天，對於全台灣人民來說，都是一個令人震驚、紀念的日子。有些人喜極而泣，有些人黯然神傷，更有些人憤慨不平選擇上網、上街、上新聞來表達自己的想法。

台灣的民主法制已經行之有年，每一次選舉過後，關於政治、選舉的話題大多都會平息與安靜好一陣子。但這一次，誰都沒想到這場選舉竟會造成政壇與社會的大震蕩。選舉過後繼續延伸的話題，已不單單只是誰就職、誰落選，而是大家都在爭相探討「一個六十多歲沒錢、沒勢的禿子」到底有什麼樣的魅力與特別之處，讓他可以超越藍綠的政黨輪替，成為人民新的期待與盼望。

11 月 24 日，2018 年九合一大選（中華民國地方公職人員選舉）讓人跌破眼鏡的結果，媒體紛紛下了「變天」、「一夫當關」的定語，而這波新聞風暴的中心人物，就是選前最不被看好的高雄市長當選人——韓國瑜。

＊　＊　＊

韓國瑜，一位軍校出身的眷村子弟，以台北市議員助理、

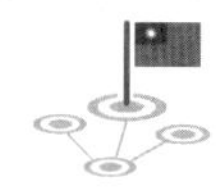

台北縣議員、立法委員的角色進入政壇打滾多年，中間歷經失利、淡出、黨內漠視、復出失敗。在沉寂好一陣子後，韓國瑜轉任台北農產運銷公司的經理，他在北農做得有聲有色，任職的 4 年中，將北農從單純的交易平台提升成以「績效」為導向的公司。

後來，台灣政治「改朝換代」，由民進黨全面執政，而民進黨迫切想取得北農總經理的職位，於是開始在各種議題上針對韓國瑜，意圖使他知難而退。在一次因連續颱風而導致菜價失衡後，韓國瑜被民進黨團大肆地質疑其失職、失能，屢屢遭受抹黑，個性強悍的韓國瑜終於再也忍受不了這些莫名的抨擊，也開始大力反擊民進黨。

隨著對方的攻擊次數越多，韓國瑜也不斷地提升回嘴功力，既直白又犀利地還以顏色，他曾說：「真是下流啊，搶國家的資源，可以到這種程度，新潮流你有責任，你的總召段宜康立委就是這麼卑劣的小癟三！」

這一句話點燃了北農總經理韓國瑜與立委段宜康間的熊熊戰火，雙方不斷隔空交互嗆聲，這與一般總是堅持禮貌性回話的政治人物不同，讓社會大眾不禁好奇這位北農總經理究竟是何許人也，居然敢如此妄言地直接回擊民意代表的指控，同時，各家新聞媒體也開始注意到「韓國瑜」這個人。

他們的隔空交火並沒有解除「菜價高漲」的民生問題，直至台北市長柯文哲與台北市議會介入關心此事，才開啟北農總經理韓國瑜與上司柯文哲，於台北市議會中力戰台北市議員王世堅等人的經典對戰。

韓國瑜於議會備詢時，王世堅議員不斷地大聲質疑韓國瑜與柯文哲兩人的無能，以及北農運銷公司背後的黑幕。質詢過程中韓國瑜一直保持理性，且冷靜地說明事件，並笑稱自己只是一個賣菜郎，並沒有本事做出王世堅質疑之事。

韓國瑜與柯文哲並肩於台北市議會面對王世堅的抨擊時，說出既幽默、又不流於謾罵的言論，以及表達出的高 EQ 應對，在新聞媒體的曝光下，使他逐漸進入台灣人民的視線中，也埋下他勝選高雄市長的種子。

人物速寫

最強扶龍命格——王世堅

王世堅，為現任民進黨台北市議員。曾當選第 6 屆立委及第 8、9、11、12、13 屆的台北市議員。時常在公開場合口出狂言，如「2008 年立委選舉，若台北市國民黨可以 8 席全上，就去跳海」、「2012 年總統選舉，若蔡英文落選，就去高空彈跳」等；2018 年九合一大選更說：「若韓國瑜勝選，就去跳愛河！」無奈他幾近逢賭必輸，除了被網友虧是「最大助選功臣之一」外，也自嘲為「扶龍命格」。

韓國瑜在北農總經理的任期中，可以說是台北市農產運銷公司的轉捩點，一直處於虧損狀態的帳目總算開始有了起色，

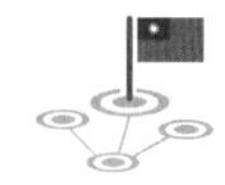

甚至能將賺來的錢回饋給員工。

從當時韓國瑜在報章媒體上的發言可以感受到，對他而言，「能否繼續擔任北農總經理」並不是那麼地重要，他真正在意的根本不是政治上奪權、篡位，而是自己能否真的對社會付出、對人民有貢獻。因此，韓國瑜相當重視自己為北農帶來的成效，也無法容忍自己的行事作風輕易被他人汙蔑、抹黑。

在韓國瑜的觀念裡——外界否定了他的所作所為與決策，就等同否定了整體北農員工的辛勤勞作與付出貢獻！所以，韓國瑜挺身而出，迎戰各方的夾擊與殺手鐧，展盡專屬於韓國瑜的氣度！

＊　＊　＊

韓國瑜在就職北農總經理前，在政治路上的確失意了很長一段時間，他常笑稱自己是失業人士。進了北農，也努力在風雨飄搖間站穩腳步，卻在退休的前幾個月，捲入了北農總經理職位的搶奪風波中。

不想讓北農再陷入麻煩與困擾、不想讓賞識自己的柯文哲無端被扯入政治漩渦的他，深思熟慮後，決定主動卸下北農總經理的職務，瀟灑地揮揮衣袖，對於已經整頓好的「金雞母」不作任何留戀。

韓國瑜的政治之路，一路上荊棘滿布，過程極其困難與坎坷，批評、質疑與謾罵聲也常伴左右。但這條路上的種種障礙，最後都成為韓國瑜走向「翻轉高雄」之路的養分。

當韓國瑜勝選後，回頭檢視他經歷過的跌宕政治路，只能對專注於為他埋下絆腳石的民進黨說——「搶了菜攤、卻丟掉半壁江山」。

＊　＊　＊

「一個真正可以讓人民相信的政府，應該沒有圍牆、只有道路；應該沒有貪汙、只有廉能；應該沒有悲情、只有歡喜。」韓國瑜認為在這樣的理念之下，台灣才能真正地進步，讓人民與政府共同邁向更好的目標。

韓國瑜一直沒有忘記心中為民服務的初衷，以及對台灣這片土地的熱愛與擔憂，他不斷地向身邊的人用行動、語言重申自己從政的想法。在他離開北農之後，國民黨主席吳敦義看中韓國瑜的能力，力邀他來擔任高雄市黨部主委，相信他可以在高雄有一番不同的作為。

2018 年 4 月 9 日，韓國瑜打響了高雄市長戰役的第一槍，他將戶籍舉家遷至高雄市林園區，正式表態參選高雄市長。隔月，韓國瑜順利通過黨內初選，成為國民黨高雄市長候選人。

此時許多人對於韓國瑜在高雄競選是感到不以為然的。高雄在過去 20 年以來，一直被劃為綠色選區，是專屬於民進黨的絕對領域，一個背著藍色跳傘空降的韓國瑜，怎麼可能打敗當時最被各方看好的民進黨候選人——陳其邁呢？

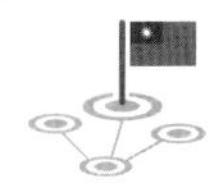

人物速寫

暖男副閣揆——陳其邁

陳其邁，現任行政院副院長。1995 年，當選第 3 屆立委，並連任 2 屆；2012 年，當選第 8 屆立委，並連任 1 屆。2005 年，時任高雄市長的謝長廷陞任行政院長，陳其邁成為高雄代理市長。2006 年，陳其邁、管碧玲等人接獲高雄市長候選人黃俊英陣營賄選影片，此為著名的「走路工案」。2018 年，陳其邁獲民進黨提名為高雄市長候選人，與韓國瑜「直球對壘」，落選後擔任行政院副院長。

暫不論韓國瑜用什麼樣的奇襲策略贏得高雄市長選舉，筆者認為其中很大一部分的原因應該歸咎於「過去民進黨執政高雄的政績」應當被檢討了。

過去的高雄市由民進黨執政 20 年，具有不錯的政績與施政滿意度，讓高雄人民選擇相信民進黨，持續將選票投給他們，讓他們繼續執政。

但若政策與執行方向成為某人或某黨的「一言堂」，那麼，一不注意就會轉變為「獨裁」的行事風格，進而傷害到「民主」的真諦。

台灣的民主須要靠政黨互相監督制衡，而從 2016 年民進黨完全執政開始，政治的天秤逐漸失衡，許多少數意見直接被忽略、被否決，最後演變成恣意謾罵與多數暴力。

在中央政府受民進黨管控，因而完全執政後，高雄——這個長期由民進黨執政的縣市也受到侵蝕，政府逐漸失去當初思考周全、盡心盡力為人民拚搏的初衷，最後，備受壓抑的高雄市民將「期待改變」的籌碼壓在 2018 高雄市長選票上。

南台灣一直以來都是民進黨最堅實的堡壘，國民黨難以撼動它，因此，台灣人民不約而同地把關注焦點轉向北台灣。同樣這樣認為的民進黨，在選舉開始時，也只是採取守勢、低調地完成高雄市長選舉。

民進黨對於空降來高雄的韓國瑜一開始也不怎麼在意，將韓國瑜視為一個小蝦米，對他提出的政見與打出的口號不屑一顧。

初次南下的韓國瑜，沒錢、沒人、沒資源，他用最純樸的方式、用最真誠的心意來公開發表自己的政見，他以一碗滷肉飯、一瓶礦泉水打出一場乾淨的選戰。

選舉期間，韓國瑜高喊：「貨賣得出去，人進得來，高雄發大財！」表達高雄市最需要發展的就是觀光業，還有著重過去的出口貨運，重振經濟政策，要讓高雄人民重新富有起來，讓高雄的北漂青年都能返鄉工作。就是這種簡單又直白的口號，點出了高雄市面臨的困境及改善的方法，深深地吸引了全台灣老、中、青選民的認同與目光，更拉起了高雄市民心中的連結與激動。

韓國瑜曾說：「讓台北搞政治，讓高雄搞經濟。」他打著

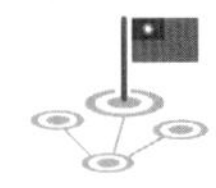

競選無關乎政黨、政治，只想讓高雄市富起來的理念，加上透過網路媒體的力量喚起人們對政治的熱情和關心，成功帶起潮流。潮流一起，人們便開始自主集會，而民進黨終於注意到這股逐漸興起的新勢力，意圖亡羊補牢的候選人陳其邁，也開始亦步亦趨地跟在韓國瑜後面進行各項競選活動。

在選舉的過程中，政黨、候選人針鋒相對、隔空交火是很普遍的一件事，韓國瑜能夠在這場戰役中獲勝，雖然他直爽又接地氣的性格深得高雄市民喜愛，原因之一也在於——他總是能輕描淡寫地化解別人丟來的問題與質疑，不斷地重申與重複自己的理念，且不受其他風吹草動的影響。韓國瑜表現出行得正、坐得直的態度，這樣的情商在在凸顯出一個真心想為高雄做事的高貴情操。

等到國民黨發現韓國瑜的聲望與氣勢開始高漲，在高雄與民進黨的競爭當中有了勝選的曙光，幾位黨部大老們開始跳出檯面支持他。選戰期間，韓國瑜一再強調並表現出自己是要打一場乾淨、陽光的選舉戰，他透過行動證明，他反對各種抹黑對手的不當手段與發言——面對「國民黨主席吳敦義暗示性地攻擊前高雄市長陳菊，諷刺對方為母豬」此種很不禮貌的公開發言，韓國瑜毫不留情地直接在公開的場合制止與批判，說出：「寧可乾淨地落選，也不要骯髒地當選。」

當韓國瑜與民進黨雙方有所爭執時，他也會為對手解釋和寬慰己方選民的心緒——如民進黨曾激烈地批評反對韓國瑜造勢活動唱〈夜襲〉，認為韓國瑜意圖煽動民眾的情緒，有撕裂社會和平的嫌疑；沒想到韓國瑜不但不生氣還反問：「那我唱〈愛你一萬年〉可以嗎？」韓國瑜用詼諧又有趣的方式來化解對手的攻擊，讓他的人氣高居不下。

看著韓國瑜採取此種競選模式得利，對手陳其邁也立即跟進，大聲疾呼「高雄最大的價值是包容」。儘管兩人吶喊著同樣的口號，但韓國瑜是努力化解國民黨內對對手的抹黑與攻擊，而陳其邁只有做出化解國民黨與不理性粉絲對自己的攻擊，對比之下，高下立判。

韓國瑜鄉土、質樸的形象，奠定了他在南台灣的競選特色，以賣菜郎角色點出高雄真正的問題，用庶民的語言喚起高雄綠色選民對自己的支持，隨後以扎實的政見、策略為宣傳，摒棄了傳統政治意識形態的拉鋸，而是以翻轉高雄的決心超越藍綠政黨，成為新一代選民寄予盼望的政治人物。

＊　＊　＊

親切、講義氣、重承諾的韓國瑜，在北農時期就相當受到下屬愛戴，到了 2018 年縣市長選戰時，更是吸引了一波韓粉支持者。在其當選後，也一直對自己提出的政見念茲在茲，在實踐方面更是親力親為！他不斷地出訪簽下一筆筆訂單、迅速地指示副市長督導路平專案、持續地為高雄在地發聲，在這種風潮下，他的團隊怎麼可能不上行下效呢？因此，韓國瑜的團隊一直都是執行力極強的行動團隊。

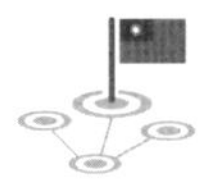

泛藍的支持者已經憋太久了，在2016年民進黨全面執政後，甚至找不到公開場合能揮舞國旗！藍營一直在苦等一位能孚眾望的超人級領導者出現，等了多年，終於等到了韓國瑜。韓國瑜的橫空出世，剛好讓泛藍的支持者找到宣洩愛國心的出口。在滾雪球效應的加持下，韓國瑜的氣勢已無人可擋，可說是成為現今國民黨實質的領導者了！

然而，韓國瑜究竟是怎麼一步步，從沒有任何黨部資源、無人看好的情況，只用了七個多月的時間，就創造出台灣政治史上最傳奇事蹟——將最不可能發生的結果翻轉過來？

筆者將「韓國瑜的勝選秘訣」概分為四個重點——公眾演說技巧、網路行銷方案、言談應對方式、個性人格魅力。透過剖析這四個重點，韓國瑜能踏上成功之路的原因便能一覽無遺。

✪ 賣菜不吃素

影片傳送門

在一次台北市菜價瘋狂飆漲的時期，民進黨立委段宜康指控韓國瑜在擔任北農總經理職位期間手腳不乾淨、帳務不清楚，而北農中有菜蟲是在剝削台北市民，並質疑韓國瑜擔任北農總經理的正當性。韓國瑜立即重話反擊，召開記者會拿出帳冊一一對峙，事件中吞曲棍球的由來，也是從這段互相對峙的過程裡產生。

✪ 韓國瑜在北農的畢業典禮

影片傳送門

韓國瑜從北農卸任，公司內的人為他舉辦歡送儀式，又戲稱是北農的畢業典禮，這讓社會大眾看見他對待員工的用心，以及員工對他的尊重與景仰。

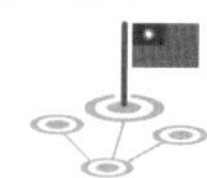

2 Public Speaking Skills 韓國瑜的公眾演說技巧

韓國瑜在競選高雄市長時，舉辦了一場又一場的造勢活動，其中發表的數篇公眾演說，也成功掀起一波波動蕩。台灣現在已成為全民「自媒體」❶的時代，個人、藝人、商家、企業，每個人的一舉一動都成為一種宣傳和廣告，而且這種宣傳、廣告很快地可以透過另一個人的發言、分享，以迅雷不及掩耳的速度擴散出去，也就是說，過去一對一的溝通模式已經發展成為了一對多的溝通方式。因為過去的一對一談話，一次只能影響一個人。但如果今天你能一次與 100 個人談話，你就影響了 100 個人，而這 100 個人後續發散的效應，就能將你的影響力大幅擴散出去。

★推薦書籍：《自媒體網紅聖經》（張湇著）

從最早競選國民黨主席的政見發表❷開始，就可以一窺韓國瑜在發表公開演說時的風格與邏輯。他在計時輪流發表政見的過程中，將台灣目前遇到的問題、黨內執行政策的影響和成效，按邏輯一條條、一項項，由小轉大、由淺入深的方式說明，使一般人都能夠非常清楚明白他所要表達的訴求與談話重點❸。

韓國瑜可以坐擁粉絲的支持，其中一項很重要的原因就是他的口才很好。口才要好才能有影響力，很多人也許會想因為韓國瑜是政客、是公眾人物，所以他本人就很會講話，而我們只是一般人，口才怎麼可能會好？

其實不然，在探討韓國瑜公眾演說能力之前，我們先回歸到口才的源頭——一個人口才的好壞，取決於我們腦中對知識、想法和概念的掌握。

現今台灣的平均學歷與專業知識都不差，但現行的學校填鴨式教育，只教導我們學習「過去」和「現在」的事，並沒有教會我們如何思考未來，以及如何透過口說表達出來。就連現今的企業與職場，也沒有給職員或剛畢業的社會新鮮人有發表自己想法與立場的機會。

韓國瑜與我們不同的地方在於：他是位政治人物，他所處的環境使他必須不斷思考每件事的未來發展和政策施行後果。若將政壇轉換為職場來看，職場上也需要決策、需要管理，所以即使是市井小民，也是有機會來自行培養訓練公眾演說的能力。韓國瑜讓我們知道：一個好的公開發表言論，需要考慮什麼樣的問題，以及表達時又該注意哪些地方。

韓國瑜遷籍於高雄，正式宣布競選高雄市長後，他曾公開地說：「這次參選既沒有理性，也沒有血性，更沒有狼性，完全是秉持對高雄鄉親的感情。若有機會當選市長，會顛覆地方政府傳統，改以股票上市公司總經理的角色經營市政府，市議

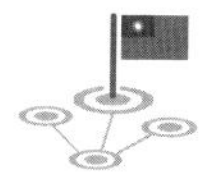

會就是董事會，議長就是董事長，全體高雄市民就是股東，務實發展經濟，全力衝產業，再也不要泛政治化，這是我對高雄市民神聖的承諾。」也就是這樣一段有情有理的公開發言，打動了無數高雄市選民的心。

一場好的演說需要符合許多標準，很重要的一點就是用自己的話，為某種想法、說法下一個註解，而這個註解必須是自己認同且內化後的概念。在公眾演說時，「你要做什麼」比起「你這個人如何」、「你是誰」還來得重要。許多人在公開演講都忽略了此點，只是拼命的想讓台下聽眾認識自己，了解自己有什麼樣的特色與個性，完全忽略你想傳達什麼特別、新穎的概念。這樣的演說乏善可陳，完全無法撼動人心，現場就會呈現出「台上講得得意洋洋，聽眾聽得意興闌珊」的悲慘狀態。

公眾演說與我們的關係

「演說」，就字面上來看，就是將想說的話、想表達的理念，以表演的形式展現出來。因此一場有肢體表演、具備情感的說話表演，才能構成這個行為。

那麼「公眾」又是怎麼定義呢？到底多少位聽眾在面前才能稱為面對公眾？這個問題可以從古史中找到答案。據《史記．周本紀》記載：「夫獸三為群，人三為眾……」，意即當有三個人（含）以上時，就已經符合「公眾」的定義。

公眾演說到底跟你有什麼樣的關係？如果你不參選政治也

不想當總統，為什麼還是要學會公眾演說的能力？

前英國首相邱吉爾曾說：「一個人可以面對多少的人說話，就意味著他的成就有多大。」每個人都有自己想要追求的成就，若能借助別人的力、團隊的力，你的成功就會來得更快也更大。

常聽聞「團結力量大」、「一個人做不到的事情，得靠你的朋友」，不論是在工作上還是為社會奉獻，想要有好積效，就須要借助同事、顧客、其他民眾或志工的支持，你必須說服這些人願意協助，因為別人沒有義務要幫助你。

★推薦書籍：《借力與整合的秘密》（王擎天著）

公眾演說離生活一點都不遠，舉例來說現今最流行的公眾演說就是「線上直播」，線上直播已經是網路上非常普遍的媒體工具，它的即時性使消息的傳遞、散播速度更為快速順暢，也可以說是無法阻擋，網路即時的特性也使線上直播轉變成跨越國界的演說型態。

無論今天是想賣車、賣房還是向公司、政府機關申請專案，或是宣傳社會公益、環境保育，都需要具備公眾演說的能力。這些是屬於有「目的性的溝通」，因為你會不只希望當下聽完演說的人們能接受你的訴求，還期待他們能繼續宣傳與發揚你的理念。

為了要表達自己的理念、想法，或者是工作項目，藉此達到完成業績目標和宣揚善意理念的效果，必須要從過去的一對

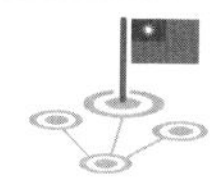

一溝通，進階到一對多的演說模式，更進一步的是，必須知道如何進行一場銷售式的演說。

銷售式的演說，代表具有目的性的發表自己的想法與理念，不限定只是銷售物品，銷售品項還包含「推薦自己」。你需要吸引跟找到能夠讓你達到目的的聽眾，也就是說須要一些優質的溝通對象，畢竟有能力的人比有興趣的人更能帶來績效。

★推薦書籍：《超給力人信銷售》（吳宥忠著）

每一場公眾演說都有舉辦的目的，既然已經花了時間跟心力，就應該讓這場演說的效益最大化。不論是實質上的效益，還是利用聽眾的影響力與「每個人都是自媒體」的力量，藉此連結出更大的人脈網路，影響到更多的人。

若你認識的人夠多，人與人的連結與互動夠深，使身邊的人願意對你產生信任、建立信任感，那麼當你拋出一個議題或想法的時候，這人脈網路就會像人體內的神經一般，交互刺激與傳遞，這就是「人脈網路的力量」。

用蜘蛛網來比喻，亦即當你可以把人脈建立成有如蜘蛛網般密集又堅實的狀態時，你的想法與理念便能像在蜘蛛網上行走的蜘蛛般，順利又快速地透過人脈網，迅速地傳遞和捕獲你需要的對象。

演說的要素與組成

一場好的演說包含：不完美的人物、偉大的目標，以及最重要的堅持。這三種基本要素，就是為了要在第一時間吸引聽者的注意力，不管是同情還是懷疑，至少聽者已經開始注意你了。得到聽者的注意後，接著才是使你的演說更加精采，並充滿戲劇張力。

演講專家常說：「演說是一場精采的表演。」演說當中不能只給聽眾答案，還必須包含「問題」，也就是必須有起承轉合，否則講了半天就只是一場沒有重點的過場畫面。當講者提出問題後，根據聽眾的反應，才能得知這個問題可否得到聽者的共鳴，他們是否認同你的說法；當聽眾開始有認同感後，你才能繼續往下闡述自己的看法與做法。

拋出一個問題之後，緊接著就是侃侃而談你對這個問題的見解，以及當你面對這個問題時的憂慮與害怕，這段步驟又可以稱為「添加諸多調味料的情節表現」。因為當人們在遇到問題時，一定會有很多樣的想法與內心的小劇場。不妨在演說中將自己投入其中，生動地表現出當自己遇到這個問題時會有的反應，反應可以包含肢體動作、感情，或是自我嘲弄。你當然可以說些負面的話，但切忌攻擊別人。

「攻擊」是指對別人的人身、人格、處境等發動針對性、侵略性的行為。沒有人喜歡被攻擊，人性亦是如此，所以若你在演說或公開談話中一再的批評、謾罵別人，終歸只會得到被

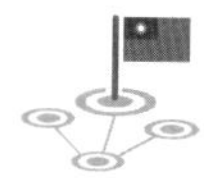

別人討厭的情緒。現任高雄市長韓國瑜也深知這一點，因此，在他面對國民黨主席吳敦義的失言後，立刻高喊「寧願乾淨的輸，也不會骯髒的贏」來滅火，成功化解了聽眾們的反感，使自己的品德得到了昇華。

再來說到「自嘲」，儘管自嘲也屬於負面攻擊，攻擊對象還是自己，但卻是最能優化氣氛的調劑，轉個彎罵自己會比指著別人鼻子罵他還來的高段。這一點韓國瑜也時常在使用，他自嘲為「禿子」、「土包子」的行為，大家想必不陌生吧。

演說時加入豐富的情感與肢體動作，聽者就不會覺得「演講者在生硬的背稿」。另外，說話的音調也是很重要，試想，若是聽台上講者說話平板毫無起伏，是否就像催眠的頻率，使聽者昏昏欲睡？適當的抑揚頓挫、適度的停留空白，都是為了讓聽者可以有一個良好的聆聽環境。一旦人們處在一個惡劣的聆聽環境下，就只會先注重自己的舒適度（生存），而無暇管台上講授的內容。

在講稿部分，則可以多加入比喻或譬喻。從統計觀察來看，人們都喜歡聽故事。當你使用更多的比喻或聯想法，就更容易引導聽者抓住重點，或是能更快速理解你想要表達的內容與想法，就像是與朋友間的聊天，有種輕鬆又愉悅的交談氛圍。

「想像」也是公眾演說的關鍵，一名演員若想擁有一場優質的表演，一定是透過不斷地揣摩與練習才能獲得，因此腦中的劇場把握也是一個重要的步驟。像是突然發生預期外的問題

（如觀眾反應冷淡、質疑內容等等）、突發狀況（如音響、麥克風、投影電子設備出問題或旁人干擾等等），都很容易讓講者自亂陣腳、無法順利完成預先規劃好的精采演說。這時候能夠增加信心為自己打氣的實用辦法，就是在演說之前，不斷地在腦內模擬，想像當你演說時可能會發生的負面情況，進而擬好應對的辦法。這是一種積極的心理暗示，當你把一些突發狀況預先思考過並找到解決方法，你就會更有自信的面對這場演說。

好的公眾演說除了一些基本架構、說話訣竅之外，更重要的就是「練習！練習！練習！」不斷地、大量地練習，不管是說出來、表演出來，還是在腦內想像。將各種練習模式都經歷過，你才能將公眾演說融入到生活當中，隨時隨地都可以進行一場最棒的公眾演說，真正的把握每個可能曝光的機會。以韓國瑜為例，競選高雄市長的準備時間短、登記時間迫在眉睫，若不是他過去累積公眾演說的經歷、講稿不斷排演跟反覆強化要表達的理念，以及對現場狀況的掌握，又怎麼能從北農總經理離職後，轉身就投入高雄市長的競選呢？要知道機會稍縱即逝，連說等一等的時間都沒有！

♞ 關於演說的答案

當你在進行一場有效益的公眾演說時，除了要慎選觀眾們有興趣的主題，以及確認台下聽眾的特質與年齡層以外，更重

要的是——演說要有「答案」。

這個「答案」，並非指對問題所做出的正確解答，而是為了解惑觀眾在看見你時心裡會想到的疑惑——「你是誰？」、「我為什麼要聽你演說？」、「聽完這場演說我會有什麼好處？」、「我能相信你嗎？」、「會不會在仔細聽完你的演說之後，才發現是浪費時間？」

沒有答案的公眾演說就跟吃包子裡面沒有餡一樣，觀眾對你有所期待，可是聽完演說後卻覺得索然無味。或許過程中充滿歡笑與愉悅的感覺，可是在驀然回顧方才聽到的內容，卻發現完全沒有收穫後，人潮就會散去，吃過一次虧的人們，也會記取教訓，更甚者會一傳十、十傳百，久而久之就沒人再想聽你演說了，你的人脈網路也就跟著崩解。

筆者在兩岸培訓領域就見識過不少失敗的案例。畢竟現在是處於一個什麼都要求快速、速成的社會型態，重視時間的觀念比過去更甚，若是觀眾們在聽完演說之後毫無收穫，那失望跟不滿的情緒便會高漲，而且這種負面訊息的傳播會比你想像的還快，影響更廣。

隨著時代的變遷，即使是千里馬也要懂得包裝，才能吸引到伯樂，也唯有透過一場場的公眾演說來替自己打廣告，才能快速培養緊密的人脈網路。

最重要的是，公眾演說需要實戰練習，並從錯誤中學習。但以現在媒體的發達和演說機會難以取得的狀況而言，很可能在一次失敗後便沒了機會，就像公司給你一次大型簡報的舞台，一旦你搞砸了就會被淘汰，也沒有下一次的機會了。

因此當你好不容易有機會站上舞台進行公眾演說，務必要用心準備演說內容、不斷地進行演練，以及做足心態上的調適，盡力使台下的聽者能成為你忠實的粉絲，達到收人、收心、收錢、收魂的境界。

★推薦書籍：《公眾演說的秘密》（王擎天著）

公眾演說與個體溝通的差異

在一至二人的小團體中，或許你還能自然地聊天與說話，但當人數上升到三個人以上，可能就會發生無法掌握話題與表達自己理念的機會，甚至只能成為坐在角落、變成聽眾與聊天「背景板」的陪襯角色。想要避免這樣的慘況發生嗎？以下就分享幾個實用的演說小技巧給大家。

「因地制宜」：見人說人話，見鬼說鬼話。「用別人聽得懂的話語說話」能讓對方一開始就放下成見，願意打開心胸與你連結情感與建立信任感。韓國瑜在競選高雄市長時，除了說出的話直白又淺顯易懂外，中間還時常夾雜閩南語與當地的口音，因此被民眾與媒體人評為「說話俗又有力」，也讓他得以在第一時間就拉近與高雄市民的關係，獲得他們的支持。

「巧用稱讚」：在聊天和演說之中適時稱讚他人。每個人

都喜歡被讚揚，但切忌過度吹捧或胡亂地使用，否則反而可能造成反效果，引起他人的反感。

「找對話題」：每個人的興趣與在意的點都不盡相同，在進行一場公眾演說之前，應該要先去了解聽眾的性質與背景。《孫子兵法》：「知己知彼，百戰不殆。」不只演說內容需要事前的準備，觀眾們的特質、個性還有興趣，也是上台之前要事先進行研究與確認；若是沒法事前了解，則可在談話的過程中，細心觀察、了解聽眾的反應。比如韓國瑜在競選時，就以高雄當地的過去歷史與文化為主題，針對高雄市現今的困境與面臨的問題切入，順利抓準所有高雄市民最在意與關心的議題。

「男女有別」：曾經流傳著這麼一句話，「男人是金星，女人是火星。」後來還有人將它寫成書來認真探討男人與女人的不同。從溝通談話來看，男人跟女人在接受與放送訊息的方式就完全不同。同樣的故事，男人可能 3 分鐘就說完，而且非常快就能說出重點；女人則不一樣，要有前言、過程，還要有精采刺激的副章節，最後才到結局，講著講著情感流露太多，甚至整個人都投入其中，說了 30 分鐘還沒說到故事的重點。因此在準備公眾演說時，也要考慮到多數聽眾們的性別，來調整說話表達的方式。

逆境使天才脫穎而出，順境會埋沒

在公眾演說已然成為趨勢後，你該如何從中脫穎而出呢？

如何讓別人主動來聽你的演說？關鍵在於你的演說必須：熱情、新奇、有畫面。

一個良好的、激勵人的演說或公開談話，最重要的就是要有熱情，並非只是聽者充滿熱情，而是站在台上的講者更需要有熱情。行為是意識的遠端，如果主講者都講得不興奮，其他人又怎麼能夠體會到講者想傳達的魂？怎麼感受到講者激勵人的能量？

從韓國瑜正式投入競選的過程中可以發現，他在公開場合上演講時，都能非常明確地把握住熱情激昂的情緒，他的話能激勵人心、產生深刻的連結，讓觀眾充滿熱情，發自內心對他說的內容有著強烈的共鳴與感受，更甚者還會急切地幫忙分享與宣傳。而這股熱情究竟從何而來？觀眾是如何被感動到的？原來源頭就在於主講者！

如果你對於做一件事抱持著「有做的話很不錯，不去做也不會怎麼樣」的心態，那麼這件事一定不是你熱情嚮往的。人家常說肢體是隱藏不了一個人的內心想法，當你的內心感到興致缺缺時，你的肢體就會很明顯的表現出來，連你自己都打動不了的想法，又怎能期待它會吸引別人呢？

「貨賣得出去，人進得來，高雄發大財」、「又老又窮」、「讓我們把政治交給台北，高雄的鄉親、南部的鄉親將會以經濟為中心」、「高雄是全台灣最耀眼的一顆珍珠，是偉大的巨人，但已經睡了二、三十年，這一次高雄市民覺醒，覺得巨人要站

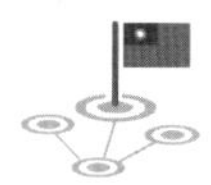

起來，當高雄市民認為這個大巨人要站起來時，我韓國瑜提出的經濟論述就一定會獲得認同，所以我主張經濟高雄 100 分、政治高雄 0 分」，上述幾句話，都是韓國瑜在競選高雄市長時喊出的口號，可以看到所有的重點與核心都是圍繞著經濟，想要翻轉高雄市人口衰老、經濟衰退、年輕人北漂的問題。目標講一次，大家也許聽過就算了；目標講兩次，有些人會開始注意到你，但仍是沒有什麼感覺；當目標講到第三次的時候，眾人才會發現你的堅持與認真。所以重要的話記得說三遍！

韓國瑜在各個公眾場合都是激昂、邁力的表達，彷彿這些目標就是他當選後的全部目標，好像沒有什麼遠大的抱負與格局，可以說是非常俗氣又單一。但是韓國瑜的訴求夠直接，他的肢體行為與發表演說的音調，讓人非常明顯的感受到他對這些事情的極度重視。雖然目標單一卻讓人明白韓國瑜對這項目標的堅持與熱情，這樣的表現反而輕易勾起民眾們的連結，因為這些就是一般人心中的想法，透過韓國瑜的演說被吸引出來。

另外，演說內容說來說去聽多了也會麻痺，因此有許多人開始設計新的主題，但新奇又有趣的主題並不是那麼容易就能發想到的。所以最快的方式就是舊瓶裝新酒，同樣的主題但結合社會上的新時事或者新發展，給人新鮮感，為演說內容增添趣味性，或者善用新事件的比喻，讓許多舊聞變得耳目一新，聽眾可以深度產生連結。

像是韓國瑜在高雄競選之前，曾悄悄跑回台北登記參選台北市長，隨後又立刻撤銷，便是變相的跟國民黨抗議與提醒黨員應該要團結。他將黨部資源分配不公、黨部注意力集中在北台灣的政治決策以一句話：「連一碗滷肉飯都沒有」❹概括，瞬間讓大家明白這次高雄市的選戰打的有多麼辛苦，同時也表明他因為沒有資源，所以更會打一場乾淨的選舉，這也延伸出真正為人民服務的代表，只需要人民的支持便足夠。一句話就把過去政治的風氣、現今的狀況、自己的特色與特性說完，這對於長期看著其他候選人打選戰的全台人民，韓國瑜完全給足了新鮮感。

因此在準備公眾演說的時候，不能只專注在演說的內容面，還要讓聽眾有跟上時代的感覺。需時常學習並補充新知，時時思考與精進自己的講稿，或許在思考的過程，也能產生出新見解，做出新聯想。你也可以將自己思考的這段過程匯整起來與他人分享，因為這是實際發生的思考演化過程，藉由這些聯想與延伸思考的發展，更可以讓人快速理解並認同你的思路。

在演說中，任何複雜的概念、高深的理論，如繁星般的統計數字，通通都能夠用說故事的方式，讓內容視覺化，只要能夠將演說內容視覺化，便可以加深聽者的印象。該如何把故事視覺化，讓觀眾有身臨其境的感覺呢？演說中要讓一個人有所感受，不僅僅只是靠語言的力量，也要包含情緒與動作。你可以善用佛教所說的「六識」：眼、耳、鼻、舌、身、意識。除了讓觀眾看見、聽見、聞到與身體感受到，更進階的是「舌」

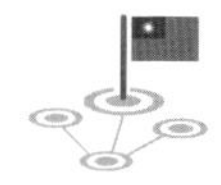

與「意識」這兩種感覺。「舌」可以延伸為與觀眾的互動，而「意識」則是觀眾對於講者所分享的內容有記憶，和能打動聽者的靈魂，與之共鳴。

不要害怕台下聽眾對自己提問，在前面提到的想像訓練中，本來就應該懂得換位思考。如果今天你是觀眾，你會對哪一部分的內容產生疑問，或是對哪一個想法有所懷疑？你必須先找到這些問題的答案，並準備好以別的概念、比喻來回答，藉由這樣的過程來加深大家的印象。

此外，在演說的過程中，將想要分享的理念用一種說故事的方式來進行，讓一段話或一段敘述呈現出一個畫面，善用形容與描繪的文字，加入前言、環境的塑造、生動的對白和反轉的結局來引領觀眾們走入你所提供的故事畫面。人類，是喜愛聽故事又善於創造故事的生物，科學家透過腦部科學與心理學證明——人們會喜愛並深受故事的吸引，是因為在大腦接收故事情節的刺激時，除了有娛樂的效果，同時也在學習並強化對於未知情境、棘手事件的處理與反應。「故事」會把聆聽的我們，投射到他人所構建的陌生處境中，使大腦對這些模擬的情境做出應對、練習，是人類在面對大自然和社會時所產生的生存本能。

想要準備好一場公眾演說，還包含對於人性的掌握與觀察，時不時要注意、關心台下的觀眾所給予的回應，畢竟你是在對人演說，而不是對動物。當我們從「人」出發的時候，很多行為與反應就可以理解了，包含人性裡頭應有的思想和心態、同理與同情心，掌握住這種以人為本的性質，才能真正有效又深入的打動「人」。

從演說中找到自信

能在公眾演說中自然微笑的人，肯定會帶給觀眾從容又有自信的感覺，這樣的主講者上從表情、下至肢體動作，都讓人能夠放鬆下來，因此學會公眾演說很大的優點之一就是能提升自信。

大家都喜歡幽默風趣的人，而幽默的最高境界就是「自嘲」，懂得自嘲的人會給人一種不慌不忙、鎮定又穩重的感覺，面對著這樣一個主講者，信任感就能在不自覺當中產生。

中國學者周國平就曾說過：「幽默是一種輕鬆的深刻。面對嚴肅的膚淺，深刻露出了玩世不恭的微笑。」因為自己批評自己是最安全、又可以消除尷尬的方式，若能善用它，將可拉近講者與聽眾之間的距離。但批評自己並不是一味用卑微、自賤的態度來表現，而是用豁達又開朗的方式來面對自己遇到的問題或缺點，以自己的不足來巧妙的延伸與發揮，藉此博得大眾的歡笑。韓國瑜在市議會受質詢時、在造勢會場演講時，常常不時主動說出「自己是禿子」這件事，既省去別人的言語攻擊，又多了個人詼諧的特色。

在人際交往的過程中，公眾人物（明星、政治家等等）因

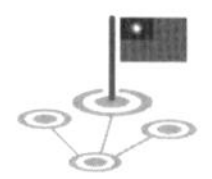

為身處的社會地位不同，易使人與之產生距離。想吸引更多的粉絲或選民，這些公眾人物更適合用自嘲來表現自己，這樣不僅可消除彼此間的距離，讓人產生親切感與人情味，也不會讓他人感到有壓力。

韓國瑜就是一個自嘲極致的例子，他稱自己是禿子，只是個賣菜郎，又是他人口中的菜蟲與黑道……，各種被人抹黑的惡稱，他都能一笑帶過，甚至撿來當作自己的形容詞與代名詞，這樣大氣又無畏的態度，反而讓大家看到韓國瑜的氣度與雅量，因為真正豁達又有智慧的人，並不會拘泥於這些無端的標籤。對於各方丟來的指責與攻擊，韓國瑜都能撿起來再放大、更加誇張地往自己身上貼❺。這樣逆向的操作，為他帶來了更多的人氣與支持，形成一股政壇上的「韓流」。

從韓國瑜演講學公眾演說

「本是賣菜郎，原以為台北農產公司總經理的任期結束就要退休，沒想到因緣際會到高雄服務，高雄鄉親也沒想到，有一天他們會迎來一個又老、又醜、又窮、又禿的國民黨主委！……國瑜深切認為，政治應該交給台北去吵、去鬧，南台灣以高雄市為核心，就是要專心拚經濟。大量出走的南台灣年輕人也想回鄉工作，守護自己的父母，家鄉的年邁父母更是隨時擔心遠方遊子每天是否吃得飽、穿得暖，高雄市只有把經濟發展起來，才能夠幫助年輕人找到一條回家的路。……」

上述摘自韓國瑜競選高雄市長公開演講的講稿，從中可以看見——透過一個幽默自嘲的開場，輕鬆又愜意地介紹了自己的到來，充分吸引住觀眾的注意力和情緒。隨後，他將想要表明的訴求，確切的以未來當選後將重振高雄經濟的目標政策，整理為簡單又白話的語句，同時一直環繞著經濟這個主題，使人聽了就能記住韓國瑜想表達的重點。最後更藉由不斷地重複與提高演說的情緒，讓台下的群眾跟著一同澎湃與激動，成功又完整的進行了一場充滿效益的公眾演說！

✪ 公眾演說培訓班

除了上述提及有關公眾演說的「眉角」外，還有一些演說時要注意的關鍵，可以幫助你提升公眾演說的能力，想要學會更高端的演說技巧，可以參考相關的課程。

網站傳送門

✪ 撼動港都直擊人心的金句

韓國瑜強調競選標語「貨賣得出去，人進得來，高雄發大財」，對於振興高雄的經濟，他是抱著極大的熱情在宣傳，在公開的造勢活動當中，也不斷強調這個主題，並以此去延伸。這樣專注且肯定的唯一訴求，充分讓人感受到他對目標、理念的堅持與熱情。

影片傳送門

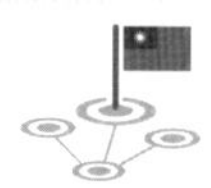

✪ 高雄價值是「包容」

影片傳送門

韓國瑜在鳳山造勢的晚會上發表造勢演說時，因為激動高昂的情緒，對著台下支持的群眾們邁力地喊出：「高雄的過去是包容，高雄的現在是包容，高雄的未來也是包容！」

❶「自媒體」是表示現今由於微博、部落格、社群網路／平台，每個人都能申辦帳號發布消息，使得每個有帳號、網路的人都能成為媒體或傳媒，轉發或散布新聞、廣告。

❷與其他競選黨主席的人不同，韓國瑜將砲火直接對準自家立委與黨部同仁，批評他們把民代做得跟公務員一樣，沒有主動積極的功能，文不能講、武不能戰，連中心思想都失去了。很多人還連任十幾二十年，如同雞肋，食之無味卻棄之可惜，霸著位子不放，年輕人怎麼上來？這樣的重砲發言，使台下國民黨立委一臉尷尬，韓國瑜一連串的批評，就是要給年輕人機會，強調這才是黨內的當務之急。

❸在國民黨的黨主席政見發表中，韓國瑜認為：瑞士千年沒有戰爭，泰國 500 年沒有戰爭，「日本這麼凶悍不攻打泰國，德國納粹不打瑞士，台灣應該要跟周邊政治勢力相處地非常好，找到可愛的、優雅的、和善的一面，這是中華民國領導者高度智慧的展現，也是國民黨主席就任後高度的表現」。韓國瑜另外提出：「國防靠美國，科技靠日本，市場靠中國，努力靠自己。」他認為，台灣並沒有實力去得罪周邊的任何政治勢力，「我們非常脆弱，需要和平關係」。

❹韓國瑜表示：這段選舉的日子以來，未爭取到任何國民黨中央給的資源，沒有錢也沒有薪水，「通通沒有」。除了對自己權益的抗議外，韓國瑜認為國民黨在 2018 年這場選戰，全國都會打得非常辛

苦，因此必須要加倍努力。他也強調，「國民黨已經沒有分裂的本錢了」，只有豪門兄弟姐妹才容易分裂，從來沒聽說窮苦人家子弟也容易分裂。

❺ 當韓國瑜競選高雄市長的民調指數上升極快，隱隱有超過對手民調數字時，被民進黨質疑有中國大陸的介入，韓國瑜並沒有反過來駁斥，反而來個天馬行空的回應：「如果我和對手是六四比，就會說是月球人介入；要是出現七三比，就會說是火星人介入。」

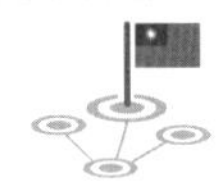

3 Internet Marketing Solution 韓國瑜的網路行銷方案

「宣傳」在過去是一種專門為了特定的議題訊息採取推廣、散發的表現手法。時至今日，宣傳的含意可以是散播論點或見解，最常使用在政治的環境中。從韓國瑜競選高雄市長的策略與腳步，能在網路上創造極大的聲量與線上虛擬粉絲量，就可以看出他能夠勝選高雄市長，很大的功勞得歸功於背後團隊成功的宣傳。

曾因工作（北農總經理）旅居台北的韓國瑜，與「高雄」這個位於南台灣的縣市可說是關連甚少，直到接受國民黨主席吳敦義的邀請，前往擔任國民黨高雄市黨部主委，才有深入接觸高雄的契機。因此，韓國瑜在高雄可說是沒有任何人脈與組織基礎。但最後竟是由這樣一個外地來的、沒有任何背景的候選人勝選，真是跌破大家的眼鏡。

從韓國瑜的選舉策略、廣告宣傳與媒體的互動來看，這儼然是一個極為成功的行銷手法，其中有很多令人值得學習的地方。這段選舉的過程期間，「藉由宣傳來行銷自己」這件事究竟發生了怎麼樣特別的功效，甚至能使韓國瑜得以翻轉高雄市呢？現在就讓我們來深入探討與研究！

韓國瑜的宣傳做了什麼？

第一，從對自己有利的方向著手——優先固守北台灣，再揮兵南下。

韓國瑜在 2016 年擔任北農總經理時，一段堪稱史上最經典質詢影片在網路上流傳，畫面中，北農總經理韓國瑜用幽默的口吻、以四兩撥千金的氣度，回應台北市議員王世堅激動的言詞:「『禿子跟著月亮走』,你聽過沒有？誰是『禿子』、誰是『月亮』，你看一下。」、「問世間情是何物？」就這幾句冷靜又詼諧的話語，使人民對於這位充滿性格魅力的政治人物留下深深的印象。

當時旁邊還站了台北市長柯文哲，雙方一個激動一個詼諧的互動，讓公眾媒體及網友們注意到這支影片，連番報導轉傳，散播出去。這段影片成了韓國瑜最大的宣傳神器，很多人就是因為它才認識「韓國瑜是誰」,至此,韓國瑜成功地行銷了自己。

從過去的例子可以見得，政治選舉影響媒體，媒體也會影響政治選舉。每到選舉期間，各家媒體爭相搶著獨家報導，可以說是候選人宣傳的最大利器之一，所以韓國瑜競選團隊在選前也做足各種準備。透過韓國瑜過去在台北擔任過立委、北農總經理的各種關係來邀約各平台、網路與電子媒體高層、記者，其中也包含一些政論節目的名嘴來賓與主持人，畢竟人與人之間見面總是三分情，不管媒體或節目報導的是正面還是負面，只要有報導，就會有話題性，就可以打響知名度。

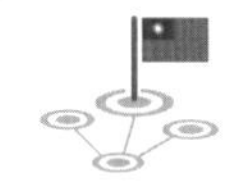

韓國瑜睿智地把團隊人馬分成專攻北部的「空軍」及專攻高雄的「陸軍」，藉「空軍」把握住台北的地利之後，再慢慢擴展至高雄，最後串聯起全台的媒體關係，善用每一個可以宣傳及行銷自己的機會。所以想要打好媒體公關的基本功，首先就是認識和理解媒體界的人脈與生態。

第二，綿延不斷地進行各種角度的曝光——參與各種通告、抓住各種機會，讓自己在觀眾眼前不斷出現。

站在宣傳的角度上，除了把握住與媒體的相處、經營之外，不同角度、連續的曝光也是韓國瑜選戰的策略之一。不只是在政治節目或新聞中出現，韓國瑜競選團隊毫不放過各種出現在鏡頭前的機會，不管是旅遊節目、廣播節目，還是當今網紅的直播平台等，或是官方 Line 貼圖，甚至還自行成為一個自媒體（也捧紅了直播夥伴米魯），就是要鋪天蓋地秀出自己，讓全台人民都看見韓國瑜這位高雄市長候選人，利用己身製造話題，吸引媒體主動貼近報導。舉例來說，韓國瑜曾在東森電視台的旅遊節目中，客串主持人來介紹高雄各地的美食風光景點；並在高收聽率的港都電台客串 DJ 播歌，用帶歌的方式強化聽眾對韓國瑜的印象，也充分表現出自己親民的一面。

或許正是因為缺資源、沒人脈、無在地結黨的組織，韓國瑜團隊只能無所不用其極地爭取各種通路來曝光宣傳自己。不只把握各種類型的電視節目、空中廣播電台，甚至還安排韓國瑜與網紅直播主——館長陳之漢同框直播，透過網紅的高人氣吸引基礎聲勢，並藉由這些人的影響力散播與推廣出去，讓該影片創下破紀錄的瀏覽量。

韓國瑜平日與其他藝人、名嘴和網路知名作家交好，這些都是具有一定名氣聲量和粉絲的名人，經由他們各自經營的自媒體、各種平台來為韓國瑜宣傳，也為韓國瑜創造出一個有利於他的言論市場。這樣火力集中，又綿延不斷的曝光量，有了話題也吸引到各家媒體採訪報導，電視上、網路上、報紙上、廣播中都可見韓國瑜的身影與消息，一則又一則的照片和影片輪番上陣，使民眾想不認識他都不行。這種持續又集中的宣傳策略，打造出一股「韓流」風潮。

第三，廣大範圍的空軍作戰方式。其實從高雄市長競選一開始，民進黨候選人陳其邁的民調數字一直都是遠遠領先於韓國瑜，許多民眾的主觀意識直覺認為高雄市仍然會是「綠地」，畢竟過去二十幾年來皆是民進黨選贏，何況還有在地的靈魂人物——陳菊的庇蔭。但隨著韓國瑜在選戰議題與媒體節奏上佔得先機，開始掌握媒體風向主導權後，就讓原本平穩的陳其邁陣營頓時陷入恐慌與苦戰，而背後引起這樣大轉變的關鍵人物，就是韓國瑜團隊的網路小編群。

韓國瑜能在全台各地捲起所謂的「韓流」，主要來自於他在各種媒體通路上帶起的聲勢。而韓國瑜的聲勢可以成功帶起，除了靠他本人的努力外，還包括幕後一群年輕的網路小編們為他量身打造的宣傳素材。

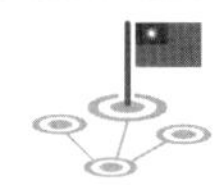

韓國瑜的「網戰」是高雄市長競選中，非常出名的行銷宣傳模式，令人拍案叫絕的網路行銷點子，就是來自於為數不多又零選戰經驗的小編們。韓國瑜團隊背後的小編，總人數屈指可數，由大女兒韓冰率領召集，負責經營 Facebook、LINE、IG、YouTube 幾種頻道，每天花費心思尋找任何可以為韓國瑜加分的想法與素材❶。這幾位住在台北的小編（王律涵和許右萱）後來在訪談中透露，自從加入韓國瑜網路小編團隊後，每天都在看時事，只要是跟高雄有關的報導、資訊、熱門議題、天氣、文化民俗等等，絕不漏失，就是為了要找出靈感並與韓國瑜做連結。

人物速寫

一人獨戰眾名嘴——王律涵

王律涵，2018 年甫從世新大學畢業，擔任起韓國瑜網路小編團隊中的美編，負責經營 Facebook 與 LINE 等網路社群。因為民進黨陣營屢屢抹黑己方的粉絲團，她勇於接受邀請上「深綠」節目與眾名嘴辯論，在節目上替韓國瑜說話的同時，也狠嗆其他來賓：「你們這些大人很噁心！」也曾表示「很緊張，但為了替韓總加分，我什麼都不怕。」直白的話語讓她一戰成名，成為韓陣營戰力爆表的「學姊」。

因為人員少，所以可以更快速地進行溝通與討論，隨時處於腦力激盪狀態，想著要用什麼樣的方式讓更多人看到韓國瑜這個人、了解他的個性與未來想要達成的目標。像是小編就改編了一首 40 年前轟動流行的台語連續劇《西螺七劍》主題曲，將廣大市民的舊時記憶與韓國瑜做連結，呈現出高雄的在地印象與文化交流，使韓國瑜能跳脫出一般的政治選舉模式，形象化地行銷自己。

網路小編也抓準現今多數人喜歡收看簡短、即時直播影片的偏好，除了策劃韓國瑜與館長同框出鏡，另外還拍攝許多直播影片，每次都挑選與生活相關、與市民有連結的主題作為直播議題，比方說：理髮及洗頭的直播、行程後的心情分享、擔當夜晚 DJ 等等，這些精心設計過的作品，每一則都為韓國瑜拿下超高的人氣！

常言道：「人紅是非多。」大量的曝光與宣傳並不代表全都是正面的聲音與回饋，除了網路小編們用心的經營與設計橋段之外，韓國瑜的網路策略每一次進行宣傳的時候，也同時會帶來一些攻擊性的批判❷。例如韓國瑜團隊的網路小編——王律涵，不僅為韓國瑜的行銷出主意，還曾隻身上政論節目與綠營名嘴辯論，成功為韓國瑜打響名號。

宣傳與行銷

接著我們再來談談「行銷」。「行銷」又可稱為市場行銷，或是市場學、行銷學。它是指通過創造並與他人交換產品，以滿足個人需求與欲望的一種社會管理過程。在一種利益之中，

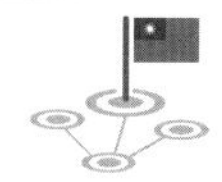

通過相互交換和承諾，建立、維持、鞏固等方式，與消費者接受、買單進而實現雙方目的的過程。行銷最終目的就是銷售，為了滿足顧客的需求或解決顧客的問題。

行銷的過程中，最重要的兩個角色就是「產品本身」與「消費者」。一個容易被包裝的商品，更容易被推廣出去；韓國瑜在這場宣傳行銷當中，便是作為一個被推廣、廣告的產品。也由於他既親民又愛開玩笑地性格，使他很容易豎立起正面形象，利於網路小編們為他量身打造多元的行銷方案。

傳統的行銷方式包含：公關、展覽活動、業務開發與銷售、公開演說等幾種。這些都是一般公司企業、政黨、明星進行廣告宣傳時最常採用的行銷模式。但過去的傳統行銷在現今來看，還是有一些缺點，像是：耗費大量的金錢、無法追蹤成效、無法精準把握目標客群等。

隨著科技的進步和網路發達，逐漸發展出一些新型態的行銷方式，包含：社群行銷（如 LINE、Facebook、YouTube、IG 等等）、部落格行銷、搜尋引擎及付費廣告行銷、多媒體行銷（如 EDM、影片、圖片）、媒體與部落客行銷（直播、自媒體）。

因應數位化時代的來臨，消費者自主蒐集資訊與研究的能力迅速提升，大家都可以透過網路的資源來做各種資料的調查、比較，謹慎評估之後再下消費決策。同時因為消費者每天都在接受龐大的訊息量，他們對於傳統推銷產品的內容極易感到疲乏和厭倦，使得效益大打折扣。

★推薦書籍：《網路行銷究極攻略》（羅素·布朗森著）

新時代的行銷重點是「讓顧客自己找上門」，如果你想要讓顧客與支持者主動訂閱、觀看你所提供的資訊和廣告，就需使用「內容行銷」的方式來吸引消費者。內容行銷其實是屬於網路行銷的一種，也就是讓潛在客戶對提供的「內容」產生共鳴，透過部落格、影片、圖片、故事、電子DM、圖表等方式來進行行銷活動，它的影響力將遠遠超越公眾演說。

內容行銷是網路行銷當中極重要的核心概念，因為網路行銷便是透過數位科技管道來行銷你提供的產品或服務（又可以稱為數位行銷）。隨著網路、智慧型手機的普及率提高，網路行銷已經成為各企業行銷策略中不可或缺且最重要的一環。

成功的宣傳、行銷手法

現今的企業或其他事業團體，常以網路作為基本的經營方式，習慣在網路上經營各種宣傳活動。網絡行銷的內容包括了網站推廣、品牌推廣、消息的發布、市場調查、消費者關係、消費者服務、銷售管道、銷售增加等。當中有幾個重點必須特別注意，在進行之前就得先釐清與計畫完畢，後續才可以順利、順暢的投入在行銷活動之中。

第一，對產品或服務進行行銷之前，應該要先定義其定位

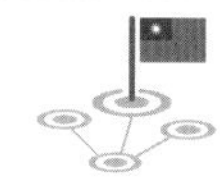

與核心。如同在公眾演說中提到的，在進行演說準備時，要先擬好演說內容的重點，這個重點是自己可以侃侃而談的核心價值。因此網路行銷中的內容行銷可視為公眾演說的內容，必須要有說服力和真實性，且需有一定的水準和品質（正面與積極性）。形容與說明的用字遣詞，必須符合主要、潛在消費者的程度，也就是要說對方聽得懂的話，提供實用的資訊和想要推銷的內容。在網路上進行行銷活動時，也可以使用說故事、譬喻的方式讓內容更加生動與充滿吸引力，使瀏覽的人可以更快的投入與產生共鳴，迅速的認同與分享。

舉例而言，韓國瑜不斷地強調要重振高雄的經濟，所以無論他走到哪裡，或者在網路上推廣的行銷活動，都是著重在「經濟」二字的發展與延伸，反覆說明自己的核心價值與理念，解釋現今高雄遇到的困境，正需要這樣的方式來翻轉。

第二，當你要推出產品或服務之前，一定要先問自己一個最重要的問題——有誰會對你的產品、服務產生興趣？鎖定目標客群的第一步驟就是先想好，針對這項產品、服務，需要什麼樣的消費者來接受？鎖定目標客群時，要考慮到年齡、性別、消費能力、興趣、職業等。若能夠將客群分得越細越具體，再依照不同客群推出不同的行銷方案，這樣就能快速精準地找到銷售主力了。

舉例而言，韓國瑜網路行銷的初衷，就是希望能夠與使用網路的人們成為朋友，喚回他們對政治的冷感。所以韓國瑜

LINE 官方帳號的訴求與直播影片的主題挑選都是為了吸引年輕或初步入中年一代人的目光。

第三，在鎖定主要客群之後，就需要去觀察這樣一群人的生活型態、作息、閱讀或瀏覽網頁的模式。假設目標放在年輕的族群當中，你會發現這類型的族群喜歡瀏覽簡短、精緻的影片。快速吸收精要訊息的模式成為現今的學習趨勢，於是現在幾乎人手一台手機，走到哪、滑到哪。這關係著社群網路訊息的宣傳威力，只要能夠在主要的社群平台上發布廣告宣傳，也就代表著被看見的機會是倍增的。

由於不同的網路行銷手法，對於不同的人群會產生不同的影響力，所以必須穩定、長久的針對鎖定後的目標客群特性來進行行銷活動，切忌朝令夕改與統包。當集中一段時間發現選擇的網路行銷模式似乎成效不彰時，再進行調整即可。若想每一種網路行銷手法都要使用、每一類客戶群都想經營與發展，長時間下來，反而會事倍功半。

第四，在投入行銷活動後，得先預期這樣一個行銷活動可以達成的目標與收穫。也就是說，如果你今天是想要行銷新的產品，你得預期這項行銷活動開始後，可以因此賣出多少產品？可以得到多少人關注？銷售業績可以成長多少？假設目標是增加公司品牌的曝光度，那麼純粹以「說明公司品牌故事」的方式，關切點擊率、瀏覽率的數字，或者是轉分享的次數，藉此統計可能增加的潛在客戶，也屬於預期的行銷目標設定。

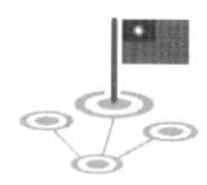

舉例而言，韓國瑜的團隊必定相當關注「每個月韓國瑜的粉絲團人數成長率」、「直播影片的按讚分享次數」，這些都屬於預期的行銷目標設定。

第五，一個完整的行銷活動，應先計算出行銷的成本（包含時間成本），統計所有的開銷和花費時間，接著便是費用與時間的比例分配。針對哪些議題、網路行銷模式、著重在哪些平台都是需要考慮的分配目標，畢竟人力、財力有限，事先評估預算與分配是為了集中資源在最有效的行銷模式當中，針對最能夠觸動消費者的方式上加重心力。

舉例而言，韓國瑜的網路小編發現在 Facebook 上發布影片，可以更快、集中吸引粉絲與選民，便會將心力著重投入 Facebook 的經營。

第六，在網路行銷開始後，必須進行成效追蹤與調整。每一種網路行銷的管道，以及設定好的行銷目標，都需透過數位化的功能來追蹤成效，也就是說當宣傳內容發布之後，這個宣傳廣告的點擊率、按讚次數、轉分享的次數、留言的互動等等，都要定期檢視與觀察後續效益，才能及時調整模式或者修改內容，盡可能地貼近消費者的需要。

舉例而言，自從韓國瑜理髮、洗頭的影片推出爆紅之後，網路小編明白了各方各界對韓國瑜的看法與觀感，後續才能調整與修改影片發布的內容與模式。

從韓國瑜的宣傳學網路行銷

九合一大選中，韓國瑜幕後的網路小編將宣傳重心放到網路行銷上，在媒體資訊氾濫的行銷戰場當中，資訊的傳播是最重要的，將自身希望傳達的內容正確地藉由廣大的網路力量散播出去。

對於市場，一般行銷需要的是顧客；從政治的立場來看，需要的便是選民與支持率。忠誠的消費者可視為忠誠的選民，滿足選民們的政見期待，也就像是在滿足消費者的需求，整場選舉幾乎可說是一場大型的行銷戰。過去的政治選舉都使用傳統的模式來進行，透過在地的拜訪、聯絡感情等方式，相較於網路來說，幾乎可算是一對一小規模的競選方式。

韓國瑜此次競選完全推翻了過去的競選模式，一開始就選擇網路作為行銷宣傳主軸，參與各方的媒體平台、爭取最大的曝光量，善用現今社會流行的內容行銷方式，透過直接、重點式的方法來表達。

行銷的過程中，把握媒體、抓住平台也是很重要的。這一波又一波的網路空戰裡，網路小編們更是強調現今年輕人手中最流行的主力社群作為行銷重點，甚至在其中一個平台中獲得了壓過總統粉絲人數的成果，這樣的消息一流出，即使對韓國瑜不認識、不關心的民眾，也會因為一個新的議題而好奇，這就是韓國瑜網路行銷打造成功的重要里程碑之一。同時，韓國瑜將自己塑造成一個形象、一個口碑化的產品，使他的一舉一

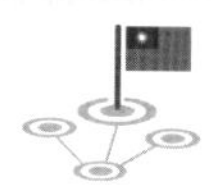

動都更容易被分享與宣傳出去，透過百人影響百人的作用，瞬間行銷出一批又一批網路線上的大量粉絲，讓韓國瑜聲勢得以壓倒性地贏過對手。

另外要分享的是——產品或服務好都是基本、必然的，若能夠掌握網路行銷，你就是贏家。在這個資訊爆炸的時代，誰能掌握通路，誰就是勝者！

此外，在這場行銷戰當中，除了關心大選結果外，更應該被關注的就是韓國瑜團隊這幾位年輕的小編。這些小編們都是剛畢業、初入社會的年輕人，能有今日一番成就，絕對是值得被肯定與讚美。他們願意給自己一個挑戰、一個試煉的機會，無畏的跳入這樣一個大型又快速變化的行銷戰當中，可說是充滿勇氣與光芒乍現。在這樣混亂又複雜的環境中，還能保有正面積極的思考模式更是難能可貴。

針對對手的謾罵與抹黑，從人性上來說都會感到不悅、不開心，甚至是憤怒，在憤怒的情況下反擊回去也在情理之中。但是這些網路小編們將情緒先放置一旁，選擇把這些所有的負面消息，吸收納入行銷的素材當中，用樂觀幽默的口吻自嘲與開玩笑，用正面的思考來擊敗各種批判抨擊。他們不因為自己年輕而膽怯，反而躍躍欲試各種創意與方法，真可謂初生之犢不畏虎啊！筆者在此對他們的勇氣與堅持致上最高敬意。

從韓國瑜的宣傳模式中可學到幾個行銷的重點，而小編們的膽識也值得大家學習。有人說行銷的投入，是連自己的一舉

★《王道：行銷 3.0》（王寶玲著）

一動都要計算至其中。曾經上過政論節目的兩位小編，雖然是截然不同的個性與風格，但一致的是他們對韓國瑜的追隨，以及對自我信念的堅持，更重要的是他們表現出的謙卑與感恩，讓他們不只個人的人氣魅力暴漲，也同樣為韓國瑜達到加分的效果。

✪ 賣菜郎 vs. 館長

韓國瑜在小編的精心策劃下，拜訪網紅館長陳之漢無稿訪談，兩人互動熱絡，創造不少網路聲浪，陳之漢卻因此備受批評。對此，他在 Facebook 上公開表示：「被韓國瑜害得很慘，被汙衊說高雄人都是乞丐，想幫社頭人，也被汙衊，說是在詆毀社頭。如果上任後，貪汙不做事，一定揍你。」當晚韓國瑜也留言回應：「館長，我如果貪汙的話，你不用揍我，我一定提頭來見！」

影片傳送門

✪ 競選 MV《高雄ㄟ讚》

韓國瑜的網路小編透過改編知名主題曲《西螺七劍》，打造出韓國瑜熱愛、用心了解與推廣高雄在地的觀光、美食，透過歌曲與影片，深刻的召喚出老一輩的印象與記憶。

影片傳送門

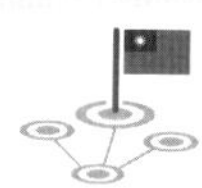

✪ 禿子洗頭記

韓國瑜分享自己理髮、洗頭的影片，過程中和身邊、鏡頭前的人輕鬆地聊天，還自嘲許多網友肯定沒看過禿子洗頭，笑說：「我們禿頭也是有尊嚴的！我們也很注重頭髮！」而後暢談著自己的心情與想法，吸引了將近十萬人的線上觀看。

影片傳送門

❶ 韓國瑜的網路小編們收集各類時事與新聞作為行銷素材，不管是稱讚、讚美的還是抹黑、謾罵的，韓國瑜的網路小編們都繪製成短篇消息來感謝或自嘲，後來陸續推出網路直播來吸引年輕選票，直播內容五花八門，從吃滷味到洗頭，應有盡有。

❷ 曾有韓國瑜非官方的粉絲團攻擊對手候選人陳其邁，使陳其邁陣營要告韓國瑜的粉絲團，陳其邁提醒韓國瑜不要躲在年輕小女生的背後，引起媒體帶風向波及韓國瑜官方粉絲團，激得韓國瑜團隊的網路小編跳出來澄清，上政論節目與來賓們展開激烈的辯論。

4 Talking and Speaking Skills 韓國瑜的言談應對方式

「韓國瑜的語錄」大概是九合一選舉結束後，最為人津津樂道的話題之一。韓國瑜曾經在造勢大會上分享過一個故事：「一個女的原本說絕不要嫁，但年紀到了，就嫁過去，連生4個孩子後，她卻說不想回去娘家了。」韓國瑜將自己比喻為那位不願出嫁的女子，過去國民黨中央黨部安排他當高雄市黨部主委，但高雄對於他而言，是個人生地不熟的地區。結果沒想到他一來，因個性直爽又阿莎力，他與高雄相遇有如「天雷勾動地火」，成為關係緊密的一家人了。

這麼簡單的一個故事分享，可以充分感受到韓國瑜說話直接又坦白的個性。因為他在各公開場合談話的內容、善用比喻、說故事以及引經據典的能力，常常拋出一些有梗又好笑的短語，讓全台灣的人民眼睛為之一亮，覺得官場上怎麼還會有這樣的一個奇葩，還真是新鮮。

有人說：「聽韓國瑜講話真的會一直想聽下去，他不會用矯情繞彎的詞彙，但是透露著誠懇，反而聽了之後後勁十足。」韓國瑜這種百無禁忌的發言、直來直往的說話風格，雖易引起兩極化的評價，卻又恰當地切中現今網路世代的喜好。

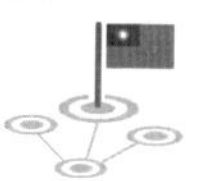

韓國瑜言談中出現的特質與風格

雖然韓國瑜創造出很多有梗的標語、短小精悍的說明解釋，但是他帶來的爭議也同樣不少於他風趣的那一面。韓國瑜的發言方式，被其他人稱為：「發言不忌口，先衝再修。」形容他總是先放一聲大砲，回頭才開始整理那些被大砲打過的地方，在整理的過程中順便談談自己的想法，包括為什麼要放這大砲的原因，總是先使人印象深刻之後，再令人不得不聽他一邊收拾一邊解釋自己的政見。

像是韓國瑜在一場婦女後援會的成立大會上，說出：「只要有人到高雄投資、提供 1,000 個工作機會，我就親對方一下；提供 1 萬個工作機會，我就以身相許、陪睡一晚。」此話一出，立即被猛烈抨擊。雖然以年輕人的角度來看這番話，會覺得有趣、開個玩笑、沒什麼要緊，但是對於習慣以高標準檢視行為的政治人士來說，這絕對是一個必須嚴厲譴責、批判的不當行為。事後韓國瑜重新修正自己的說法，變成「陪泡茶聊天一個晚上」，這樣讓全人民震驚之後，再冷靜地慢慢修正，順帶附述自己要發表的政見，成了韓國瑜說話的一種特質與方式。

又如韓國瑜選戰期間曾說過，要在愛河旁蓋「愛情摩天輪」，這又震驚了各界人士。大家以為他要將高雄發展成為情色產業的地區，待所有目光都集中到他身上時，他再慢條斯理的解釋說，他的政見是要結合高雄的觀光，打造適合情侶來玩的愛情產業。

他總是一個接一個地爆出一些驚人之語，隨後再慢慢進行調整與修正，接著提出真正的政策與對高雄市的政見安排。他說：「只是文字表達、博君一笑，沒有其他意思。」這樣的說話模式，成為他專屬的特色。同時也招來對手的猛烈攻擊，進而一次聚集所有媒體焦點，成為宣傳下的最大贏家。

而韓國瑜能隨時脫口而出金句、名言，這都與他平常博覽歷史人文書籍、典籍有關。具有知識文化的人，總是容易令人欣賞，而且比起一般政治人物的禮貌性冷淡、官腔，韓國瑜的直白語言反而更加吸引基層民眾。他總能把複雜的政見化作簡單「口號」，三言兩語就說完。他還曾驕傲地說道：「這些95%到99%都出自我的腦袋瓜，我一人自創的。」、「高雄追求發展不用追求莫測高深理論，一句話就講完。」

這些言論使他被民眾推為說話最有魅力的政治人物，韓國瑜不僅成功地塑造了專屬形象，也順利地將自己行銷出去。韓國瑜的庶民語言，或許沒能得到政壇大老的肯定，但是卻會贏得普羅大眾的認同，而選舉，本來就不是少數人的事。

韓國瑜在談話中表達的重點

雖然韓國瑜總是拋出一些天馬行空的議題、話語，但最後他都會重新給你一種不必拘泥、不要限制住自己想像的空間。他是認真又誠懇地談高雄願景，在你面前把問題丟出來大家一起討論，塑造一種勇於面對問題的氛圍。

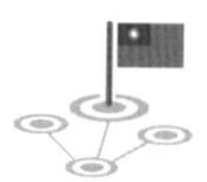

有的人認為韓國瑜總是丟出一些既無賴又不負責任的發言，不是每個人都願意買帳他這種「先衝後修正」的風格；有些人主張事實跟邏輯同樣重要，但不是每個人都是理性且願意講道理。真實的社會現況是：「有邏輯道理，不一定有說服力；但是一個明顯的錯誤，才真正具備『說服別人不要犯』的力量！」

因此，有一種談話技巧就是——在說服別人的談話過程中，寧願講「誇大的錯誤」，也別說「弱小的事實」。這是一種對於實際存在的錯誤，去誇大、放大事實的影響，讓人去重視問題的本身。韓國瑜就是這樣，他說：「高雄又老又窮」、「民進黨執政二十幾年，經濟只有衰退」，這讓網友、高雄市民、對手陣營及專家學者們注意到他故意誇大或說錯的部分，而這些人對於這些話持續進行討論、分析錯誤，一方面可以達到為韓國瑜宣傳的效果，一方面又可以吸引大家正視問題本身存在的事實，一舉兩得。

韓國瑜提出的政見很多都被媒體、名嘴跟對手政黨追著討論與推翻，恨不得指著他的鼻子嘲笑與揶揄，像是：「高雄的摩天輪建得起來？高雄真的又老又窮嗎？民進黨執政期間政績真的這麼差嗎？」許多人立刻就拿出數據來反擊，但是韓國瑜完全沒在管這些批評和指責，因為當人們把精力專注在你提出的想法、反覆地辯論與爭執時，就會深刻地記住這種想法、問題，越多人參與討論，這個議題的重要性才會被看見，才能有更深入討論的契機。

藉由這種方式，他的想法在人們心中的重要程度就會跟著提高，因為他說的話是如此重要，才會被全台灣的媒體、人民、對手政黨輪番討論，這意味著，他說的話非常有分量，他是一個重要的人物。所以當這些話題與風波不斷產生，都是在強化韓國瑜的聲量，搭配上他在活動現場擅長的精神喊話與熱情表現，成功地讓韓國瑜提升成是一種新風格的象徵。

說了這麼多，其實韓國瑜就是要摒除搞心機的政治鬥爭，使高雄市可以全心拼經濟，引領北漂的高雄年輕人重新返鄉，讓高雄重回台灣第二大首都的寶座，所以他在競選期間，也明定禁止任何與意識形態有關的抗議活動。他要塑造出個人說的話是有足夠的分量，同時討論度跟記憶度都極高，代表他不需要靠意識型態的活動、抹黑對手的政見這種方式，就可以與選民溝通與互動，得到選民的認同與支持。

因為「情緒」比「事實」更能用來說服人，習慣性批判韓國瑜的反方，總是透過眾多的數據與邏輯來證明他的錯誤。他們用專業的角度來闡述韓國瑜根本不了解高雄，想證明韓國瑜提出一堆不合理又無法推行的政策等等。但誰在乎呢？每個人在意的、喜好的與接受的類型本來就不同，就像一餐高級料理的推出，不見得全部人都會買單啊！

對某些人來說，該怎麼正確、有效的拼經濟，與他的生活無關，這些困難的問題不是他生活上該去擔心的事。但是，如果是透過情緒的營造，對那些害怕陷入經濟恐慌的人來說，高

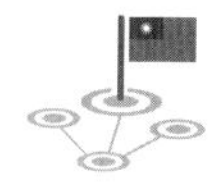

雄的經濟繼續惡化下去，生存就會受到威脅，這就跟自己息息相關了！

所以為何說情緒比事實更能說服人，當一個人無論是陷入喜悅、憤怒還是害怕，一但他落入了情緒當中，他便再也聽不進去任何道理與邏輯。這些情緒中，以「恐懼」最為厲害且難以克服，尤其是和生存相關的恐懼，這種情緒力量遠勝過理性與事實。將經濟問題轉化為對未來生存的迫害與恐懼，生活在高雄的人們會不自覺地將自身代入其中，接受恐懼的洗禮。

韓國瑜帶來的政見轉變、重點，跟其他人相比其實並沒有什麼不同，但是他提出的拼經濟方式，還有誇張了過去的事實與可能的未來，比起實際執政二十多年的民進黨還更加具有說服的力量。

應對的技巧

很多人會認為，一個人的應對能力，在出生時就已經註定了。事實上，從科學的研究角度上來說，並沒有「擅於應對」這種天賦。那些應對如流、舌燦蓮花的人，其實也不過是因為透過學習，懂得一些技巧而已。這些技巧並不難，也沒有學習上的門檻，任何人都可以學會。

如果你想要擁有好的應對能力，便須要學會以下的技巧：

第一，主動開口、獲取注意力：一個主動積極的行動，才有可能成功地吸引對方注意，當對方注意到你之後，才有接下來談話的機會。

第二，拉近關係、尋找共同點：在一場談話之中，想要與他人快速拉近關係，最快的方式就是談論彼此的共同點，包含興趣、來自哪裡、職業、相同的語言等等。

第三，符合主題、不離題：每場談話都有一開始發展的主題或議題，在過程中提出有效的問題可以促進彼此的交流與交談，若是隨意的岔開話題或是分心，就會使對方感到不被尊重。

第四，真心、具體的讚美：人性中最深刻的本能，就是被欣賞的渴望，每個人都期望得到他人對自己的讚美，但又不喜歡胡亂的奉承與討好。最能被接受的讚美就是具體稱讚自己做了哪件事、身上的哪個特質真的很令人喜歡等。

第五，讓人認識自己：在談話的過程中，需要自然又不刻意的自我介紹，些微的自我透露，能夠使他人更快的走近並了解自己。

第六，談話最終的作用在於影響力：每場談話必有目的，這裡所指的目的非狹義所稱具有利益的，而是在這場談話中，有所收穫或者是達到宣傳的效果。

透過上述分享的技巧，可以很明顯地了解——一個人的應對技巧是可以因為練習與重點改善而提升。你需要花一些時間，來改變從小到大、根深蒂固的談話習慣。同時，也要避免以下常犯的錯誤：

第一，不注意傾聽：拼命、急切地說著自己想說的話，完

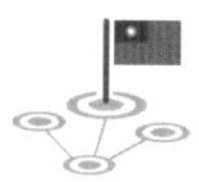

全不管對方說了什麼或是願不願意聽，只會搶著發言，一股腦地傾倒自己的意見與想法。

第二，太多的問題：過多的問題會給人一種被審問、考核的感覺，容易讓人感到不舒服，所以在談話過程中應注意避免問太多的問題。

第三，尷尬冷場：交談中最怕的是場面突然變得安靜，那是一種發自內心感受到的手足無措，不只是對方，就連自己也會受到影響。

第四，爭論誰對誰錯：遇到有是非對錯的話題，很容易就與他人產生衝突或爭辯。此時若與人爭論高低，不但會毀掉這場談話，還會失去一個願意傾聽自己說話的人。

第五，乏味、不接話、不積極：這不只是自己表現出無聊又疲乏的狀態，影響他人這麼簡單，還包含他人對你現狀與實際心情的錯誤猜測。

談話的最高境界——說服

「先理解，再領導」，只有先理解對方心中所想，才能真正地說服他。「說服」，是指用理由充分的話開導對方，使之心服。很多人會覺得自己不需要去說服別人，因為沒有這個必要，信者恆信，處的來、有默契的人就會聚在一起。但是事實證明，不論處於什麼場合，說服力已成為生活中必備的技能，包括：演說、報告、推銷、談合約、提案等等。尤其在職場上顯得更為重要，說服力的強弱幾乎與優秀的工作能力呈正相關。

提到說服力，通常會立刻聯想到這場談話肯定需要專業的數據、證據來輔助。但依據研究卻發現，比起一個人滔滔不絕地展現專業，反而是大放厥詞、誇張的形容與描述更具有說服力，因為人性會自然的把自信、從容和專業視為相等。所以，比起常說「我認為」，還不如說「我相信」更能增加說服力。

要說服一個人，還包含了幾個重點，像是留個停頓時間給對方思考；其次，確保自己的論述是對的，且能簡潔有力地告訴對方，同時能夠應付他人拋出一個又一個的問題。以下是幾個增加說服力的方式：

第一，歸納重點：一場說服人的談話，歸納出來的重點最好以不超過三個為原則。若準備太多的理由，反而易使對方對這場談話失去注意力與興趣。與其長篇大論，不如直攻最重要的談話重點，盡可能地渲染與放大這個重點，然後將相對薄弱的論點隱藏起來。因為當你講的越多，就越有可能暴露可被攻擊或抓住話柄的弱點，導致整體談話浮現出負面的感覺。

第二，確認說話的順序：在談話的過程中，邏輯的先後順序也非常重要，當然掌握住自己的談話節奏也是說服的關鍵之一。

第三，區分事實與個人意見：人們都怕被誤解，所以當需要說服與使人理解一件事時，一般人總是先說自己想說的話，反而混淆了談話的重點與事實說明。所以在談話開始前，務必

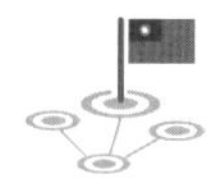

事先弄清楚哪些是事實，哪些則是自己想說的話。

第四，抓住對方的回憶：科學家們研究發現，人們對於「自己的回憶」有很強的信任感。如果你在說服的過程中，可以勾起對方的回憶，則會加深對方對此次談話的印象。

★推薦書籍：《無敵談判》（羅傑·道森等著）

第五，建立熟悉感：除了抓住對方的回憶之外，還有一種方法可以加快聽者對你所說的話產生連結，就是——掌握對方熟悉的事物。因為人們對越熟悉的東西，接受的程度就越高，像是各國的文化，你第一次接觸到外國文化時一定會感到既不熟悉又不習慣，但當你在國外接觸到台灣的美食或文字時，莫名就會產生熟悉感。

從韓國瑜的說話學習應對技巧

很多人說，韓國瑜的說話風格旁人是學不來的，若不是從他口中說出，單看這些話都會覺得違和與詞不達意。以韓國瑜的談話來看，並不是說只能學習到接地氣、鄉土用法、本土口音的說話方式，而是可從中看見，每次韓國瑜在發表言論的時候，他使用了哪些應對的技巧。

前文已提過很多韓國瑜公開演說的範例，這裡來分享一下韓國瑜選前深夜最後一次直播影片內容。

在影片當中，他首先帶出自己一年前在高雄市擔任黨部主委的環境，和女兒與網路小編們一起在一個小小的隔間裡大家談心，他透過直接勾起大家過去回憶的方式，拉近彼此的關係，然後與大家連結同樣在高雄生活過的記憶、建立熟悉感，作為開場。

接著，韓國瑜幽默地提到競選的當天，本來的意圖是召集幾位跟自己一樣的禿子進場，自嘲的表示想要用來照亮會場，卻沒想到報名人數滿溢。他以一個有趣又不制式化的方式揭露出己方的支持人數和召集能力，也算是不露痕跡的自我表揚，讓觀看的人可以感受到韓國瑜背後支持的力量，以及實際拚選出來的人氣與民意，藉由這樣的場景默默地吸引和拉攏觀看的中間選民們。

然後，他提到自己絕對不忘初衷，會永遠記得從沒有人認識，到萬頭攢動、聲援的民意。這些人對他的期待，不管現在還是未來，即使他沒選上高雄市長也不會忘記。他以這樣的一個點，作為選前深夜談話重點，將這幾個月來的努力與打拼，做集合性的總結，使民眾更加了解他、感受他說話的真心、理解他真心想要為選民服務的心意，讓人可以看見、聽見，並與之共鳴。

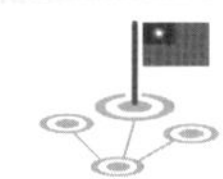

✪ 回首來時路，莫忘初衷

影片傳送門

韓國瑜選前深夜直播影片，邀來女兒韓冰和網路小編入鏡，吸引了 7 萬人同時在線上搶看。同時直播的地點，就選在高雄市黨部的小房間，也是他過去在高雄擔任黨部主委暫住的地方，透過這樣的談話影片，韓國瑜要告訴大家他絕對不會忘記初衷。

5 Personality & Charm 韓國瑜的個性人格魅力

成功可分為三個向度：「先天」、「後天」與「借天」，而先天的天賦與後天的機遇都是可遇不可求的；有些人生下來就是註定有好的運勢和好命，但後天的心態與向天借運的勇氣跟行動，是可以掌握在自己的手裡，也就是說——絕大部分的成功因素，是取決於一個人的性格。想要成功，就要從心態建設開始做起，樹立合理的目標並強化自己的行動力。

2018 年九合一選舉，一開始完全零資源、也最不被外界看好的韓國瑜，在選戰期間瘋狂博得媒體的報導版面、攻佔各網路平台，他敢說、敢嗆，針對問題更是直言不諱，單純又專注地宣導自己的理念。他，究竟是一個什麼樣的人？是怎樣的個性，能讓他在眾多政治人物當中，鶴立雞群、獨佔鰲頭，在這內外艱困的選區中，脫穎而出走上王座？

韓國瑜的個人特質與魅力

韓國瑜曾經自喻是清朝著名的左宗棠將軍❶，他說：「左宗棠好不容易熬到 49 歲，清廷終於賜他番號，但他空有番號，沒有糧草……。」用左宗棠自喻，韓國瑜是在感嘆高雄市長選舉

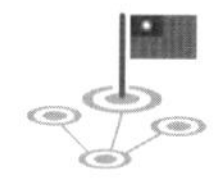

的困難。國民黨部希望他南下，卻沒有給予任何資源與協助，可也正因為他是國民黨當中近乎被遺忘的一位邊緣人，這才讓社會大眾對他產生好奇，有新鮮感。

短短半年時間，韓國瑜旋風式地席捲全台，他成了國民黨各縣市候選人力邀站台的熱門人物。這一波風潮被外界戲稱「韓流」，而這股韓流的興起，源自於韓國瑜那敢給、敢要求、勇於開玩笑、為個人行為承擔與負責的個性有關。

曾經與他共事過的員工們，對他的評價褒貶不一，但是都有個共通點就是——韓國瑜在領導層面上，確實有讓人信服的能力。而他能使人信服的最大利器，就是他照顧、保護自己人的行動，以及善待自己員工的用心，只要能夠一起獲得、達成目標，那麼成功的果實就是大家一起分享。

在這樣的領導理念下，韓國瑜手下帶領的兵將們各個面對問題都積極且毫不退縮，皆以擁護自己的領導為唯一目標，這也是「為何韓國瑜底下的人都忠誠又專注地在本份工作上」的原因。

「如果我貪汙，我將放棄假釋，在牢裡把我關到死！」一位政治人物敢在公眾面前，用這樣激昂的語氣和用字來表達心中所想，韓國瑜大概是近年來的第一人。韓國瑜敢衝、勇於做自己的個性，也成為競選期間網路行銷宣傳模式當中受歡迎的重要因素之一。為了要抓住年輕一代的選票，韓國瑜把自己親民又容易交朋友的特質發揮地淋漓盡致。

他透過各種話題、活動、主題的網路直播來做分享，在影片當中幽默有趣的表現自己，同時簡單又快速地帶到自己看待事情的見解，進而連結到打造高雄的未來。透過即時直播的特性，面對對手或主持人犀利的提問與質疑，韓國瑜就如同平常聊天般，大方又穩重的闡述自己的觀點。

其實這種即時性又無法間斷的網路直播，放眼望去政治界還真沒有什麼人敢來挑戰，原因之一是現場發言很容易出錯。在政治生態中，只要說錯一句話，便可能因此被迫結束政治生涯；另外，直播的成效也難以預估，很可能造成「收支不平衡」的狀態，再加上競選的行程都是「排好、排滿」，最後導致候選人沒有時間與體力進行直播，也成為眾候選人不敢挑戰的原因之一。

每一次新聞播報韓國瑜的消息時，都主打凸顯他的個人魅力。別人不敢做、不敢說的，他勇於指出，甚至不惜用強烈的字眼與邏輯來作結論與批判。面對外界的攻擊與質疑，反過來用正面、包容的情商來處理，這種處理方式不只達到宣傳自己的效果，又能提升他在大眾眼裡的形象與水準。

相較於過去的政治候選人，強調含蓄、低調，並帶著一絲禮貌性的疏離，韓國瑜卻截然不同。他不只鄙棄，甚至還大聲地抨擊時弊，展現自己獨特的行事作風，儼然成為政治圈中的一股清流。這種充滿攻擊性的虛張聲勢，從軍事上來說是屬於一種策略，包括韓國瑜後來以自嘲、自黑的方式——別人都還

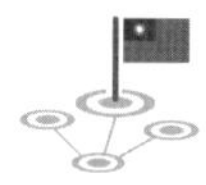

沒有開始質疑他，他就先評判自己——都是屬於最佳的防禦選擇，這也導源於他善於掌握慣性與預判問題的能力。

研究韓國瑜的個性，可以看的出來他是傾向「外向型」的人格。他所散發的精神與精力，包含專注與聚焦的目標，都屬於外在的世界、表面看得見的樣貌，如他喜歡結交朋友❷、喜歡與人連結，以及擅長口語、演說的表達，甚至於總是先行動、發言，然後才來做調整修正，這些都可以視為韓國瑜極度偏外向特質。這些外向的人，性格上就適合與人群相處、打交道。從行銷的角度來說，韓國瑜的這項特質非常適合搭配外放型的行銷模式，所以他上節目、與各方訪談、拍攝直播節目，都是將他性格上的優勢發揮至最大。

順帶一提，外向的人容易使人感受到他的情感表現，所以這一點對於韓國瑜在高雄競選時，很快地就被南台灣的選民所接受，因為南部的民眾相對於北部來說，因地裡、氣候、開發重點與時間等環境因素影響，渾身上下充滿著南部特有的熱情與純樸。

南部的民眾看著這樣一位喜愛交友、隨時把身邊的人當自己人、每次握手見面都很激動與真情流露、動不動就和自己有共同的語言且隨時隨地就能迸出精闢看法的政治候選人，不免地也多了幾分關心與熟悉，漸漸地產生欣賞與喜愛。

而外向又充滿情感的人，做決定時常會以人為本，會關注團隊或組織的價值觀，願意花時間去理解和觀察他人，這一點在韓國瑜身上可以說是充分展現出來。從他過去在北農擔任總經理，對員工的關懷與照顧，到後來競選高雄市長時，將注意力集中在高雄市民的和諧與包容上，不吝嗇表達對他人甚至敵人的欣賞與關懷。這樣的人在他人眼裡便顯得大度又豁達，凡是樂觀又正面積極的人，很難不令人喜愛，這也是韓國瑜後來深受民眾喜歡的特質之一。

韓國瑜的性格中還有傾向直覺反應的特質，「感覺」與「直覺」是在說明我們對於訊息的接受與反應模式，感覺型的人注重「事實」，而直覺型的人注重「可能」。屬於直覺反應類型的人，他們可以從資訊中看到抽象的可能性、各種事件的關聯和延伸意義，這樣的特質反映在韓國瑜常說出天馬行空的話語當中——「打這場選戰，連一碗滷肉飯都沒有」便是直覺型的人容易將看見的事情做關聯的例證。所以他們善用概括或比喻的方式來說話，總是進一步想到下一個可能發生的事件與問題，彷彿生活在未來的時空下。這一點可從韓國瑜追求變化、新鮮的標語創造中看出端倪，他總說這些想法都在他的腦袋裡，他喜歡使用富有想像力、新奇的方式來解決問題或與人溝通。

所謂成功與邁向王座

想要成功，一個人的性格決定了是否能夠成功的絕大因素。英國作家毛姆曾說：「一個人失敗的原因，本身的性格缺點佔了極大的比例。」以貼近生活的例子來說明，一樣年齡的學生、

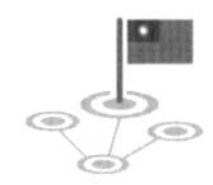

念同樣的課本、從相同的老師獲得相同的知識，但是學習的成效也會有所差異；又或者，在職場當中，做同類型工作的員工，卻有著不同的薪水待遇和未來前途發展。

這些差異，往往是起因於每個人的應對態度不同，這源自於每個人的性格。有些人在遇到事情時會積極向上、努力尋求解決的辦法；但是也有另一波人，會消極面對，採取得過且過的心態來處理，這些差異便造成了「何以有些人能在事業上嶄露頭角，而有些人卻只能庸庸碌碌過一生」的結果。

「每經一事，必長一智」，這是所有成功者都會分享的經驗。在往目標前進的道路上，每個人都會遇到諸多挑戰與困難，每一個跨越、克服的寶貴經歷，都是得來不易的實戰機會，唯有透過這些磨練和考驗，才能使成功者的心態更加成熟與充滿智慧。

「成就始終來自於人性。」成功者的特質——堅持、努力、進取、謙卑，這些並非是他們出生就帶有的個性，而是經由日常生活與考驗逐步磨練出來。成功性格並非命定，是可以經過刻意練習與培養而來的，而性格的修正也沒有早晚之分，只要願意開始，始終都來得及。

想要成功地改正性格，其中的關鍵在於「減少抱怨」。與其花一段時間抱怨身邊周遭的不公平、不順利，不如及時找到方法解決，學習克服困難的方式。也許你的嘮叨與抱怨是想獲得同儕、周遭人的注意和同情，但當你抱怨越多，身邊的人就越會產生反感，畢竟沒有人會想浪費自己的時間去聽一些負面沒有幫助的言論。

子曰：「不怨天，不尤人。」這是在形容一個人遭遇挫折時，能自我檢討反省，既不抱怨上天，也不責怪他人，對於自己的不滿足會用豁達、宏觀的視野來自我抒解。

懂得把生活遭遇到的怨念，轉為正面思想的人，決定了他是否能站在成功的道路上。想要成功，情緒的自制是很重要的前提，如果一個人時常處在憤怒、恐懼、憂慮或害怕的情緒當中，根本無法思考事情的現實狀況與進行邏輯推理，更別談預期未來的發展了，因為他使自己耽溺在負面情緒的漩渦當中，連帶影響周遭身邊的人，俗稱的「掃到颱風尾」，就是很典型的將情緒牽連給無辜之人身上的行為。

轉念把握機會，克服膽怯

在明白自己性格上可能會有的缺失，進而調整與修正後，你還必須擁有堅持下去的勇氣。清末商界奇人胡雪巖曾說：「一個人的成功要靠四識：知識、見識、常識、膽識。」知識只要願意打開課本、採取行動就可以學習到，而常識與見識更是透過生活或工作的經驗累積來獲得，至於想要超越一般人抵達成功，就在於你有沒有膽識。

胡雪巖曾經為左宗棠完成眾人眼裡看似不可能、完全無希望的任務，胡雪巖為左將軍籌募了近 1,195 萬兩的白銀，直逼整

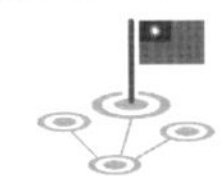

個清朝欠債數字的一半，這才讓左宗棠能順利的帶兵打贏勝仗。在所有人都感到膽怯、喪志的情況下，胡雪巖頂著承擔失敗的壓力，仍勇於行動，這是他願意進行一場充滿膽識的挑戰，在認清問題規模和風險樣貌之後，經過縝密的思考，接著義無反顧地投入其中，明知不可為而為之。

如果你想要過更好的生活，就必須具備冒險的性格。恐懼往往不是來自外界的事物，而是源自於我們的內心，因為它代表了接下來發生的事情可能會破壞現有的安穩，甚至會帶來損失與破壞。

「不可能不是事實，而是一種觀點。不可能不是宣言，而是一種膽量。不可能意味著潛力，不可能只是暫時的。」這是一名偉大的職業拳擊手穆漢默德·阿里提出的概念，他秉持著這樣的理念，創造了無數稱霸拳壇的神話與傳奇。很多看似不可能的事情，其實是因為沒有採取行動，只要願意去嘗試，凡事都有可能發生。對「不可能」的超越，才是最華麗的生命樂章，是人生經歷中最輝煌精采的記載。

想要成功，就得提高對自己的信心和勇氣來克服恐懼，同時還要為自己不行動的藉口說「不」。相信對許多人來說，常會有對自己已經計畫或規劃好的事情，選擇放棄或者拖延的情況發生。不管規劃得多周全、說得多精采、你的性格特質與天賦有多優秀，只要不去實行，這些理想與計畫全是空中樓閣，看不見也摸不著。學著拒絕「等一下」，接受「現在就行動」，才能幫助你在追逐成功的過程中，永遠跑在別人前面。

成功者的習慣

一個人一整天的行為模式中，只有5％是屬於非習慣性，剩下95％的行為全都是習慣。所有的習慣性行為都是從非習慣性行為演變而來，因此有人說：想要培養一個新的習慣，就是每天連續重複去做，連續28天時，身體和大腦就會接受且習慣這項行動。要讓習慣成自然，最重要的就是為這項行為設定時間表，每天強迫、提醒自己要去完成，剩下的就交給時間。

亞里斯多德也說過：「人的行為總是一再重複，因此，卓越不是單一的舉動，而是一種習慣。」以下跟大家分享成功人士的幾個重要習慣：

第一，未雨綢繆：提前將當天、當月重要或必要事項列出，依照性質來分配時間。成功的人時間都很寶貴，每天都有課題與必須完成的事情要做，所以成功最重要的步驟就是掌握好時間管理，有條不紊地持續處理、工作，才能有效的利用時間，增強對事物的掌控、處理問題的信心，這對於個人的滿足與成就感也能大幅的提升。

第二，孜孜不倦：「無知令人感到害怕」，無知的人對自己身處的環境、現況一無所知，他表現出來的樣子，會令身邊的人漸漸遠離，所以唯有持續不間斷地學習，才能使自己適應社會、超越自我不被淘汰。

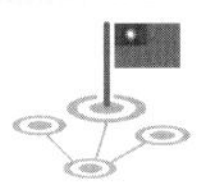

第三，當機立斷：除了有知識、有膽識以外，成功人的特質還包括決策的速度。為什麼你總是在後悔沒有把握機會，每當情況發生時，就會失去判斷與下決定的能力？這是因為你對於各方的狀況不理解、對自己的價值和信念不夠有信心。平時就該建立自己下判斷的系統性機制和隨時模擬問題發生的情況，透過經驗長期的累積，讓自己的思路更加周全，這樣遇事時才有靈光乍現的判斷力。

第四，保持冷靜：什麼樣的心態，決定遇到問題後會產生什麼樣的結果。所以常言道：做大事者忌浮躁，強調修身養性的重要。亦即成功者得學習隨時控制自己的情緒，臨危不亂，不被情緒牽著走，要冷靜且沉著，這樣才能拉高自己的處世格局。

第五，虛懷若谷：雖然現在是人人都能是自媒體的時代，但並不代表你可以無限上綱，任性地做自己而傷害他人。一個人若是過度張揚，是很容易受到他人的排斥與厭惡。一個謙遜有禮、大智若愚的人，才會獲得眾人的賞識與肯定。

成功者的真聰明

真正的成功者其實不會將自己的光芒外放，反而會收斂自己的羽翼，只有當需要的時候才展開專屬自己的光輝。道家的老子主張「無為」，說明若是人民皆有大智若愚的智慧，知可為與不為，自然會形成一種無為而治的社會環境。一個人的完美、博學、敏捷、聰慧、靈巧、善辯，要是表現到極致，反而會顯得咄咄逼人、充滿壓迫感，對於邁向成功是一大的阻礙。

因此老子才會強調應磨平這些過於尖銳的稜角，圓滑、柔弱的態度能勝過剛強，但要當聰明人已經很難了，還要聰明地偽裝糊塗，這簡直是為難人。正因為這分寸的拿捏是如此地不容易，才能顯出成功者與失敗者間的差異，所以說偶爾耍笨才是真正的聰明。凡事得饒人處且饒人，既可避免對方惱羞成怒，不顧一切地進行反擊，又可以提升自己的境界，何樂而不為呢？

常言道：「滿招損，謙受益。」就是在說驕傲的人最後必定會失敗，而盛開到極致接著就要迎來衰敗，如同月亮有盈有缺，這才是一個平衡的大道循環。若是一個人特別依賴自己的聰慧、天賦，又或者是己身的財富權勢，過分的炫耀與招搖而不知收斂、恣意妄為，最後都將落得身敗名裂的下場。古代歷史中，太多因鋒芒太盛而惹禍上身的例子，像是漢高祖劉邦大剷異性諸侯、明太祖朱元璋火燒慶功樓等。

「花要半開、酒要半醉。」就像人常說吃飯吃個七、八分飽一樣，過了頭就是失態的開始，容易耽誤大事、鑄成大錯。成功者懂得拿捏隱藏與彰顯光芒的分寸，懂得適時掩蓋自己「會」的本事，一方面是為了遏止自己自視甚高，一方面也是為了保護自我，因為你不知道，人性在嫉妒和貪婪之下，到底會做出什麼樣的行為。

除了稍微隱藏住自己的光芒之外，還要懂得藏起自己的弱

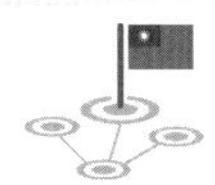

點，獻醜還不如藏拙。古代有篇非常有名的寓言故事〈黔之驢〉，就是在說原本老虎因為沒看過驢子，所以一開始戒備又小心，但是因為這頭驢子過度地展現自己的才能，反倒使老虎看穿了牠所有的本領和弱點，最後葬身虎口。「藏拙」便是認清自己能力的界線，不擅長的便不去觸碰，發揮自己擅長的專業領域，不隨意誇耀自己有限的本事，避免任何自曝其短的可能。展現藏拙有三種前提：

第一，必須建立在有自知之明上：藏拙的意義並非只是一味地掩藏自己——消極的退讓將喪失機會——而是經過客觀、謹慎的自我評估之後，在擅長的領域當中發展。因為能掌握全盤的情況，所以在發揮時才更能隱藏其他不足的技能，降低出醜的機會。

第二，必須進退合宜：藏拙的真諦是揚長避短，而不是隱而不現。一個人不可能在多個領域當中都成為箇中翹楚，仍會在某些領域當中充滿優勢，而在有些領域表現平平。所以掌握個人的核心專長，在適度時機去表現，避免過度藏拙使自己錯失良機而黯淡無光。

第三，藏拙下更要補拙：空有藏拙而忽略了補拙，還是難逃自曝其短的風險。生活上多的是我們難以預料、無可避免的挑戰和困難，藏拙不是為了逃避，而是使自己多出潛心修練、蓄勢待發的時間，待下次機會來時再面對挑戰。

改變世界的成功之力

放眼 21 世紀之後的稱王之道，成功似乎比過去更難、有著更多的要求，你可能會瞬時爆紅、獲得巨大的成功，也可能立刻重摔谷底、一蹶不振。處在這樣的環境之下，想要一步登天也不是不可能，其中的關鍵在於你能不能比其他人看見多一點未來的趨勢、比別人多出色一點。

「一張能說的嘴，是取之不盡的財富」你可以比別人多一點出色的地方，就是張開口，向他人分享、敘述、解釋自己。身處在這樣一個高速發展的社會中，除了前面提到的成功者特質、心態、習慣等基本要求以外，已經不能關起門來自己默默耕耘了，成功需要借助他人的幫助，透過人與人的脈絡和影響力來達成。

「張開口」指的就是口才、語言方面的表達能力。因應地球村、國際化的概念，不能只是會說母語而已，還要學會第二，甚至三個以上的外語，具備能與國際友人侃侃而談的口語能力。想要創造成功，人際關係就變得很重要，而建立與經營人脈，最重要的就在於溝通與談話。

在懂得透過口才來發揮自身的影響力之後，也別忘了「團結力量大」。若不團結，任何力量都是弱小的。除了把握好自己的朋友、建立團結的脈絡外，還要懂得消化來自敵人的攻擊。世上沒有一位成功者可以把全世界的人都變成自己的朋友，或者要求全社會的人與自己團結在一起。

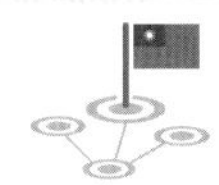

子曰：「三人行，必有我師焉。擇其善者而從之，其不善者而改之。」這適用於當你在看競爭對手時，對方宛如一面鏡子，看著對方彷彿就能看見自己的缺點，因為最強大的敵人，不管是能力、性質與反應，都與自己最為相似。懂得換位思考，選擇超越自我情緒，採取包容消化的方式面對敵人的攻擊，將敵人的力量轉化成為自己成功的力量。

★推薦書籍：《博恩崔西教你一年打造萬人團隊的秘密》（黃禎祥著）

21 世紀是一個沒有標準答案的時代，解決問題已經成為社會精英需具備最重要的能力之一。數位科技帶來的便利和效率，同時也衍伸了更多的問題與疑惑，成功者要能夠超越與跳脫舊有知識的理論框架與傳統經驗，用全新的觀點與視野去思考解決問題。有研究理論指出，可以透過「六頂思考帽」來打造無往不利的問題解決能力：

「白帽」：釐清問題。德國物理學家海森堡說：「能夠提出正確的問題，已經解決了問題的一半。」他明確表示是否能理解問題本身的存在、問題的本質，就已經是邁向解決問題的重要一步。

「綠帽」：思考解決方案。發揮各種創意思考與冒險性的想法，這個步驟就是要跳

★推薦書籍：《問題解決術》（王寶玲著）

脫一般的框架，不被侷限。運用舊有的經驗與新知的結合，交互碰撞擦出新的火花，也許就能產生創新的解決方式。

「黃帽」：評估解決方法的優點。將解決問題的數種方法列出後，從樂觀正面的角度來觀察這些方法的可行性，如使用了會有什麼樣的益處，同時也要思考問題是否能夠被這種方法完全解決或能解決到何種程度。

「黑帽」：評估解決方法的缺點。剛好與「黃帽」相反，此階段的思考反而要判斷那些解決方法是否伴隨著其他風險，以保守且謹慎的態度來評估實行後的缺點會有哪些，包含額外增加的危險與成本都得列進考量。

「紅帽」：對問題的直覺判斷。當解決方法經歷前面幾種階段的考核後，就交由自己的直覺或情感來決定執行方案，這中間的情感可能包含對過去類似經驗的感受與當下資訊收集的判斷。

「藍帽」：總結解決問題的方法。在實踐選擇後的解決方法之前，還得再經歷一段冷靜的理性評估。整合上述所有的過程，統整出一個結論來擬定行動。

從韓國瑜的個性看成功之道

2018 年 12 月 25 日，韓國瑜正式就任高雄市長，他以詩人余光中的〈讓春天從高雄出發〉作為演說開場，演講會場使用高雄在地的農產品裝飾，充分展現發展高雄經濟的決心，過程

還摻雜一小段英語演說，最後高喊「高雄來了」作為結尾。這是韓國瑜走上成功王座最好的證明，透過向全高雄市、全台灣、全世界呼喊，他即將要邁向下一個成功的目標。

除了大方展現自己充滿草根性、接地氣的個性外，韓國瑜還隱隱地散發出屬於成功者獨有的特質，光是他做下「南下競選高雄市長」的決定，就已經打破大家主觀意識上不可能的局面。通過發表競選高雄市長的決定，全台人民都見識到了他的膽識，他放棄安逸、平靜的退休生活，只為了挑戰一次人生中的不可能。韓國瑜自己也曾說過已經沒什麼好失去的，但是在決定挑戰前仍有迷惘和害怕，是他的堅持與家人的支持，讓他可以挺過這場冒險的賭注，也因為他這瘋狂的冒險一搏，反而抓住能實現理念與價值的機會。

開始競選後，韓國瑜就發揮自己善交朋友的特質，廣結地方良緣，不斷地和民眾、媒體、其他政治人物打好關係，慢慢培養出自己的成功人脈，越來越多的人願意相挺、幫助他。人脈是成功者最重要，也是一種無形無價的資產。韓國瑜在高雄並沒有捷徑可以獲得與繼承，他只能透過自己一步步累積、經營，讓不認識他的高雄市民對他產生好奇，進而接觸、了解並支持他。韓國瑜不強求全市的人都要喜歡他，所以他能以最真誠、最直接、最自然的原貌去親近選民，這也無形中強化了他的個人魅力。

先不提成功之道最重要的口才，光是韓國瑜在面對對手陣營的抹黑與攻擊時，他選擇的應對方式和回應，都顯現出他過人的智慧與氣度。或許是因為他曾經歷過失業、不被重視的挫折，他將每一次失敗都視為是下一次成功的開始，並透過不斷地在錯誤和失敗的經驗中學習，才能走向成功之途。

「不經一番寒徹骨，焉得梅花撲鼻香？」這些實戰挫折使韓國瑜更能體會、貼近底層人民的心聲與需求。他將自己重新歸零，保持住平常心，不以過去的榮耀自居，選擇一切重新來過。歸零的心態有助於人重新定位人生的方向，或許就是經歷這樣的重新定位，韓國瑜也才能找回踏入政治的初衷、找回服務人民的精神與執念。

「少就是多」是設計界廣為流傳的時尚標準，這也是 20 世紀一種全新概念的翻轉。精簡到不行的設計掀起了模仿、流行的狂熱，它帶來的是一種化繁為簡、針對真實性需求的精闢設計理念，重新帶領眾人看見需求本身，同時提供解決的方法。韓國瑜也是這樣，他沒有本錢，也不甚喜歡過去政治選舉的風氣和方式，所以他向自己、向大家證明即使只以「一瓶礦泉水、一碗滷肉飯」參選，也能成功。這樣耳目一新的作法，成功引起升斗小民的注意。

星雲大師曾說過：「要做成功的人，得從老二做起；不強出頭，隨緣得分。」從小我們的社會就教育著我們要做老大、要拿第一，似乎只要高人一等就可以自詡為成功者。但是身為老大，就代表著後面有一堆的人虎視耽耽準備超越你，你若無

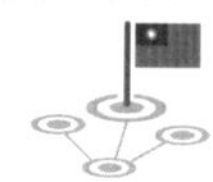

法拿出更特別、更新穎的東西，很快地就會被淡忘、被取代。

韓國瑜競選高雄市長也可謂是老二哲學，從民調小於20%，到急起直追陳其邁候選人的民調指數，最後超越對手成為勝者。老二哲學最重要的就是認清自己的實力，放下對權力、對第一名的執著和著迷，學習星雲法師所說的隨緣、盡力即可。

＊　＊　＊

韓國瑜的成功重新挖掘出台灣人民的熱情，他向大家證明了弱者也能翻轉成功。他的膽識、他的任性、他的勇氣、他的衝勁、他的機智，無一不讓人動容！他無懼反對者無理的控訴與不斷地扯後腿，一心只想帶領高雄的人民往前衝。就任高雄市長後，他用行動來實踐承諾，一張張的訂單，一波波的人潮，他將高雄帶到國際舞台上。這樣的領導者與執行力超強的行動團隊若能為全台灣的人民服務，豈非你我之福？

✪ 向世界呼喊：高雄來了！

影片傳送門

韓國瑜在 2018 年 12 月 25 日上任高雄市長，在典禮上宣誓，並發表就職演講，傳達自己將為高雄迎來春天、重振經濟的希望。盛大的就職典禮吸引外國遊客駐足觀望，韓國瑜也適時發表英文演說，成功將高雄推銷到國際。2020 韓總統擴大範圍，向世界大喊：台灣來了 !!

❶ 當時清朝的財政制度幾近癱瘓，欠下龐大的債務，至西元 1875 年為止，已經欠下 2,740 萬兩白銀。這表示著當時的清政府根本沒錢打仗，但是收復新疆領土又是迫在眉睫的事情，後來向新疆發兵的左宗棠，其軍餉、糧草，就是透過胡雪巖的幫助才能籌足打仗的資金。

❷ 2018 年 10 月 30 日，以「金庸」為筆名的武俠小說泰斗——查良鏞病逝，韓國瑜在當日晚間受訪時，先肯定「金庸的武俠小說對華人圈的影響力」，隨後又在媒體追問「自比為金庸小說中的哪個角色」時，正色表示自己的個性有點像《笑傲江湖》中愛喝酒、愛交朋友的令狐沖。

第三章

韓國瑜登頂前哨站——高雄歷史沿革

Prehistoric Era

史前時代的高雄

根據考古學家研究，台灣在舊石器時代晚期，也就是距今二、三萬年前已有人類居住，高雄地區最早的人類活動則能追溯至新石器時期。

從日治年間至西元 1994 年，就有 124 個以上登記在冊的史前遺址，涵蓋的時間範圍從六、七千年前的大坌坑文化，一直到距今 300 年前漢人進入高雄平原拓墾為止。根據遺址的分布，可以區分出新石器時代的大坌坑文化、牛稠子文化、大湖文化，以及金屬時代的蔦松文化等幾個重要分期。

時代	時期	北部	中部	南部	東部
舊石器	晚期	網形		長濱	
新石器	早期	大坌坑			
	中期	芝山岩	牛罵頭	牛稠子	繩紋紅陶
	晚期	圓山	營埔	大湖	卑南
金屬器		十三行	番仔園	蔦松	靜浦

根據高雄市政府文化局截至 2019 年 4 月的統計數據，高雄市文化資產數共有古蹟 51 處（國定 8 處）、歷史建築 54 處、考古遺址 5 處（國定 2 處）、文化景觀 6 處、紀念建築 1 處，總計 117 處，實為文化資產的寶庫。現在就讓筆者帶領大家一

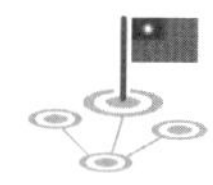

同探究史前時期的高雄遺跡吧！

舊城再現——鳳山縣舊城

種類：城郭	指定別：國定古蹟
建造者：鳳山知縣劉洸泗籌建	創建年代：清康熙 61 年間
地址：高雄市左營區埤仔頭街一號	
指定理由： 舊城的城壁材料使用硓咕石及三合土，城門洞以來自大陸的花崗石砌半圓拱而成，北門外牆上有神荼及鬱壘浮塑彩繪像，於民國 80 年（1991）全部整修完成，城外有拱辰井及土地公廟，東門外有護城河，建築十分完整，為台灣古城中較為特殊者。 （資料取自高雄市政府文化局高雄市文化資產網）	

由於清代時期左營被劃歸鳳山縣管轄，故稱為「鳳山縣城」。左營舊城為台灣第一座古城，保存狀況良好，面積也最廣。康熙 60 年（1721）朱一貴攻破鳳山，興隆莊（今左營舊城）縣署殘破不堪，為求自保，知縣劉光泗於 1722 年以土堣修建台灣第一座土堡，左倚龜山，右連蛇山，並設東西南北四門。舊城數次遭到戰火摧殘，遂將官署遷往埤頭街（今鳳山區）另蓋了一座鳳山縣新城，唯埤頭也不安穩，因此道光 5 年（1825）改建舊城，以咾咕石及三合土為主，城池範圍也將蛇山捨去，將龜山圍在城內（即放蛇圍龜），隔年新的石城落成。

左營舊城的西門已經消失百年，目前完好的只有東、南、北三門，但隨著自助新村（眷村）的拆除，2014 年 3 月挖掘出西門城牆和城門的遺跡；西門正確的位置終於被確認。

百年來舊城的城內空間有重大改變，如今當年繁華的風貌已不再，而興隆寺、天后宮、關帝廟、慈濟宮、火神廟、廣濟宮、先農壇以及開彰聖王廟等，這些廟宇有的遷至城外，有的已消失。市定遺址「左營舊城遺址」位於龜山西南邊，約三千坪大小，民國 93 年原預定興建四棟 15 層樓公寓，經「見城計畫」❶考古團隊的挖掘研究，證實地底下滿布至今有五千年史前及歷史時期重要的兩個文化層。

馬卡道族人的餐桌——內惟（小溪貝塚）遺址

種類：文化遺物——其他	指定別：市定遺址
地址：高雄市鼓山區壽山段（壽山國家自然公園內）	
指定理由： 蘊育豐富的地質地形景觀與動物資源，除了具有史前貝塚遺跡遺址，且為歷史紀錄中平埔族馬卡道族打狗社原住民族生活空間，整體而言具有生態及文化保存價值。 （資料取自高雄市政府文化局高雄市文化資產網）	

小溪貝塚遺址位於北壽山，龍泉寺西南方的果園，最早的發現者是日治時期的教師土屋恭一。1995 年，高雄市政府民政局委託劉益昌教授對遺址進行考古挖掘的工作，發掘出兩個文化層，分別是距今約 1800 至 1400 年前金屬器時代的「鞍子類型文化」，與距今 850 至 450 年前的「蔦松文化龍泉寺類型文

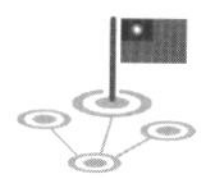

化」，兩層並稱「內惟（小溪貝塚）遺址」。

多層文化遺址——鳳鼻頭（中坑門）遺址

<table>
<tr><td>種類：文化遺物——其他</td><td>指定別：國定遺址</td></tr>
<tr><td colspan="2">地址：高雄市林園區中門里中坑門聚落北側約 350 公尺處，鳳山丘陵南端前緣緩坡處</td></tr>
<tr><td colspan="2">指定理由：
為台灣南部地區較早發現的史前遺址，並涵蓋新石器時代早期至晚期之大坌坑文化❷、牛稠子文化鳳鼻頭型❸及鳳鼻頭文化❹等三個文化層，呈現台灣西南部史前文化之發展。
（資料取自高雄市政府文化局高雄市文化資產網）</td></tr>
</table>

鳳鼻頭（中坑門）遺址為一多層文化的遺址，含大坌坑文化、牛稠子文化、大湖文化和蔦松文化等四種文化層，時間跨距從距今 5200 年至 2000 年前。

1940 年代初期，由日人金子壽衛男首次發現。二戰末期，服役中的考古學家坪井清足在現今遺址區域內挖掘戰壕時發現兩種明顯不同的文化層，戰後展開研究，並於發表的論文中，確認後世對「鳳鼻頭（中坑門）遺址」的名稱，引起同樣身為考古學者的張光直教授注意，繼而開啟後續一連串對鳳鼻頭遺址的考古研究。

八〇年代考古學者黃士強將大湖與蔦松兩文化層合併稱為「鳳鼻頭文化」，劉益昌教授則參考張光直的研究結果，在 1994 年重新將鳳鼻頭（中坑門）遺址的文化層修正為「大坌坑文化層」、「牛稠子文化鳳鼻頭類型」、「鳳鼻頭文化」三大層。

鳳鼻頭（中坑門）遺址分布面積廣，其豐富的文化內涵與多層文化層的地理結構，著實是讓人了解台灣西南部史前文化發展的貴重文資。

清朝中晚期漁民的生活足跡——東沙遺址

種類：自然遺物——其他	指定別：市定遺址
地址：高雄市旗津區東沙段 85 地號	
指定理由： 由出土遺物發現明顯的文化層、遺跡現象與爐灶、陶瓷相關遺留，屬漁民多次性利用的臨時性的居留遺址。 （資料取自高雄市政府文化局高雄市文化資產網）	

1995 年，中央研究院歷史語言研究所陳仲玉發掘出東沙遺址。該遺址位於東沙島內瀉湖的北岸與機場跑道之間，面積 1.1 公頃，出土遺物有清中晚期（18 世紀晚期至 19 世紀）所使用的日常陶瓷器，還有動物骨骸與貝類。

因瀉湖容易淤積，推斷數百年前應可供小船或舢舨停泊，岸邊也能作為休息、儲放、處理漁獲、避風等場所，雖無明顯的居住遺跡，但從出土的文物與遺跡現場判斷，漁民應是以多次性的臨時居留為主。

遺址留有鐵釘，可知有臨時性木造建築；且有明顯的火堆木炭、打火燧石、動物骨骸等，顯示有進行炊食活動，以上種種跡證顯示，此處絕非短暫的居留場地。

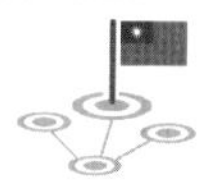

千古成謎的神秘圖騰——萬山岩雕群遺址

種類：文化遺物——其他	指定別：國定遺址
地址：高雄市茂林區萬頭蘭山區	
指定理由： 萬山岩雕圖案母題具有族群文化發展的高度價值，同時具有高度敘事的意涵。岩雕母題有具體構圖，非為雜亂無章即興之作。除部分岩雕本體受自然風化及人為損害外，岩雕本體及周圍環境，仍具完整性。岩雕具有獨特性且深受國人矚目，有其特殊性之展示教育意義和潛力。為國內唯一之大型雕刻遺址。自 1970 年代被學術界研究以來，歷經民族學、人類學、藝術學等不同學科之研究，已具有學術研究之初步價值，開創我國岩雕研究之領域。為台灣唯一的岩雕群，但在中國大陸及太平洋地區都有類同之文化體系。未來，萬山岩雕群遺址有其跨國研究之意義，並可能與南島語族之起源研究有關。 （資料取自高雄市政府文化局高雄市文化資產網）	

茂林的萬山部落流傳一個傳說，一名異族女子嫁入萬山村，被夫家發現煮百步蛇來吃，於是被趕出了家門，女子在深山等著丈夫來接她，無聊的她隨手在經過的岩石上畫了許多圖案，這就是萬山岩雕的由來。

1978 年，當時屏東師範學院的高業榮老師聽了學生的描述，興起一探究竟的念頭，於今高雄市濁口溪上游北岸，發現台灣第一、二座岩雕遺跡，依原住民所取的地名，分別命名為「孤巴察峨」❺與「祖布里里」❻。1984 年與 2002 年又相繼發現了第三處岩雕「莎娜奇勒娥」❼與第四處岩雕「大軋拉烏」❽，現計有 4 處地點，共計 14 座岩雕遺跡，是為萬山岩雕群遺址。

萬山岩雕群遺址發現至今已超過 40 年，但雕刻的年代及其所代表的意涵仍是未解之謎，萬斗籠社（萬山）和茂林、多納一樣，口傳歷史方面的紀錄極為有限，高業榮教授曾在萬斗籠社拾得打製石器、網墜等器物，顯示萬斗籠社所在地是從新石器文化類型一直延續下來，進入到了現代歷史。

❶ 高雄市政府自民國 106 年起開始推動左營舊城的見城計畫，以響應文化部提出的「再造歷史現場」計畫，透過「重建台灣第一石城」、「縫合龜山串接蓮潭」、「歷史堆疊城市考古」、「舊城門戶重塑再造」、「貫穿古今散步舊城」五大計畫，重現並重建鳳山縣舊城的歷史現場。兩年來成果豐碩，108 年 3 月 11 日發表的考古調查指出，除了西門、南門段城牆地底殘蹟以及水關遺構，還包含意外出土約四千年前新石器時代中期牛稠子文化遺物，展現出左營舊城與史前及各歷史時期人類遺蹟的精采共存狀態。

❷ 大坌坑文化：距今 5200 至 4350 年前，屬新石器時代早期，出土遺物以繩紋陶為主，聚落時間短，多凝聚於山坡上，除了狩獵採集外，還有初步的農業發展。

❸ 牛稠子文化鳳鼻頭類型：距今 4350 ～ 3350 年前，屬新石器時代中期，出土遺物以紅色繩紋陶為主，亦有許多石製器具。此時期聚落人口增加，開始往緩坡地帶發展，並對外擴張，出土的遺物中出現花蓮出產的玉器以及澎湖的橄欖石玄武岩打造的石器，推斷當時有頻繁的海路轉運行為。

❹ 鳳鼻頭文化：距今 3350 ～ 2450 年前，屬新石器時代晚期，出土遺物有夾砂紅陶、灰陶、彩陶與黑陶。學者推論，許多陶器可能來自

福建，因聚落人口大幅增加，對外地資源更加依賴，此時期出現更多貝塚與形式更多樣的石造器具。

❺「孤巴察峨」魯凱族語意為「有圖案的石頭」，岩面上布滿人像紋、百步蛇狀紋、圓渦紋等各式花紋，還有一幅125公分高的全身人像，雙手高舉，臉部呈橢圓形，兩眼圓瞪，眉鼻線條連在一起，雙腿微曲，人像四周布滿圓渦文、百步蛇狀紋、柵欄紋與曲線紋，似乎在顯示魯凱族祖先從水中升起的創生神話。

❻「祖布里里」則座落在三層階梯狀岩體上，上面分布著足掌紋、杯狀坑與散置的凹點，呈帶狀的足掌紋似乎是部落遷移的路徑記錄。

❼「莎娜奇勒娥」則有大凹坑與散置凹點的圖案。

❽「大軋拉烏」則是岩雕數量最多也最密集的區域，有格狀紋、眼形紋、圓渦紋、散置凹點（似魯凱族衣飾邊緣裝飾紋路）。

Aboriginal Tribe Era 原住民部落時代的高雄

史前到 17 世紀荷蘭人入侵台灣以前，馬卡道族是高雄平地的原住民，丘陵及山地則以鄒族、排灣族、布農族及魯凱族等族群為主。

在進入馬卡道族之前，先來認識一下台灣的原住民——平埔族群，這是對居住在台灣平地各南島語系原住民族群的泛稱，台灣的平埔族群可能在 5000 年至 2500 年前就移民至台灣。

平埔族起初被認為是一群生活在平地的漢化原住民，所以多以「平埔族群」或「平埔番」一詞概括，隨著對原住民更深一層的認識後，學者們逐漸了解平埔族群其實是包含了很多不同語言、不同文化的民族，非單一民族，因此才使用更加中性的「平埔族群」來指稱他們。

原先原住民大多以社名「自稱」——像是大甲東社或大甲西社的原住民，皆自稱為大甲人；台灣第一大社的台灣社則是最早自稱台灣人的原住民。

早在 17 世紀漢人來台開拓定居之前，台灣西海岸的平原地帶，北從宜蘭、基隆，南到恆春，就有許多不同語言、不同文化、不同部落認同的群體居住著，因居於平地，所以就用平埔族群

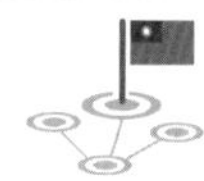

來稱呼這一群「居住在平地上的人」。

台灣日治時期以前，對於平埔族群還沒有系統化的分類。荷蘭時期也只記錄了先住民的社名，並按地理位置，劃分成幾個區域群。

直到 1904 年，伊能嘉矩的《臺灣蕃政志》將平埔族正式分為 10 族：凱達格蘭族、噶瑪蘭族、道卡斯族、巴宰族、巴布拉族、巴布薩族、阿立昆族、羅亞族、西拉雅族及馬卡道族，不過分類上仍未定案，各路學者眾說紛紜。

台灣語言學者李壬癸在 1996 年提出了 7 族 14 支的見解，分別為邵族、噶瑪蘭、巴布蘭、巴宰、洪雅、西拉雅。後又於 2006 年及 2010 年發表的論文上，將大武壠族及馬卡道族自西拉雅族中獨立出來。

馬卡道族

馬卡道族是高雄的原住民──西拉雅族的一個分支，馬卡道族以打狗及附近的山丘為居住地，沿今愛河、後勁溪河畔活動。壽山的龍泉寺遺址（小溪貝塚）就是馬卡道族的遺址。明嘉靖 42 年（1563），該族慘遭海盜林道乾虐殺，部分族人因此遷移至阿猴林（今屏東），待荷蘭人到打狗後，已無馬卡道族蹤跡。

高雄地名的由來，有一說是跟馬卡道族有關。2000 年前，馬卡道族來到打狗山建立部落，他們在內惟海邊（今鼓山區）

捕食魚貝蝦蟹，在山上打獵，部落人口開始慢慢增加。後來海盜猖獗，為了抵抗海盜侵略，馬卡道族在部落四周種滿刺竹林，作為防禦工事，部落稱這種竹圍叫做 Takao。到了 16 世紀，漢人來台，開始和馬卡道人接觸，看到部落中當作防禦的竹圍非常驚豔，認為效果跟建設城牆一樣好，且更適合於小型村落，漢人就把 Takao 翻譯成打狗（台語），稱呼這個部落為打狗社，他們所居住的地方為打狗山，此即為高雄舊稱「打狗」的由來❶。

地名速寫

埋金山的傳說——壽山

壽山，又叫柴山，舊名叫打狗山或打鼓山。因該地在明朝時海盜猖獗，因此有「海盜埋金」的故事，故另有「埋金山」的別名。明朝時期，海盜、倭寇盛行於打狗（今高雄），海盜林道乾為躲避明朝大將俞大猷的追擊，逃到打狗，並把搜刮來的黃金用 18 個半的籃子分裝，埋在柴山裡，後來官兵追到打狗港，林道乾趁隙逃走，徒留下「壽山埋藏寶藏」的傳說。

1603 年，陳第為驅逐海盜與倭寇隨軍來台，並寫了一本關於台灣沿海原住民生活習俗的雜記《東番記》，東番指的就是在台灣的原住民，書中就有提到〈打狗嶼〉的稱呼。

1895 年以後，日本人統治台灣，覺得打狗這個名字不文雅，

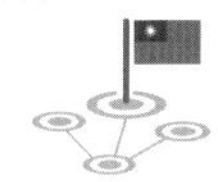

加上日本有一處叫高雄（日文念作Takau）的地名，於是就用「高雄」取代「打狗」。

馬卡道族以「鳳山八社」最為著名，即上淡水、下淡水、阿猴、塔樓、茄滕、放索、武洛、力力等部落，因緊鄰排灣族的分布範圍，所以和排灣族有密切往來。除了鳳山八社外，馬卡道也包含了位在內門、旗山一帶的大傑顛社系，因為漢人勢力擴張，西拉雅各支族被迫向屏東山麓移動，至康熙末年，大多已退居山間。

〈番俗六考〉是康熙年間清巡台御史黃叔璥所著之《臺海使槎錄》一書之分類部名。番俗即平埔族之風俗，而六考，則是對各地番社之「居處」、「飲食」、「衣飾」、「婚嫁」、「喪葬」、「器用」等六項加以考察並記錄。

〈番俗六考〉對鳳山八社略有記載，我們可以從中一窺馬卡道族的生活習俗。書中描述平埔族的屋宇：「築土為基，架竹為梁，葺茅為蓋，編竹為牆，織蓬為門。」而建築的方式是「每築一室，眾番鳩工協成；無工師匠氏之費，無斧斤鋸鑿之煩，用刀一柄，可成眾室」，並設有穀倉，「亦以竹草成之，基高倍於常屋。下木上簟，積穀於上，每間可容三百餘石；正供收入，遞年輪換。夜則鳴鑼巡守，雖風雨無間也。」

對於服飾上的描述，則是「男裸全體，女露上身」，漢化後則改為「女著衣裙，裹雙脛。男用鹿皮蔽體，或氈披身，名卓戈紋；青布圍腰下，即桶裙也，名鈔陰，武洛曰阿習。俱赤腳」。男女也喜歡配戴琉璃、貝板、瑪瑙、銀、銅鈴等裝飾品。祭祀時會佩戴花環，馬卡道人以海芙蓉與萬壽菊為主，或再插幾根羽毛來裝飾花環。

大武壠族

大武壠族，又稱為大滿族，過去曾被認為是西拉雅的一個支族，原鄉在台南玉井盆地一帶，現今主要分布在台南、高雄的丘陵和河谷一帶，高雄市的小林里曾是大武壠族人口最多的部落。

根據口述傳說，大武壠族原居於今台南安平之「台窩灣社」，因遭受西拉雅族的迫害，數度遷移，到過台南的新化、左鎮、山上、大內等地，最後才定居玉井，並建立了知名的四大社——大武壠頭社、霄裡社、茄拔社、芒仔芒社，荷治時期也有對他們的記錄，文獻稱之為「四社平埔」或「四社熟番」。然而，根據黃叔璥的《臺海使槎錄》以及盧嘉興的紀錄，大武壠族應該還有噍吧哖社、大武壠二社、木岡社、茅匏社（又稱芋匏頭社）、夢明明社、大武壠派社等部落。

由於鄭氏時期的「軍屯」政策，加上清代初期的渡台禁令成效不好，大量漢人來台拓墾，台南平原的平埔族遭到驅趕，往東邊的四社移動。

1744 年，大武壠頭社舊址被哆囉嘓社所侵佔，族人來到了楠梓仙溪流域的甲仙埔、小林村；茄拔社舊址被目加溜灣社

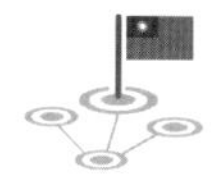

所佔據，族人遷至杉林、甲仙一帶；霄裡社舊址被西拉雅支族Tapaui社佔據，族人遷至杉林一帶；芒仔芒社原舊社則被漢人侵佔，族人來到荖濃溪流域的六龜里、下荖濃、頂荖濃等地。

＊　＊　＊

台灣的原住民依分布範圍可以分為平埔族和高山族，相對於平埔族群，高山族群則是指住在深山的原住民族群。18、19世紀時，高山族與平埔族陸續被稱為生番和熟番、高山番與平埔番。

1890年代初期，日本政府修改這樣的二分法，用「平埔族」取代「平埔番」，用「高砂族」代替「高山番」的稱呼，並將高砂族分為泰雅族、布農族、鄒族、賽夏族、排灣族、卑南族、阿美族、雅美族（達悟族）和魯凱族，成為台灣原住民族的傳統9族。

待國民政府接管台灣後，延續日本的9族分類，並經過學者的研究與原住民族人的爭取，官方認定的族群增加至16族，分別為泰雅族、賽夏族、布農族、鄒族、魯凱族、排灣族、卑南族、阿美族、達悟族、太魯閣族、撒奇萊雅族、邵族、賽德克族、噶瑪蘭族、拉阿魯哇族和卡那卡那富族；其中，只有噶瑪蘭族是平埔族。

魯凱族

魯凱族分布在中央山脈南部的東西兩側，按居住環境與文化認同，分為東魯凱群（台東縣卑南鄉東興新村）、西側的下三社群（濁口溪流域）以及西魯凱群（隘寮溪）三群。下三社位於高雄市茂林區境內，因與桃源區南鄒族的「上四社」地理位置相對，因此得「下三社」之名，清代以來，下三社指的是茂林、萬山、多納三村。

茂林舊稱芒仔社，地處最外圍。萬山村舊稱歐布諾伙，或萬斗壟社，民國 45、46 年從舊萬山部落遺址遷出，舊部落有孤巴察峨岩雕及相關的神話傳說；多納村舊稱墩仔社，因地處最深山，是部落景觀保持最完整者。

因語言、體制和文化表徵都不盡相同，魯凱族對於始祖起源的傳說有三種版本——第一種是東魯凱族的外來說，最後落腳於中央山脈兩側；第二種是西魯凱族的版本，傳說祖先是由太陽、石頭或陶壺所創生的；而下三社則流傳祖先是從原生部落的岩石所誕生出來的。

關於下三社的文字記錄，最早出現在 17 世紀，荷蘭人殖民台灣時，曾對魯凱族和排灣族北部拉瓦爾系的各社，分布情況做了記載，使用的社名因與今日有落差，使得查證不易。到了 1858 年，因為《天津條約》開放台灣為通商口岸後，歐美探險家紛紛進內山探險，下三社才有了正式的文字記錄。

1863 年，英國官員必麒麟來台，先後任職於打狗海關、安平海關、天利行與怡記洋行。1864 年，他深入南部山區，造訪當地的布農族、鄒族、魯凱族與排灣族，與之交好，返國後，

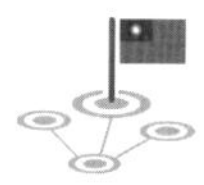

完成在台灣探險的回憶錄《歷險福爾摩沙（*PIONEERING IN FORMOSA*）》，裡面對打狗和下三社都有詳細的描述。

日治時代，日本政府為了平定山中勢力，先後降服了芒仔社與墩仔社，但萬斗籠社卻屢攻不下，最後，因日方開出轟炸機威脅萬斗籠社人，再加上南部最大的凶番——塔馬荷社拉荷阿雷頭目在 1933 年答應遷居山下，至此山中再無凶番，使日本勢力更加深入山中，為免被滅社，萬斗籠頭目只得與日方和談。

排灣族

排灣族以大武山山脈為中心，成輻射狀分布在高雄、屏東及台東縣境內，依據居住區域和文化表現的差異，排灣族又可再細分成北、中、南和東。

北排灣因為毗鄰霧台鄉的魯凱族，加上通婚頻繁，深受魯凱族影響，例如配戴百合花、長嗣繼承制度等習俗；南排灣的牡丹鄉是清朝時代爆發日本人侵台的「牡丹社事件」所在地。

卡那卡那富族

卡那卡那富族，舊稱「卡那卡那布」，主要分布在高雄市那瑪夏區。以往和拉阿魯哇族被歸類於鄒族，2014 年被承認為原住民第 16 族。關於卡那卡那富族起源，有兩種說法——「西來說」與「東來說」。

「西來說」是指其祖先原本住在嘉南平原，因平原上的獵物漸少，為了追捕獵物或是受到平埔族或漢族的壓迫，於是往山區移動，最後落腳於楠梓仙溪上游；「東來說」則是指卡那卡那富人與拉阿魯哇人曾一同住在內本鹿社之東，後來遭逢大洪水，拉阿魯哇人與卡那卡那富人分開逃難，待洪水退去，幾經輾轉，最後回到河表湖附近高地（高雄市那瑪夏區瑪雅里西半部地區），並形成兩個聚落——河表湖社與槌仔市社。

有一則關於楠梓仙溪（今旗山溪）名字的由來，傳說有一名為「那瑪夏」的少年發現溪中有一條巨大的鱸鰻堵住了溪水，造成下游水量變少，於是趕緊通報部落，少年也因驚嚇過度，不久便死去，族人感念少年，便以他的名字來命名溪流，也就是「男子溪」，男子的台語音同楠梓，故為「楠梓溪」，後加「仙」字以示尊敬。現都統一用旗山溪來稱呼，而原先的「瑪雅鄉」在鄉民的表決下則改用「那瑪夏鄉」為新的鄉名。

♞ 拉阿魯哇族

舊稱為「沙阿魯阿族」，主要居住在高雄市桃源區，部分居住於那瑪夏區，為台灣原住民族的第 15 族。拉阿魯哇族由排剪、美壠、塔蠟袷、雁爾等社組成，古稱「四社番」或「四社生番」。

拉阿魯哇族最有名的是聖貝祭，相傳祖先和矮人曾同住在東方之地，兩族相處融洽，矮人視聖貝為太祖（貝神）之靈的居所，每年都要舉行祭典以求平安與豐收。當沙阿魯阿族祖先

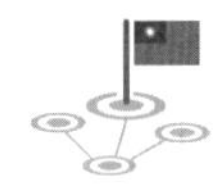

要離去時，矮人贈以一甕聖貝，並要求族人要同樣虔誠地舉行聖貝祭，於是十二貝神就成了沙阿魯阿族的神，基本上每兩年舉行一次祭典。

鄒族

鄒族又稱「曹族」，居住於玉山西南方，現今阿里山一帶，學者將其稱為北鄒，而高雄市那瑪夏區的卡那卡那富族及桃源區的沙阿魯哇族則被稱為南鄒，直到 2014 年才分別成為獨立的族群。北鄒在日治時期有四大社，分別特富野社、達邦社、伊姆諸社與魯富都社，但現今僅存達邦與特富野兩個部落。

布農族

布農族是典型的高山民族，主要居住於中央山脈兩側。據說最早曾待過鹿港、斗六、竹山一帶，後來才往高山遷移。

18 世紀時，長期定居南投的布農族開始大量遷移到他處，一部分族人往東行進，至花蓮的卓溪鄉、萬榮鄉，再到台東的海端鄉與延平鄉；另一支則向南移動，至高雄的那瑪夏區與桃源區以及台東縣海端鄉的山區。

因全族大遷移，布農族的分布遍及南投、高雄、花蓮、台東等縣市境內。在南投的布農族共有 6 個群，分別是卓社群、郡社群、卡社群、丹社群、巒社群以及已被鄒族同化的蘭社群。因地處險峻，成為抗日時間最長、最後歸順日本的一族。

值得一提的是，「卓社群」是台灣布農族分布最北的一支，其中位於南投縣仁愛鄉的萬豐村（舊名「曲冰部落」），在民國 70 年以前更是外人極少到達的神秘「桃花源」；在考古隊於此挖掘到台灣罕見的史前人類聚落遺址後，才開始聲名大噪。筆者也在日前有幸前往「曲冰遺址」巡訪，除了覽盡濁水溪上游的自然之美外，也實地探訪古老聚落遺址的人文之美！

★上圖為曲冰遺址（筆者攝於南投縣仁愛鄉萬豐村）

❶「鼓山區」名字之由來，有一說是因為居住在壽山一帶的馬卡道族被稱為打狗社，因此附近的壽山舊名就叫打狗山或打鼓山；另有一說是早期因港口有巨石，行船不易，所以打鼓向神明祈求保佑，因此稱為打鼓山，這一說法應屬望文生義。

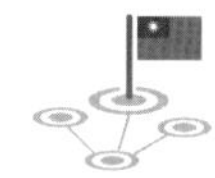

3 Dutch Era 荷治時代的高雄

打從 15 世紀進入大航海時代以來，歐洲人在世界各地大力開展他們的貿易事業，西班牙、葡萄牙都在這場競賽當中佔有一席之地，陸續在美洲、亞洲等地領有殖民地，並建立起他們的商業網絡。然而，邁入 17 世紀以後，世界海洋貿易的局勢產生變動，進入由海上的馬車夫——荷蘭執牛耳的時代。

1602 年，荷蘭東印度公司成立，其宗旨是擴張荷蘭人在東亞地區的商業版塊。在其取得與日本貿易的獨家權力後，更是迫切希望可以與中國建立起貿易往來關係，但此時正值明朝政府施行海禁政策的時期。於是，荷蘭人派兵進佔澎湖，欲藉此地接近中國，不過被明朝將領沈有容勸退。

1619 年，荷蘭東印度公司於爪哇島興建巴達維亞城（位於今印尼首都雅加達），以此作為他們在亞洲地區的貿易發展據點。

荷蘭人之所以來到台灣，源於 1622 年，荷蘭派人率兵進攻葡萄牙人在中國的據點——澳門。這場戰役，荷軍遭受到西葡聯軍的頑強抵抗，進攻不成，遂於 1624 年再次進佔澎湖，但又受到明朝政府的壓力，在明朝政府默許下，只好轉進台灣，於今天的台南安平地區興建熱蘭遮城，開啟荷蘭人在台灣一共 38

年的統治時光。

荷蘭統治與高雄

荷蘭統治者在台灣開發的區域主要集中在南部地區，尤其是台南一帶。不過，這並非代表在荷蘭人進入前，這些地方是人煙罕至之地。事實上，像是高雄地區早在荷蘭人入台之前就是各方勢力活動的基地，尤其是鼓山及旗津，高雄的舊地名「打狗」，原先就是指這個區域。高雄的發展也可說是以此作為起點，開始向周遭擴展。打狗一詞，荷蘭人的稱呼為 Tankoya，打狗港則為 Tancoia，而鼓山則在荷蘭傳教士華倫泰因所著的《荷蘭貿易誌》中的地圖內被叫作「猿山」（Ape Berg），此用法也在 18 世紀後的歐洲航海圖上時常可見。

打狗港由於地理環境為潟湖灣，灣內水淺形成優良的漁場所在。在荷蘭人的《熱蘭遮城日記》的記錄中就有提到，當時的打狗已有中國人居住，其中大部分是漁民。漁民們在漁場附近建造漁寮之後，逐漸發展成漁村，而這裡除了是南台灣的主要漁場中心之外，更是珍貴的烏魚洄游的區域。

另外，除了漁業，許多大陸沿海漁民也會來此地做一點小貿易，主要交易的場所在港灣一側的島嶼（荷蘭人把這裡稱為「漢德那斯島」），也就是我們熟知的旗后（今日的旗津島）。甚至，到了荷治晚期，這裡也開始有漢人耕種維生、發展農業。

而說到烏魚就不得不提高雄另一個漁業重鎮──「茄萣」，

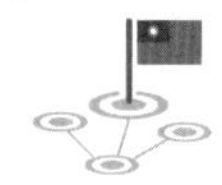

茄萣的興達港迄今仍是台灣最重要的烏魚基地。這裡的地名源由與高雄許多地方的地名一樣，是來自於馬卡道族的用語。早期此地是馬卡道族的嘉定社（傑顛社）居住地之一，茄萣是從其語言——「Cattia」或「Cattea」音譯而來，字義上是「十」與「魚」的結合而成，代表著「多魚之地」；後來漢人認為這個詞的發音和沙洲上茂盛的茄萣樹很像，因此就改以「茄萣社」或「茄藤社」稱之。

荷蘭人統治台灣的目的，是為了進行貿易活動，他們將台灣的鹿皮、砂糖等物資銷往日本、波斯等地。而覬覦台灣豐富的天然資源，荷蘭來台的第二任長官偉斯即對台灣的天然資源展開調查，當時就已了解到茄定港是捕捉稀有烏魚的聖地。另外，荷蘭人測繪地圖時，即將此地稱呼為「漁夫角」、「漁夫灣」，可以想見早在荷治時期，茄萣的漁業就開始發展了。

荷蘭人想要台灣的鹿皮等物資，首要就是面臨到台灣原住民族的抵抗，而荷蘭統治者所採取的手段是先以武力討伐，後施以宗教教化和行政管控，當時荷蘭將台灣共分為五個會議區，高雄是隸屬於南部地方會議區。

另外，為了開墾經濟作物，荷蘭人遂招徠中國沿海的漢人來台開墾，如此一來也引發了一連串的與原住民爭地的衝突。為了讓中國移民來開墾土地，荷蘭人展開征討原住民的行動，1635 年聖誕節之役擊敗了位於大岡山一帶的馬卡道族塔加里揚社（Taccariang）。此事件發生後，鳳山一帶的平埔族紛紛與荷蘭簽訂契約，承認其統治，這也被視為荷蘭統治台灣的立基關鍵。

從地名看荷治

雖然荷蘭人僅統治台灣短短三、四十年的時間，不過還是在這塊土地上留下了深遠的影響，同樣地，於高雄地區也依然可以尋找到那段荷蘭統治下的印記。

從「甲」這個字來看，就可以充分反映這段歷史。「甲」對於許多台灣人來說應該是很常見的計算量詞，用於計算土地的面積。尤其是像農業或是工業用地等大型土地，都習慣用「甲」來計算，一甲地大約是 9,700 平方公尺。荷治時期，荷蘭人將其使用於土地制度，影響了那些招募來台開墾的中國農民。荷蘭的「農地」稱作「akker」，這些農民就取其尾音「ker」唸成「ka」，中文字就以「甲」字呈現。不過，後來的荷蘭卻改採新的土地計算制度，據說時至今日，台灣是唯一還以「甲」來計量土地的地方呢！今日高雄的五甲、獅甲等「甲」命名的地區，都是這個歷史背景下的見證。

除此之外，紅毛港（位於今日小港區）也是與荷蘭人息息相關。「紅毛」是來自於漢人對西方人的印象所出現的名稱，在台灣各地與荷蘭人、西班牙人有關的地點，常被冠以「紅毛」，像是紅毛城、紅毛樓、紅毛埤等地方。紅毛港的名稱由來有不同的說法——一說是形容荷蘭人之船隻曾在此進出活動；另說

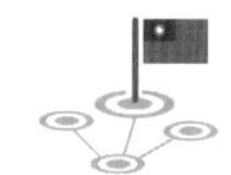

是荷蘭人被鄭成功驅逐出台灣後，欲從此地反攻。但無論是哪一說，都可以從中看出此地與荷蘭人關係相當密切。

總之，回顧的這些片段來看，荷蘭統治時期看似短暫，但不乏當時的社會風俗融入於高雄的歷史文化之中。各位若能親自到高雄走走看看，說不定也可以挖掘出更多蘊藏在其中的故事。

Ming and Zheng Era

明鄭時代的高雄

鄭成功生於明天啟 4 年（西元 1624 年）。他在 21 歲時，由南明隆武帝賜國姓朱，所以又被稱作「國姓爺」。當時正值清廷入關，鄭成功懷抱著反清復明的志向，從南明永曆元年（西元 1647 年）開始，便積極組織義軍北伐，希望能對抗清軍的勢力，但被清廷所敗，只能退守廈門。

幾經思量之下，他決定攻取台灣作為根據地，於是在永曆 15 年（清順治 18 年；1661 年）鄭成功率大軍進攻台灣。經過與荷蘭六個多月的對戰，終於在永曆 16 年（1662 年）2 月趕走了荷蘭人。未料到的是，就在同一個年度，剛攻克台灣不久的鄭成功尚未一展抱負，便英年早逝，由其子鄭經繼位。

明鄭的統治

由於鄭成功奉明朝為正朔，因此在他入台後，將明朝的典章制度沿襲至台灣。於行政體系方面，把台灣改稱為東都，設一府二縣，與荷蘭統治相同，將台南設置為行政中心，稱為「承天府」。從台南再往南北兩側發展，以北稱「天興縣」，以南則為「萬年縣」，二縣以新港溪為界。萬年縣管轄的範圍約是

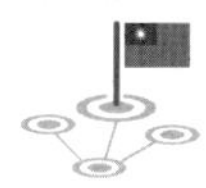

今日的高雄市、屏東縣及台南市部分區域，也因此，現今高雄市左營蓮池潭建有「萬年縣公園」，每年也會舉辦「萬年季」等活動，其淵源即來自於此。

時至今日，台灣仍有許多地名可以反映著鄭氏王朝治理台灣時，相當重要的一項政策——軍屯制度。在鄭成功率領軍隊來到台灣後，即面臨到軍糧缺乏的問題。因此，便聽從陳永華的建議，推行各項土地開墾的措施。其中以「寓兵於農」的方式，由軍隊屯駐於各處開墾土地的軍屯制，讓糧食問題得以獲得改善。而這些由軍隊開墾的土地稱作「營盤田」，軍鎮屯駐的地點會被以駐紮當地的軍鎮營的名稱，作為該地的庄名，這些地名許多都沿用至今。

地名速寫

因軍屯產生的地名——五衝鎮、營、六堆

明鄭時期，曾在高雄駐「五衝鎮」——前鋒（今岡山）、後勁（今楠梓）、左營（今左營）、右衝（今楠梓）、中權（今鳳山）；台南亦有因軍屯形成的地名——新營、柳營等。清治時期，朱一貴事件爆發，高屏地區的客家人籌組「六堆」自衛——右堆（今高雄美濃、六龜等地）、左堆（今屏東新埤、佳冬）、前堆（今屏東長治、麟洛等地）、後堆（今屏東內埔）、中堆（今屏東竹田、鹽埔）、先鋒堆（今屏東萬巒）。

明鄭的滅亡

鄭氏王朝於台灣的統治，不僅是帶來了漢人文化及明朝的典章制度，甚至讓明朝的王室也根落此地。大家若到台南旅遊，許多人都會造訪知名景點——「五妃廟」，但很多人都不清楚，這五妃到底是誰的妃子呢？答案就是明朝王室中的寧靖王——朱術桂。寧靖王是明太祖朱元璋的第九世孫，由鄭經迎至台灣監軍。

永曆 35 年（1681 年），鄭經病逝後，馮錫範、劉國軒等人發動「東寧之變」，殺了世子鄭克臧，改立鄭克塽繼位。這場權力紛爭，讓清廷有機可趁；永曆 37 年（康熙 22 年；1683 年），康熙皇帝遂派遣福建水師提督施琅帶兵征台，鄭克塽投降，結束鄭氏在台灣 21 年的統治。

寧靖王得知後選擇殉國，辭世詩曰：「艱辛避海外，總為幾莖髮；於今事畢矣，祖宗應容納。」當時，鄉民們為了感念他的氣節，將其葬於湖內村棚仔林中，並另造了一百多座偽墳，防止清軍的破壞，也因此明朝寧靖王的墓塚並非座落在台南，而是在現今高雄市的湖內區。

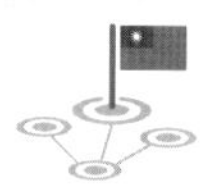

Qing Era

清領時代的高雄

康熙 22 年（1683 年），在康熙帝派遣施琅攻台，結束鄭氏在台灣的統治之後，曾對是否將台灣納入清朝版圖有過一番論辯。最後，在施琅上《恭陳台灣棄留疏》，以戰略為理由成功說服康熙皇帝，開啟了清治台灣長達 212 年的統領時期。

清治前期——政治中心

康熙 23 年（1684 年），清廷決定將台灣收歸版圖，在行政區劃分方面，最初將台灣歸為福建省所管轄，設有台灣府，底下再區分為鳳山、台灣、諸羅三縣。如果說高雄的發展其一是以鼓山、旗津地區開展的港口產業活動路線；另一種發展路徑就是以政治中心為核心的文教路線，此作為代表的即為左營舊城及鳳山城。

高雄地區於清代隸屬於鳳山縣轄下，而鳳山縣縣治就是設立在興隆莊埤仔頭（今日高雄左營舊城），首任知縣為楊芳聲，他曾上疏朝廷於興隆莊興建文廟（現存於高雄市舊城國小內），作為縣儒學之用。除了官學之外，縣府在文廟旁陸續也設置了義學，如此官學、私學並興，促進高雄地區文教的迅速發展。

清初民變——朱一貴、林爽文事件

清治初期，由於經濟待開發、清政府消極治台政策等因素，導致整個社會尚處不穩定的狀態，讓清朝官員對台灣留下了「三年一小反，五年一大亂」的評語。而在清治台灣時期有所謂三大民變，其中的「朱一貴事件」以及「林爽文事件」，就造成高雄地區不小的影響。

康熙 60 年（1721 年），由於當時的台灣知府王珍橫征暴斂的苛政，引發民怨。多名人士便聚集在內門地區打算豎旗起事。眾人商議認為朱一貴姓朱，若能以明朝皇室後裔的名義來號召群眾，勢必能引來大批跟隨者，因此朱一貴便被擁護為起事領袖，順利招集數千持紅旗、綁紅帶的群眾起義反清。

人物速寫

鴨母王——朱一貴

朱一貴，福建漳州人，為台灣清治時期首位大型武裝起義的舉事者。他於康熙 52 年（西元 1713 年）時渡海來台，而後就定居在羅漢門（今日高雄市內門、旗山地區），以養鴨為生。相傳他能號令鴨子齊步走，且其養的鴨子可以產下雙蛋黃的蛋，所以民間稱呼他為「鴨母王」。

朱一貴的勢力在高雄地區所向披靡，甚至在攻陷鳳山縣縣

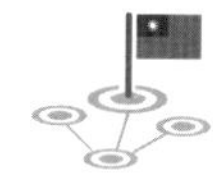

城（左營舊城），進一步北上台南，攻取台灣府城！當時的清朝官員，從台灣知府王珍到台廈道梁文煊等人紛紛逃往澎湖。在攻下台灣府城後，眾人擁立朱一貴為「中興王」，建元永和，朱氏承襲明朝的制度，奉大明為正朔。在朱一貴勢力進入府城後，諸羅縣亦有群眾響應，隨後並攻破諸羅縣城（現今嘉義市）。清廷派遣南澳鎮總兵藍廷珍、水師提督施世驃（施琅的兒子）帶領二萬兵力來台平定，在強勢武力壓制下，朱一貴等人棄城、勢力潰散。後續朱一貴等人被押解回北京處斬，整起事件才宣告落幕。

另外，乾隆 51 年（1786 年），因清廷取締天地會，逮捕組織相關成員，導致彰化大里杙（今台中市大里區）人、地方會黨——天地會的北路領袖林爽文起兵抗清，號召群眾攻下彰化城，殺台灣知府孫景燧等人，改年號「順天」。北部的王作、李同等人率眾響應，並攻入竹塹城（今新竹市），殺淡水同知程峻；南部的鳳山縣天地會領袖莊大田也號召眾人起兵響應，二度攻破鳳山縣城。除了台灣府、諸羅，鹿港之外，各城均被林爽文的勢力所佔據。

林爽文事件在清廷派遣陝甘總督大學士福康安、參贊大臣海蘭察率軍來台後平定，再加上運用閩、粵族群矛盾，讓桃竹苗地區的客家人加入清廷陣營；以及諸羅縣居民的奮力抵抗，乾隆帝為了「嘉」許諸羅縣縣民的「義」行，將諸羅改名「嘉義」。事件於乾隆 53 年（1788 年），清廷逮捕林爽文。耗時一

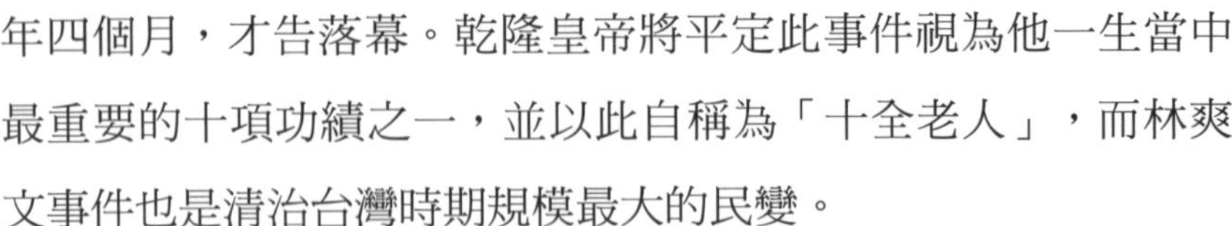

年四個月，才告落幕。乾隆皇帝將平定此事件視為他一生當中最重要的十項功績之一，並以此自稱為「十全老人」，而林爽文事件也是清治台灣時期規模最大的民變。

清初民變造成的影響

起初在清廷以「防台而治台」的方針下，台灣的城鎮不允許興建城垣，也因此，當時台灣各地的城都是竹子圍建而成，直到朱一貴事件、林爽文事件發生後才有所改變。

康熙 60 年（1721 年）發生的朱一貴事件，鳳山縣縣治被攻破，導致官署受到嚴重破壞。事件後，知縣劉光泗就以土堉興建了台灣第一座土製城牆，並設置東西南北四門；乾隆 25 年（1760 年）知縣王瑛增設了四座砲台。後乾隆皇帝認為就是因為台灣各地城牆的防衛性差，才會被林爽文率領群眾攻城。因此，下令台灣各地的城牆都需進行改建，自此以後，城牆才轉變以磚造而成。

清治鳳山縣舊城，為台灣的第一座中式城池標的。不但是第一座土造城，也是第一座石城。在現今所保存下來的清代城池中，左營舊城是除恆春古城外，保存最完善的。

清治時期高雄地區的開墾，隨著時間及人口的發展逐漸向周圍地帶擴散。整個大高雄，乃至於屏東平原，都在清代台灣時期成為已開墾的範圍。其中下埤頭街（今高雄鳳山區），因地處下淡水溪的交通要衝，在康熙年間，已發展成鳳山縣裡最

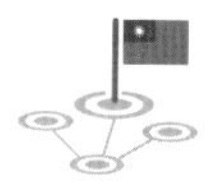

熱鬧繁華的區域。而在歷經朱一貴事件及林爽文事件後，在左營的鳳山舊城，已不堪使用。

乾隆53年（1788年），林爽文事件後，負責善後的福康安，因而將鳳山縣縣治，遷至下埤頭街。但此後位於下埤頭街的新縣城亦多次遭受動亂，使得官員們又興起將縣治遷回舊城的想法，不過因舊縣城實在太過殘破，若是要重新啟用，勢必要花上一大筆經費。因此，此番作法就不了了之，一直到了道光4年（1824年），楊良斌抗清事件，才由知府方傳穟徵集地方人士，重新整建左營舊城。道光6年（1826年）以咾咕石、三合土為建材的新石城正式竣工，成為全台首座石城。

清治後期——經濟中心

咸豐8年（1858年），英法聯軍之後，簽訂《天津條約》，以及咸豐10年（1860年），再簽訂的《北京條約》，這兩條條約對於台灣帶來的影響是——被迫開放淡水、雞籠、安平、打狗四港，以及西方傳教士可以合法興建教堂、宣傳宗教。同治2年（1863年），打狗正式開港。隔年，打狗港設立海關，英國領事館從淡水遷移到打狗，這也邁入清治台灣時期一個嶄新的階段。

清治台灣前期，台灣的經濟發展仍是台南為中心，呈現南重於北的樣貌。除了安平港之外，打狗港由於距離近，加上腹地物資豐饒，則成為安平的副港，甚至有「南路米由打狗販運」

的說法。清中葉以後，安平港日漸淤積，這也使得打狗港的地位更加重要。

咸豐 5 年（1855 年），美商威廉士洋行（Anthan Williams & Co.）和台灣官員私自簽訂合約，採取投資打狗港的建設來換取通商權，打造日後打狗港站上國際各方勢力進駐的舞台。在打狗港開港後之後，貿易往來的興盛，以及西方文化的傳入，都帶動了新的發展，尤其是早先已開發的打狗及旗后地區，在這個階段迎來新的契機。西方商人、傳教士皆來到此地活動，除了傳入新的技術、文化之外，新式的建築、像是洋行、教堂，也讓這個地方的街區樣貌煥然一新。

西方傳教事業始於高雄

位於高雄前金區的玫瑰堂（又稱前金教堂）是台灣第一所教堂，於咸豐 10 年（1860 年），由西班牙道明會郭德剛神父（Fernando Sainz，又稱桑英士）等人購地建造而成。這裡是天主教會重新在台灣傳教以來建造的第一座教堂，被視為現代台灣天主教的發源地，這裡也是天主教高雄教區的主教座堂。

另外，當時在台灣的基督傳教勢力大致可劃分為二──北部是以加拿大長老教會為主，主要人士是馬偕；南部則是英國長老教會，以馬雅各為代表，而馬雅各即是在同治 4 年（1865 年），從旗后（高雄旗津）登陸，展開他的傳教事業。也因此，現在於旗后山的星光隧道出口，鄰近他當年上岸的地方，設立

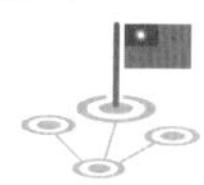

有馬雅各紀念碑。

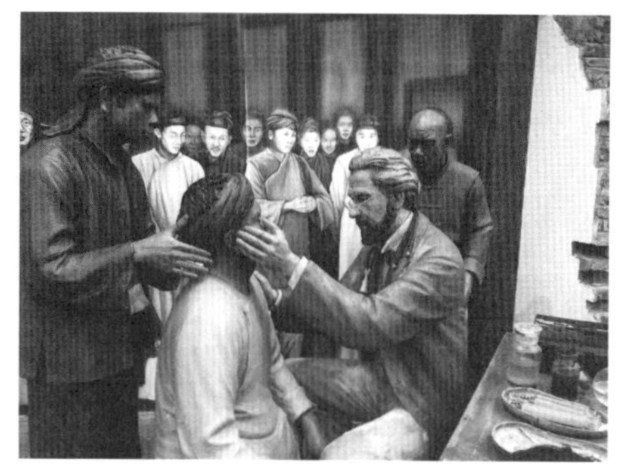

★左圖為馬雅各紀念盃（筆者攝於高雄旗津）；上圖為馬雅各看診圖（筆者攝於打狗英國領事館）

馬雅各是以醫療的方式來輔助他的傳教事業，但當時的台灣人多對西式醫療採取排斥的態度。因此，他只能選擇在有英國領事館保護的打狗旗后街，繼續他的傳教工作。同治 5 年（1866 年）6 月，他在旗后山山腰購買一塊地，建造了禮拜堂——「打狗禮拜堂」，成為全台灣第一間的基督長老教會禮拜堂（現今「旗后教會」前身）。

打狗英國領事館

同治 3 年（1864 年），打狗港正式開港後，英國領事館便從淡水遷移到打狗。同治 4 年（1865 年）2 月，英商天利洋行（Macphail & Co.）於打狗哨船頭建造了全台第一座兩層樓式的洋樓，後為清治時期打狗英國領事館所租用。

而後，於光緒 3 年（1877 年）英國取得哨船頭山丘上兩塊相連的土地，並以此處興建英國領事官邸。此處與山丘下的英國領事館預定地相連。光緒 5 年（1879 年），山丘上的英國領事官邸，及哨船頭碼頭邊的打狗英國領事館，都正式建造完成，兩個地點之間以石階作為通道相連。現今的打狗英國領事館文化園區，就是這兩處建築及登山道路。

★左圖為前往打狗英國領事館之步道；上圖為英國領事官邸一景（筆者攝於打狗英國領事館）

到了日治時期，領事館改作為高雄州水產試驗場，由於產權不清及資料誤用，使山丘下的領事館長期被忽略；山丘上的領事官邸則屢被誤認為領事館。此兩處是目前現存的近代西方建築當中年代最為久遠的建物，但由於年久失修，加上多次天災侵襲，使建物殘破不堪，直至民國 74 年後，政府才開始進行修復，現成為國定古蹟，並被打造成文化園區。

這裡要介紹一下從英國打狗領事館官邸，可以眺望的絕色美景。自清治時期以來，此般景色便有「斜陽樵唱」的美稱。日治時期的《台灣日日新報》，也曾舉辦票選「台灣八景」、

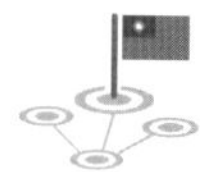

「十二勝」及「二別格」的活動。

其中八景分別為八仙山、太魯閣、壽山、基隆旭岡、鵝鑾鼻、淡水、阿里山、日月潭。在第一階段民眾票選時，擁有「西子夕照」美景的壽山，票數更是名列前茅。可以見得來到這裡觀賞夕陽是從古至今，眾人有志一同的享受。

旗后燈塔

在台灣正式開港之際，舊有的傳統式燈竿早已不敷使用，因此出現了關於打狗港需要興建新燈塔的討論。隨著往來的船隻日漸繁多，導航設施的不足，也常造成船難事件。至光緒 9 年（1883 年），清政府聘請英國技師在旗后山上新築西式燈塔。此座磚造的方形燈塔，內裝設六等單蕊定光燈，所有內裝設備都是來自於英國。

到了日治時期，由於高雄港擴建，大正 5 年（1916 年），日本政府遂進行燈塔整修，至大正 7 年（1918 年）完成。改造後的燈塔是一座圓頂、塔身為八角形的塔樓，塔頂部設有陽台可以供人遠望。在燈塔前面還建有一座西式辦公樓房，一旁的草地上設有一座日晷儀。而這座燈塔就是現在熟知的「旗后燈塔」的前身，目前燈塔也被列為三級古蹟。

旗后砲台

於康熙年間，清廷在旗后設置有砲台一座，採用的是六門中國式大砲。鴉片戰爭後，再於旗后建造一座砲台以為防備。同治 13 年（1874 年）牡丹社事件後，清廷終於意識到台灣的重要性，治台態度轉趨積極。首先，派遣船政大臣沈葆禎到台灣，協助處理台灣的海防事務。其中一項工作便是修建旗后砲台。於是便聘請英國哈務德（J. W. Harwood）督造，於光緒元年（1875 年）在旗后山上興建一座中西合璧的砲台。最大特色在於它的正門採取中國建築的八字牆，門額上題有「威震天南」，而門牆旁有磚砌的「囍」字。

旗后砲台位於現今高雄旗津區旗后山，其基座為下大上橢圓，砲台分三區：北為操練區、兵房等；中間為指揮平台區；南為砲台區，下則有兵房及彈藥庫。旗後砲台設置有四門英製阿姆斯壯前膛砲，是一座威力驚人的近代西洋式砲台。

光緒 21 年（1895 年）乙未之役，日本艦隊於打狗外海開砲射擊，將旗后砲台門額擊毀；到了日治末年，旗后砲台大砲亦被拆毀。旗后砲台是第一座「中西合璧」的砲台，融合西式與中國特色形式，並且近代西洋技術打造而成。現今的砲台則是經過政府修復之後，門額上的題字，則依舊史料重新上「天南」二字，此處被公告為國定古蹟。

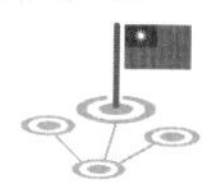

6 Japanese Era 日治時代的高雄

光緒 20 年（1894 年），清日發生甲午戰爭，戰爭結果清廷戰敗。光緒 21 年（1895 年）雙方簽訂《馬關條約》，清廷割地賠款，其中一項內容即是將台灣、澎湖割給日本。也就是我們熟知的「乙未割台」，這讓台灣再次面臨統治政權的轉變。

在《馬關條約》簽訂之後，明治天皇隨即召開御前會議，會中決定派遣海軍司令部長樺山資紀擔任第一任台灣總督，以及水野遵為民政長官協助相關事務。另外，調派北白川宮能久親王（明治天皇的堂弟）率領近衛軍團赴台，以處理接管台灣時，可能遭遇的反抗行動。

日本政府接受台灣的過程，果真不太順利，當被割讓的消息傳回台灣，台灣人民不能接受清朝政府這樣的決定。在不願淪為日本殖民地的信念驅使下自力救濟，先推派台灣巡撫唐景崧，成立台灣民主國，作為抵抗日本統治之手段；而在台灣南部則有劉永福率領的黑旗軍起兵響應抗日行動，但都在日本強勁的武力壓制下，宣告失敗。

儘管如此，在台灣總督府宣告平定全台，完成接收台灣的工作後，依然不斷有台灣人民以游擊戰的方式抵抗日本殖民政府，甚至一直到 1930 年代之間，還是陸續有台灣人武力抗日事件發生，如 1930 年由賽德克族馬赫坡社頭目莫那．魯道發起的霧社事件。

★上圖為廬山溫泉區的原住民雕塑，附近就是知名的古馬赫坡賽德克族部落（筆者攝於南投縣廬山溫泉．馬海濮露營區）

★推薦書籍：《賽德克巴萊》（王擎天著）

日治時期行政區劃演變

由於台灣是日本首次取得的海外殖民地，一切事務都處於摸索、調整階段，對於台灣的統治，日本政府初期首要工作就是進行調查及規劃，像是首任總督樺山資紀、民政長官水野遵及其後的第 4 任總督兒玉源太郎，早在明治 5 年（1872 年）就曾來過台灣，親身調查尋訪各地的文化民俗及搜集相關數據。

對於日本政府而言，台灣是人文社會風俗、自然地理環境都與日本截然不同的地方，在尚未確立準則前，許多統治規範都依清治時期的舊規，之後才陸續修正。也因此，以行政區劃

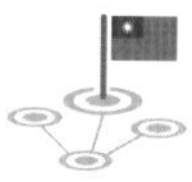

而言，可以看到日治初期的台灣行政區域時常在變動。

明治 28 年（1895 年）6 月，首先設三縣——台北、台灣、台南，以及一廳——澎湖；在縣、廳之下再置 12 支廳。其中高雄地區則隸屬於台南縣鳳山支廳轄下，之後行政組織又經多次變革；兩年後，台灣總督府進行台灣地方制度改正，重新劃為六縣——台北、新竹、台灣、嘉義、台南、鳳山，三廳——澎湖、宜蘭、台東；在縣、廳下設 86 個辨務署，其下再分設街、庄、社。縣、廳、及辨務署下設有參事，街、庄、社亦設有街庄社長。

明治 34 年（1901 年），廢縣及辨務署，全台改設 20 廳，廳之下設支廳。此階段高雄地區皆屬「鳳山」（縣／廳）。1909 年 10 月，縮併 20 廳為 12 廳（台北、宜蘭、桃園、新竹、台中、南投、嘉義、台南、阿緱、台東、花蓮港、澎湖），高雄地區被併入台南廳。一直到大正 9 年（1920 年），第 8 任總督田健治郎（首任文官總督）全面調整台灣全島地名為止，台灣的地方行政區域才告穩定。

田健治郎廢廳設州，設置台北、新竹、台中、台南、高雄，共五個州。其中，高雄州下轄鳳山、高雄、岡山、旗山、屏東、潮州、東港、恆春、澎湖 9 郡，共轄 6 街、44 庄及 126 社（山區），範圍大約包含現今的高雄市、屏東縣。高雄州署設於打狗（打狗的範圍大約包含著今高雄旗津區、鹽埕區及南鼓山地區），昭和 6 年（1931 年）隨著高雄市區的擴展，高雄州廳則遷至高雄川（愛河）東岸的位置（今高雄地方法院）。「打狗」

也在此時改稱為「高雄」，而之所以改名，是因為台灣總督府覺得打狗這個詞不雅，便依其音，以相似的日文「高雄」二字的訓讀（Taka-o）改名，這就是「高雄」一詞的出現緣由。

大正 13 年（1924 年），高雄郡升格改制為「市」，直屬高雄州，這可以視為高雄設市之始。其「市役所」設置在今日鼓山區代天宮。後於昭和 14 年（1939 年），遷至鹽埕埔榮町，此處於戰後改為「高雄市政府」，也就是今日的高雄市立歷史博物館。高雄市一開始的發展中心在旗后地區，後因鐵路、高雄港等建設，讓發展重心轉移至今日的哈瑪星與鹽埕區一帶，而高雄也是於此時發展成為台灣第二大都市的規模。

南進基地——都市計畫及工業化建設

雖然從行政區劃方面來看，隨著各項統治演變幾經變革。但不變的是，日本對於台灣的一切統治策略、建設計畫，都不脫殖民地式的發展，最終都是以獲取日本母國的最大利益作為依歸。

1920 年代，高雄即被日本政府規劃為其拓展勢力的「南進基地」，昭和 11 年（1936 年），公布以 40 萬人口為目標的「大高雄都市計畫」。我們熟知的高雄十條大路，也是在這個都市計畫當中誕生。由於原先的高雄市區已不堪負荷都市的快速發展，於是日本政府計劃將高雄車站從哈瑪星移設到大港（今日高雄火車站），並預計打造一條環狀鐵路，串連都市周圍。新

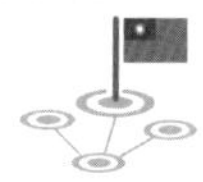

的高雄車站，後站為農業區，前站則預定為商業區，南側則為住宅、文教區。最重要的軍需以及重工業，是規劃在環狀鐵路的外圍。可惜的是環狀鐵路，因戰爭的關係未能完成。

其實早在第 4 任總督兒玉源太郎提出的「二十年財政發展計畫」中，就包含建造鐵路、港口等項目。1899 年民政長官後藤新平到了南台灣巡視，對於打造打狗港，心中藍圖浮現;隔年，日本政府便開始進行打狗港的探勘、調查工作。1908 年至 1912 年開啟第一期擴港工程，由於成效頗佳，於是 1912 年立即啟動第二期擴港工程，此階段將碼頭擴至苓雅區及運河以東。配合第二期擴港工程，日本政府讓「打狗整地株式會社」收購打狗港東北側地區的鹽田、魚塭等土地用擴港工程挖出的泥沙填海造陸，打造出新的開發地，這個地方就是今日的鹽埕區。

1936 年的都市計畫當中，包含著第三期港口擴建，此階段讓前鎮地區形成工業重鎮，工業化城市高雄逐漸成型。高雄港是台灣第一大港口，也曾經是世界第三大港口，之所以能有這番成績就是於日治時期奠定下現代化港口的基礎。

另外，除了建設港口之外，從 1895 年開始，日本政府開始修築台灣縱貫鐵路，希望形成一個完整的海陸交通運輸系統。到了 1900 年代，斗六至打狗的縱貫線鐵路陸續完工，打狗停車場（火車站）為縱貫線鐵路終點站所在地，我們今日看到的遺址是在高雄港第二期擴港工程後，填海造陸出來的新生地，並從這裡往南建造一條「濱線」串連到高雄港碼頭區，自此成功形成鐵道和港口運輸串聯而成的系統。而除了貨運之外，這裡也成為旅客海陸交通的重要據點，旅客可以從這裡搭乘開往東南洋的船隻。由於濱線的日文發音為 Hamasen，因此台灣人把這個地方稱為「哈瑪星」，一直到現今，這還是許多高雄人熟悉的地名。

日治初期，日本政府以「工業日本、農業台灣」為政策推行的主旨，因此在台灣發展殖民地經濟，主要種植稻米、蔗糖等作物。而後漸漸出現機械工業。

1915 年，淺野洋灰株式會社開挖壽山石灰岩（水泥礦），此水泥工業便一直持續到戰後。而在高雄成為南進基地之後，就朝向「工業台灣、農業南洋」的方向前進。

1937 年，在高雄港擴港第二期工程完工之後，各種重工業，像是煉油、造船、軋鋼、硫酸錏、肥料、造紙、鋁業等項目，都在高雄地區正式開展。就連水產、化學、造船、海運等工商業總部都設立於高雄；甚至，於岡山地區，發展軍用工業，諸項建設使得高雄成為日本的工業基地，也是日後高雄被打造成為重工業都市的根本，但也不難看出從海陸運交通的建設到工業基地的設置，這些都是為日本帝國勢力向東南亞擴張預作的準備。

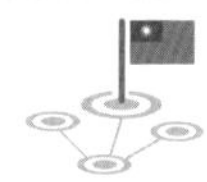

7 After the Victory of the War 抗戰勝利後的高雄

1945 年 8 月，為迫使日本投降，美國先後在廣島、長崎投放了 2 枚原子彈，隨即日本宣布投降，台灣總督兼第 10 方面軍司令官安藤利吉於 10 月 25 日在台北向台灣省行政長官陳儀投降。至此，台灣回歸中國管轄，由中華民國政府接收台灣。

台灣光復後的行政區劃演變

自中華民國政府接管台灣，便將台灣設為中華民國的一省，旗下行政區劃分為 8 縣（由日治時期的 5 州 3 廳改制）與 9 個省轄市（由日治時期的州轄市改制）。1947 年，二二八事件❶爆發，台灣省行政長官公署因此改組為台灣省政府。1949 年，國共內戰失利後，中華民國政府遷至台灣，兩岸從此進入分立分治的狀態。

民國 34 年，高雄市成為省轄市，隸屬台灣省，下轄 10 區，分別為鹽埕區、鼓山區、左營區、楠梓區、三民區、新興區、前金區、連雅區（民國 41 年更名為苓雅）、前鎮區與旗津區。民國 64 年，人口首度突破百萬，成為繼台北市之後第二個人口超過百萬的都市。民國 68 年 7 月 1 日，升格為台灣第二個直轄市，並將當時的高雄縣小港鄉併入高雄市，成為小港區。南海的東沙群島以及南沙群島中的太平島和中洲島相繼於民國 72、94 年，劃歸旗津區管轄。

事件速寫

二二八事件在高雄

壽山要塞司令彭孟緝得知台北爆發二二八事件後，隨即密令各部隊返回崗位，並私下調整軍力布署。此時高雄閉市，市區動盪不安，沒有警察維持治安。3 月 6 日早上，市長黃仲圖與其他 6 位代表手持和平條款欲與彭孟緝談判。彭孟緝以其帶槍行刺為由，扣押涂光明、曾豐明、范滄榕三人，等結束鎮壓後將三人槍決，此為全台最早之軍隊鎮壓，鎮壓行動到 7 日才結束。直到 5 月，高雄地區才結束戒嚴。

值得一提的是，依《聯合國海洋公約》規定，由基線（平均海岸低潮線）向外延伸 200 海浬的範圍為國家可主張的專屬經濟區。而高雄擁有東沙、南沙群島管轄權，確實有「開發太平島石油」之可能，韓國瑜提出的政策並非無的放矢！當然，若單以台灣一國之力或許無法擔負石油開採計畫，因此，與國際級石油公司合作將是一個較為可行的策略。

改制前高雄縣行政區共劃分成 1 個市、3 個鎮及 23 個鄉。過去高雄縣襲用日治時期「郡」劃分法，將整個縣劃分為岡山區、鳳山區與旗山區，通稱為「三山區」。

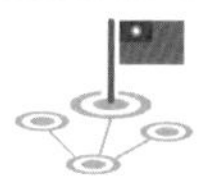

岡山區包含了原岡山鎮、路竹鄉、梓官鄉、橋頭鄉、茄萣鄉、燕巢鄉、阿蓮鄉、湖內鄉、彌陀鄉、永安鄉、田寮鄉；鳳山區包含了原鳳山市、大寮鄉、大樹鄉、林園鄉、仁武鄉、鳥松鄉、大社鄉；旗山區包含了原旗山鎮、美濃鎮、內門鄉、六龜鄉、杉林鄉、甲仙鄉、桃源鄉、那瑪夏鄉、茂林鄉。

直到民國 99 年 12 月 25 日，高雄縣與高雄市合併改制，成為一新直轄市，原高雄縣市法人消滅，由新高雄市繼承，市議員、市長屆數重計。

省轄市時期

二戰期間，高雄港遭到嚴重破壞，國民政府設高雄港務局負責處理高雄港事務，民國 34 年到 41 年之間，進行清理航道、打撈沉船、重建碼頭的工作。由於清港費用龐大，政府決定將高雄港、市分治。

民國 35 年，高雄市政府統計市內的工廠數量，含戰後新成立的 62 家，共有二百多家，這些工廠包含了台灣機械、台灣水泥高雄工廠、台灣窯業等，以及接收日本既有產業而來的台灣肥料、台灣鋁業、台灣製鹼和高雄煉油廠，戰後都已經開始復工或進行生產。

民國 42 年起，政府連續實施六期的四年經濟建設計畫，前三期目的在推行進口替代的工業化政策、扶植國內工業發展、提高農業生產、限制外國產品進口。後三期則以出口為導向，獎勵中小企業投資，鼓勵出口。高雄市的工業發展與建設就是這一時期的重心。工業產值超過農業，成為第一個以農業發展帶動經濟起飛的國家。由於中小企業蓬勃發展，對外貿易持續成長，使台灣躋身「亞洲四小龍」之列，締造出台灣的經濟奇蹟。

民國 47 年起，政府開始著手高雄港十二年擴建計畫，為了配合擴建以及大鋼廠、造船廠之建設需要，高雄港的臨海工業區也在這一時期開闢完成。民國 53 年，高雄港清港工作告一段落。此時台灣產業開始起飛，對高雄港的需求有增無減。民國 59 年，十大建設中的煉鋼廠、大造船廠、石化廠、中山高速公路與鐵路電氣化，這五項建設都跟高雄有關，除了加速高雄的發展，也奠定了高雄「工業之都」的地位。

由於高雄的重工業快速擴張，加上高雄第二港口的完工啟用，高雄港的貨運量逐年攀升，開始了另一波的擴建。另一方面，都市發展則以高雄車站為中心，往南、北、東三個方向持續發展。

升格直轄市時期

為平衡南北發展，民國 68 年 7 月 1 日，高雄升格為台灣的第二個直轄市，並於民國 83 年選出第 1 屆民選直轄市長。因為民國 68 年 12 月發生的美麗島事件❷，高雄成為泛綠人士認定的「民主聖地」之一。

高雄港十二年擴建計畫持續進行，如民國 64 年第二港口開

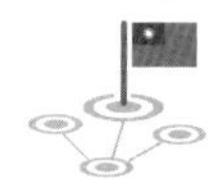

通。民國 69 年完成中島商港區，並增加 27 座深水碼頭與 2 座淺水碼頭，附設高雄加工出口區、前鎮漁港、臨海工業區等。民國 73 年完成高雄港過港隧道。民國 78 年完成第五貨櫃中心。民國 88 年，高雄港躍升成為世界貨櫃吞吐量第 3 大港，僅次於香港與新加坡。但近來由於受到其他港口的競爭挑戰，諸如香港、釜山、深圳鹽田、上海洋山等，排名開始下滑。

流經市中心的愛河，經長期改造後，現已成為高雄市重要的觀光景點之一。過去高雄市因過度發展工業，外縣市移民大量湧入，以及汙水下水道系統尚未普及等因素，使愛河排水功能無法負荷，成為一條嚴重汙染的河川，高雄市政府於是在民國 66 年開始愛河的整治規劃。歷經三十年多位高雄市長（王玉雲、楊金欉、許水德、蘇南成、吳敦義、謝長廷及陳菊），目前僅剩源頭整治工程尚未完成。

隨著愛河及前鎮運河的整治成功，以及政府對文化產業與休閒設施的積極修建，高雄市逐漸擺脫「工業重鎮，文化沙漠」的刻板印象；民國 93 年 5 月更取得 2009 年世界運動會的主辦權。都市發展上，除了三多商圈、新堀江商圈等陸續興起外，城市光廊、高字塔文化園區等的大力整建，也為高雄帶來有別於過去工業港都的風貌；高雄捷運、鐵路地下化、高雄捷運環狀輕軌等的出現，替高雄不便的交通帶來紓解。

這個時期不能不提的大紀事就是第 8 屆世界運動會，簡稱 2009 高雄世運，是台灣首次舉辦的國際性大型綜合運動賽事，與台北的聽障奧運並列為 2009 年台灣兩大國際賽事，共有 102 個國家和地區，近 5,000 名選手參加。比賽項目大部分是在高雄市進行，其餘則由當時的高雄縣鳳山市、鳥松鄉及大樹鄉承辦。

在所有比賽項目中，中華健兒在滑輪溜冰上的成績最為亮眼，奪牌數佔了 8 面金牌中的一半。而空手道的黃昊昀奪得的金牌，則是中華台北參加空手道比賽以來首次拿到的最好成績。中華隊在高雄世運中總共取得 8 金 9 銀 7 銅的好成績，得牌數在參賽的國家與地區中，名列第七。

縣市合併直轄市時期

民國 99 年 12 月 25 日，高雄市與高雄縣合併為一新直轄市，成為新「高雄市」，首任市長由同年 11 月 27 日當選的合併前高雄市長陳菊擔任。

高雄市政府目前有兩處市府大樓，一處位於苓雅區，是高雄市政府合署辦公大樓，稱四維行政中心；一處位於鳳山區，為前高雄縣政府辦公大樓，稱鳳山行政中心。由於升格後的高雄市府公務員人數眾多，兩處辦公大樓均無法單獨容納所有市府人員，分散辦公恐影響辦事效率，但因市府財政吃緊，所以有關興建新辦公大樓一事，目前暫無規劃。

高雄市有意與高雄港合併，以消除港市隔閡。關於高雄港的發展，交通部參考先進海運國家所採用「政企分離」之航港管理辦法，於民國 101 年 3 月 1 日成立台灣港務股份有限公司，

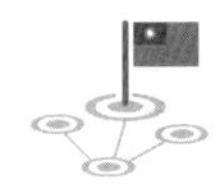

將基隆港務局、台中港務局、高雄港務局及花蓮港務局的港務經營業務合併，而航務行政業務則交由交通部航港局負責。從政府機關變成國營公司，用以解套因缺乏應變市場變化導致競爭力下降的問題。

七三一氣爆事件

民國 103 年 7 月 31 日晚間 11 時 55 分，高雄市苓雅區和前鎮區發生連環爆炸，導致路面坍塌，造成 32 人死亡，321 人受傷。華運公司到李長榮化工大社廠間，因為 4 吋丙烯運送管線壓力異常而破損，使液態丙烯外洩引發氣爆，檢方依過失致死等罪起訴分屬於高雄市政府、華運公司與李長榮化工的 12 人，均被判處 4 年以上有期徒刑，全案還可上訴。

事件當天晚間 9 點，即有民眾通報疑似有瓦斯外漏，幾小時後便發生連環爆炸事件，不僅傷亡慘重，更造成三多路、凱旋路、一心路等多條重要道路嚴重損壞，人孔蓋、民眾與路邊車輛被炸飛，數百公尺柏油路被炸毀，衝出的火焰有十五層樓高，火球直徑約十五公尺，到場救援的多名警消受傷。

經高市府、李長榮化工、華運公司三方協議，和罹難者與重傷者達成和解，市府更提出以「代位求償」方式，替災民向肇事單位求償，簽約率達 99%，撥付救助金逾 6 億元。

衛武營

衛武營國家藝術文化中心位在高雄市鳳山區，前身是軍事新訓中心，民國 92 年，以都會公園、藝術中心與特定商業區三體共構的方式重新開發，其中藝術中心是新十大建設的一環。整個園區面積有 66.6 公頃，衛武營藝術文化中心佔地 9.9 公頃，場館面積有 3.3 公頃。民國 99 年動工，106 年完工，隔年開幕，為全世界最大單一屋頂劇院，內有音樂廳、表演廳、戲劇院、歌劇院，量體規模超過台北的兩廳院。

★筆者攝於高雄鳳山衛武營國家藝術文化中心

衛武營國家藝術文化中心的啟用形成了南部藝術文化的重鎮，與台北國家兩廳院和台中國家歌劇院，成為台灣北中南三地的旗艦級藝術中心，平衡過去重北輕南的文化藝術發展。

崗山之眼

崗山之眼園區位於燕巢區與岡山區交界處，佔地 1.8 公頃，

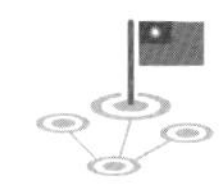

以天空廊道為主角，全長88公尺，於2018年2月正式對外開放，整體的設計概念以音樂為發想，主塔橋像一把小提琴的琴頭，延伸出去的鋼索即為琴弦，末端的迴旋梯則猶如琴鍵，拾級而下就像彈奏琴鍵，在耳邊響起悅耳琴音，從天空廊道可俯瞰阿公店溪及還有整個平原，天氣晴朗時更能眺望中央山脈的主稜北大武山，85大樓、台灣海峽、壽山等景色更是盡收眼底。

★左圖為崗山之眼（筆者攝於崗山之眼園區）；上圖為高雄輕軌（筆者攝於高雄）

高雄環狀輕軌

高雄捷運環狀輕軌，通稱「高雄輕軌」，為一環狀路線。民國90年，高市府計畫將台鐵的臨港線發展成臨港輕軌，預計在鐵路地下化後的高雄車站地面設站，往東沿臨港線環繞至前鎮區，往西至鹽埕區，再往北至鼓山區，最後繞回高雄車站。

民國96年，將臨港輕軌擴大為環狀輕軌，北半環路線擴大到經美術館及大順路，讓北高雄市民也能搭乘。但因BOT招商不順，只能先推動環狀輕軌先導公車，並規劃水岸輕軌。

新環狀輕軌施工分成二階段——第一階段主要以原臨港線路段的籬仔內站到哈瑪星站水岸段，其餘路段因需要使用部分原台鐵縱貫線地面路段路權，必須在台鐵地下化完工後才能施工。

高雄市長韓國瑜剛上任即宣布停建高雄輕軌二階工程，認為二階工程無法改善交通效益，高雄市捷運局將重新評估，以高架、地下化等方式作為替代方案。

❶ 國民政府接管台灣後，派陳儀出任台灣省行政長官，民國36年2月，一起緝菸血案成為導火線，民眾要求嚴懲凶手未果，開始抗議躁動，攻入派出所，毆打專賣局職員致死，導致公署衛兵開槍事故，事件越演越烈，暴動蔓延全台，史稱「二二八事件」。3月8日，軍隊分別從基隆港和高雄港登陸鎮壓。此事件揭開了長達38年白色恐怖政治的序幕。到民國38年之前，與二二八事件有關的新聞持續被報導，陳儀則在民國39年被槍決。

❷ 民國68年12月10日在高雄市發生一起重大衝突事件，以《美麗島》雜誌社成員為核心，組織群眾進行遊行及演講，以民主與自由、終結黨禁和戒嚴為訴求，結果爆發激烈的警民衝突，事件後大批黨外運動人士遭到逮捕與軍事審判，乃二二八事件後最大規模的警民衝突事件。美麗島事件是讓台灣社會從封閉走向開放的一次歷史事件，對台灣政治、社會與文化都產生劇烈衝擊。

Appendix

附錄

Chronology

韓國瑜年表與台灣大事

時間	韓國瑜年表與台灣大事
1957 年 6 月 17 日	韓國瑜出生於台北中正新村
1963 年 9 月	葛樂禮颱風來襲，韓家中正新村的住宅慘遭滅頂
1966 年	韓家遷至壽德新村，韓國瑜就讀板橋國小三年級
1970 年	韓國瑜就讀海山國中一年級，並於分班考試時考入精英班
1972 年	韓國瑜成績下滑，並被分入國三放牛班
1973 年	韓國瑜畢業考入私立恆毅中學
1974 年	韓國瑜高二被留級，轉入自由中學
1975 年	• 蔣中正總統過世 • 韓國瑜 18 歲報考軍校
1977 年	韓國瑜陞任馬祖莒光島汽車連副連長
1981 年	韓國瑜以上尉軍銜退伍，並考上東吳大學英文系
1985 年	韓國瑜考上政大東亞所
1989 年	韓國瑜與李佳芬結婚
1990 年	• 「鴻源案」爆發 • 「野百合學運」爆發 • 韓國瑜當選第 12 屆台北縣議員
1992 年 5 月	自強保齡球館大火
1992 年	• 韓國瑜質詢尤清，壽德新村住處發生火災 • 韓國瑜當選第 2 屆立委

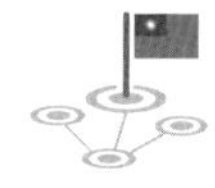

1993 年 5 月 5 日	立法院國防委員會議上，韓國瑜與陳水扁爆發衝突
1993 年 9 月 2 日	發生許天德槍擊案
1994 年	韓國瑜因支持興建核四廠而被反核團體發動罷免，雖連署成案，最後遭否決（未罷免成功）
1995 年	韓國瑜當選第 3 屆立委
1998 年	• 韓國瑜當選第 4 屆立委 • 李佳芬當選第 14 屆雲林縣議員
2000 年	台灣首次政黨輪替（陳水扁當選總統）
2001 年	韓國瑜棄選立委，終止連任
2004 年 1 月 3 日	韓國瑜載李佳芬時發生車禍
2004 年 8 月 18 日	韓國瑜創辦維多利亞雙語中小學
2006 年	• 韓國瑜任台北縣中和市副市長 • 百萬人倒扁運動（韓國瑜參與）
2008 年	台灣第二次政黨輪替（馬英九當選總統）
2009 年 8 月 8 日	莫拉克颱風來襲（八八風災），高雄小林村滅村
2013 年	韓國瑜出任北農總經理
2014 年 7 月 31 日	高雄七三一氣爆
2016 年	• 台灣第三次政黨輪替（蔡英文當選總統） • 韓國瑜被民進黨圍攻，辭北農總經理
2017 年	韓國瑜落選國民黨主席，後南下擔任高雄黨部主委
2018 年 2 月 23 日	八二三水災重創南台灣，段宜康 PO 文指控韓國瑜在高雄淹水時笑著與人共舞
2018 年 4 月 9 日	韓國瑜遷戶口至高雄市林園區王公里，表態參選高雄市長
2018 年 8 月 29 日	韓國瑜前往選委會登記參選高雄市長
2018 年 10 ～ 11 月	韓國瑜開始舉辦各大造勢晚會——左楠、三民、三山、「超級星期六」、「選前之夜」

2018 年 11 月 10 日	公辦電視政見辯論會（全高雄市長候選人辯論）
2018 年 11 月 19 日	三立電視辯論（韓國瑜、陳其邁辯論）
2018 年 11 月 24 日	韓國瑜當選第 3 屆高雄市長
2018 年 11 月 25 日	韓國瑜夜宿果菜市場
2018 年 12 月 25 日	韓國瑜就職高雄市長
2019 年 1 月 17 日	韓國瑜第一次進入高雄市議會備詢
2019 年 1 月 19 日	韓國瑜夜宿永安之家（兒童之家）
2019 年 2 月 18 日	韓國瑜夜宿彌陀漁會
2019 年 2 月 24 日	韓國瑜率市府人員及農會人員前往星馬招商
2019 年 2 月 28 日	韓國瑜星馬招商之旅結束，帶回近兩億的農漁產品銷售訂單
2019 年 3 月 5 日	韓國瑜夜宿計程車運將段金成家
2019 年 3 月 22 日	韓國瑜出訪港澳四城市進行「深度經濟之旅」
2019 年 3 月 27 日	韓國瑜遭陳致中按鈴控告「外患罪」
2019 年 3 月 28 日	韓國瑜港澳四城市經濟之旅結束，帶回五十餘億的農漁產品銷售訂單
2019 年 4 月 3 日	韓國瑜宣布高雄市府放棄「小林村國賠案」的上訴權，並預計編列 3,200 萬元的賠償預算
2019 年 4 月 9 日	韓國瑜啟程訪美，按既定計畫先後至哈佛大學及史丹佛大學演講，並參訪特斯拉、蘋果等知名企業
2019 年 4 月 18 日	韓國瑜訪美鐵人行程結束，飛抵桃園機場
2019 年 4 月 23 日	韓國瑜針對 2020 總統大選等議題發表五點聲明
≈ （以下為平行宇宙） ≈	
2020 年 1 月 11 日	韓國瑜當選第 15 屆中華民國總統
2020 年 5 月 20 日	韓國瑜就職第 15 屆中華民國總統
2024 年	韓國瑜當選第 16 屆中華民國總統
2024 年 5 月 20 日	韓國瑜就職第 16 屆中華民國總統

2 Inspiring Quotes 韓國瑜的名言金句集錦

韓國瑜 Facebook〈CEO 的態度與決心〉

- 我背不出每一個數字，但我看得出問題所在；我到不了每一個地方，但我知道方向在何處。
- 一個真正可以讓人民相信的政府，應該沒有圍牆、只有道路，應該沒有貪汙、只有廉能，應該沒有悲情、只有歡喜。

《台北市議會公報》速記錄

- 「禿子跟著月亮走」，你聽過沒有？誰是「禿子」、誰是「月亮」，你看一下。
- 我只想說「問世間情是何物？」、「問世堅真理是何物？」

韓國瑜 Facebook〈參選黨主席聲明稿〉

- 我們生在台灣、長在台灣、死在台灣，也會葬在台灣！
- 對外追求和平！對內追求公平！

左楠造勢演講稿

- 每一個人民去投票所投票，只有一個希望——過好生活。
- 在人生旅途上，政治只有短短的幾年，一個政黨、一個政治人物，你為什麼不把握機會，好好造福人民？等你離開政壇，你想要好好造福，你沒有機會、沒有機會！
- 一個市長的理想，會影響一個城市的理想；一個市長的個性，會絕對影響城市的個性；一個市長的願景，會影響一個城市的願景；一個市長的創意，也會影響一個城市的創意。

三民造勢演講稿

- 從我頭禿了以後，就沒有這麼受歡迎過！
- 未來五年、十年，台灣一定會改變，政治中心在台北，最有錢的城市——在高雄！
- 蛋白是我們高雄市的農村、漁村；蛋黃，是我們高雄市的精華地帶。我們蛋白區的農產品、漁產品、水產品，一定要賣得出去；我們蛋黃區，投資客、觀光客一定要進得來。

三山造勢——鳳山演講稿

- 聰明的政府找方法，無能的政府找藉口！
- 我堅持一瓶礦泉水，從頭選到尾。

三山造勢——旗山演講稿

- 在我來看，這三山是什麼三山？大家說旗山、岡山、鳳山。各位鄉親，我跟大家報告，我們還有一個三山，未來的高雄，要金山、銀山、靠山！
- 我都還沒有正式投票，全身已經五彩六色。
- 民心思變。

三山造勢——岡山演講稿

- 天下乞丐，誰決定乞丐？是皇帝啊！皇帝有德有能，民生富庶，社會祥和，哪裡來的乞丐？
- 民進黨也不是高雄人的爸爸，為什麼每一次要投他？
- 民主政治走到今天，人民才是政黨的爸爸！
- 所有的政治人物、所有的政府、所有的政黨，絕對不能夠忘記初衷，絕對不能忘記對選民神聖的承諾。

超級星期六演講稿

- 高雄的過去，是包容；高雄的現在，是包容；高雄的未來，也是包容。
- 我寧願乾乾淨淨輸掉，我也不會骯髒地贏得這場選舉！

選前之夜

- 讓高雄最美好的東西賣得出去，人進得來，高雄發大財！
- 我天不怕、地不怕，我連我老婆也不怕，但我怕漏氣。

就職高雄市長演講稿

- 貨賣得出去、人跟錢進得來，讓高雄發大財。
- 要風調雨順，靠老天；要國泰民安，靠自己。
- 「打造高雄、全台首富」的君子之約。
- 在新的市府團隊的心中，我們沒有圍牆，只有道路；在高雄市民的眼前，我們沒有顏色，只有幸福。

哈佛「閉門會談」演講稿

- 台灣安全，人民有錢。（演講原文：Taiwan is safe, and people are rich.）
- 忘記背後，努力向前，向著標竿直跑。（演講原文（摘自《聖經》）：Forgetting what is behind and straining toward what is ahead, I press on toward the goal.）

The Speech in Kaohsiung 韓國瑜演講稿

2019/4/12 哈佛「閉門會談」演講稿

The Power of Down to Earth—
They Talk the Talk, I Walk the Walk

影片傳送門

Good afternoon, Director Szonyi, Director Goldstein, ladies and gentlemen, this is my greatest honor and pleasure to be here today and to begin with, I would like to express my appreciation for the long term friendship between the United States and the R. O. C., and for the support from the US government and its people, so we can engage and cooperate closely. I am more than honored to have this amazing opportunity standing at this podium, in front of the distinguished scholars at the Fairbank Center for Chinese Studies, the most esteemed institution of Chinese Studies in the world, to share my story and to talk about what I think and what I want to do as Mayor of Kaohsiung.

In Taiwan, there are a lot of people calling me a "produce vendor." Mainly because I worked in a local agricultural products marketing company before I ran in the Mayor election. The media often describes me with the term "down to earth," and few individuals even name me "country bumpkin" for my humble origins, and my rather direct and unrefined language. Well today, this bald country bumpkin from Taiwan is standing before you, on the campus of one of the most prestigious universities in the world: Harvard! A few months ago, many could not have imagined this, even in their wildest dreams!

What brings me to Harvard today, is the fact that last November, I won an election in Southern Taiwan that nobody thought I could possibly win. Besides, people are saying that I single-handedly reshaped the politics of Taiwan. They are calling this wide-spread political current the "hanliu" or "Han wave."

However, I don't believe in "hanliu" or "Han Wave" because I know very well that what brings me to the Mayor position and to speak to you today, is not me as an individual, but is the will of the people. People in Taiwan, especially in Kaohsiung, have had enough of the unproductive government, enough of all the nonsense of ideological manipulation, and enough of pathetic politicians who only talk without making worthy actions.

The reason behind our success, is not because I am at any rate a great person. It is because Taiwan's current ruling party is not doing a good job. They have disappointed the people, so the people want something different. In fact, the people of Taiwan dislike not just the DPP, but they are tired of all of traditional politicians. Especially those politicians who come up with fancy slogans and empty promises. They don't know, and they don't care what the people really need. They only talk the talk, but me, I walk the walk.

I walk to the people from all walks of life, with an emphasis on socially vulnerable groups. I insist to stay overnight in different folks' places once a month, to get close to their real life. I have stayed in an orphanage, a fisherman's association, a taxi driver's home and will stay in many others' places as well. I also walk to the world, to Mainland China, to Southeast Asia, to America and hopefully to more other places in the world. This is not because I like to be Mr. Fogg who travelled around the world in 81 days, but because Kaohsiung deserves more visibility and opportunities. Kaohsiung has been isolated and closed off for too long. As a result, the economy and population are sadly declining. We need to walk out to the world to promote our produce and products, to attract more visitors, and to carry out what I advocate loudly for, "Export Goods Out, Welcome People In, Let Kaohsiung Prosper!" 貨出得去、人進得來、高雄發大財！

You might be curious how come I am so down to earth and not a stereotypical politician. Actually, once, I was one of the politicians people look down on. I had been councilor and congressman for over 10 years. And one day, I came to face the truth that I didn't do a good job as a politician, so I just decided not to run for the next round of elections. Therefore, I fell out of the upper down to the earth. I have been down to earth ever since and stayed on it as a Mayor now. I know what the people really want—I was one of them, I had hope for the government, that the people in power can do good things for us. I know deep down peoples needs are simple and humble. People want to enjoy peace and security; want a government that can get things done; want to make money; and most importantly, want to have good life.

When I first settled in Kaohsiung, I worked as Director of KMTs Kaohsiung Chapter and we had no funding at all. The DPP had ruled Kaohsiung for more than 20 years, so no one thought I was even close to winning. I had a very hard time raising campaign funds. So when I announced to run for the Mayor election, I went with the slogan "one bottle of water and one bowl of pork rice." That was all I could provide to the supporters at rallies and gatherings—and most of the time, no pork rice, only a bottle of water! Yet, the reason I did that was not only because we were short of money, but also because I would like to do things differently. I will not be the politician that people dislike anymore. "One bottle of water" is totally against the traditional way of campaigning. There's an old saying that "you don't need to learn how to win an election as long as you have money." Back then a lot of people in Kaohsiung warned me that it would be impossible to win the election. I had nothing and my hands were empty, so that made me a non-stereotypical candidate. I was down to earth, down with the crowd and got closer to them. The people who came to my rallies and gatherings were not there for give-away gifts or buffets, they came to support!

What did I give them in return for their support? A response, a response to their worries and anxiety, a response so outspoken that only a country bumpkin would say it out loud to the people: we want to make big money! You are probably familiar with my campaign slogan, "Export Goods Out, Welcome People In, Let Kaohsiung Prosper." And "100% for better economy and 0% for political calculations." Right now, Taiwan is full of political calculations especially in the Cross Straits policies. As a sad result, Taiwan's economy has been totally compressed with no room to grow. I have listened to the people, and that is not what they want! What people really want are better incomes, good livings, peace with Mainland China, and mutual respect. That is why I am doing 100% for a better economy and 0% for political calculations.

In the meantime, as a region that is heavily trade oriented, our worst nightmare is to be marginalized. When countries around the world are actively promoting free trade, signing free trade agreements and engaging in regional economic integrations, Taiwan is excluded, and that is not okay for our economic development. The complications and difficulties of achieving regional economic integration is based on the relationship across the Taiwan Straits. To any political leader of Taiwan, the biggest challenge is to maintain peace and stability across the Taiwan Straits, and to ensure Taiwan is not excluded from important international activities.

No one wishes to live in instability and chaos. We are all very clear that the only military threat to Taiwan comes from Beijing. Like I've said time and again, we have no doubt that the people of Taiwan are determined to strive for democracy. Yet at the same time, we must not doubt the Beijing's determination for unification. While it is important to strengthen our defense capabilities, we must not blind ourselves to the fact that Beijing has immense military powers. What we must to do is to strive for peaceful coexistence with Mainland China, and to use wisdom to avoid potential conflicts. This is what the people of Taiwan need. We need to face the fact that Mainland China has risen, and to avoid unnecessary confrontations. After all, "War has no winners and peace, no losers."

Yet in these 3 short years, the international community is once again worried that conflict may erupt in the Taiwan Straits. Beijing is once again threatening unification by military force. President Tsai is talking about how many days Taiwan can hold out until international aid arrives. The Premier of our Executive Yuan is talking about taking the battles into the streets and fighting with fists and broomsticks. These scenarios of violence and bloodshed are not what the people of Taiwan are wishing for!

I believe "Export Goods Out, Welcome People In, Let Kaohsiung Prosper," is what Kaohsiung people wishing for, and in this sense I see the 92 Consensus is practical and realistic. My view on the 92 Consensus is naturally "One China, Respective Interpretations" based on Constitution and The Act, certainly not "One Country Two Systems," like Macau or Hong Kong. Some people say that the Beijing does not recognize "One China, Respective Interpretations." I would like to point out that in the 8 years under KMT's rule, Beijing certainly did not refuse to interact with us because of KMT's stance on 92 Consensus. In fact, during those 8 years, we signed many agreements, participated in many international activities, and more countries had granted us visa-waiver status.

In the course of my campaign as Mayor of Kaohsiung, I stressed the importance of economy. My basis for Cross Straits Relations is the '92 Consensus'. My winning the election showed that the people of Taiwan did not reject my stance on this matter. I openly shout out to President Tsai and her administration. If they are not willing to recognize the '92 Consensus', then they must conceive some new ideals and concrete measures so that they can sustain peace and security in the Taiwan Straits and ensure Taiwan's economic development. They must somehow enable the people of Taiwan to continuously live in freedom and democracy. So far, they have come up empty.

The United States is without a doubt a very important friend to Taiwan ROC. The US has been our ally in terms of economics, security, military, and politics. We had the Mutual Defense Treaty, and afterwards we have the Taiwan Relations Act, which provides Taiwan with military defense capabilities. The US is also our important trade partner, and our mutual collaborations over the years have given Taiwan a secure and peaceful environment that allowed for our great economic and political developments. We cannot, and should not, drag our American friends down because we are not able to handle the Cross Straits relations effectively. It is one thing to befriend our American allies but its something else to take the American friendship for granted. We must assume our share of the responsibility to secure peace in the Taiwan Straits so that our people can live in democracy and prosperity.

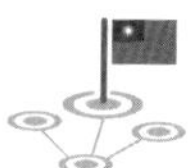

To conclude, the reason I won the election is because the Kaohsiung people agree with my down to earth call for revitalizing the economy and upholding the stability. Actually most of the people in Taiwan all want, in my down to earth expression, "**Taiwan is safe, and people are rich.**" Since this is Harvard and there must be a lot of Christian friends here today, I would like to take a verse from the Bibles Book of Philippians as my closing remark. "**Forgetting what is behind and straining toward what is ahead, I press on toward the goal.**"

I pressed on walking the walk and that is the power of being down to earth. Without feet on the ground, we cannot walk.

Thanks again for inviting me and thank you all very much for listening. Thank you!

接地氣的力量——他們光說不練，我付諸行動

宋怡明主任、戈迪溫主任、女士們、先生們午安，今天能來到這裡，我感到非常榮幸，我想對美國與中華民國之間長期的友誼表示感激，在美國政府及人民的支持下，我們得以密切合作。我也非常榮幸能在費正清中國研究中心這個世界上最受尊崇的中國研究機構、在諸位傑出學者和研究者的面前，分享我的一些經歷及談論作為高雄市長，我的想法和我想做的事情。

在台灣，有很多人稱我為「賣菜郎」。主要是因為我在參加市長選舉之前曾在台北市的農產運銷公司工作。媒體也經常

用「接地氣」這個詞形容我，更有些人因為我卑微的出身和我直截了當、不加修飾的說話方式而說我是一個「土包子」。然而今天，這個台灣的光頭土包子居然能夠來到這個世界上最負盛名的哈佛大學的講台上、站在你們面前。這是幾個月前，許多人作夢都想不到的！

今天是什麼把我帶到哈佛？主要是因為在去年 11 月，我贏了一場選舉，沒有人認為我在台灣南部有任何可能勝選的機會。也有人說我單槍匹馬地改變了台灣的政治景象、帶起了一種政治風潮，他們稱其為「韓流」或「韓潮」。

但是，我不認為有「韓流」或「韓潮」，因為我非常清楚我選上市長、並且在今日能與你們說話的原因，其實不是因為我個人，而是人民的意志。台灣人民，尤其是高雄的人民，已經受夠了無能的政府、意識形態的操縱，以及光說不練的政客。

我們成功勝選的背後原因並不是因為我是一個多麼了不起的人，而是因為台灣現任執政黨實在做得不好。政府讓人民失望，所以人民想要不一樣的選擇。事實上，台灣人民受夠的不僅是執政黨，而是厭倦了所有傳統的典型政治人物。特別是那些只會提出花哨口號和空洞承諾的政治人物。他們不知道，他們也不關心人們真正需要的是什麼。他們只說不做，但我付諸行動。

我實際走近各行各業的人們，特別是社會較弱勢的族群。我堅持每個月選擇一個不同的基層地點過夜，以便近距離了解

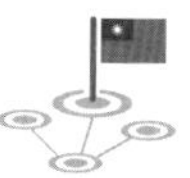

這些民眾的生活情況。我已經夜宿過孤兒院、漁會、計程車運將的家，未來也將在更多其他的基層地方過夜。

我也走向世界，去了中國大陸、去了東南亞、現在還來到美國，未來希望走向世界其他地方。這不是因為我想變成在 81 天內環遊世界的 Mr. Fogg，而是因為高雄應該獲得更多的知名度和機會。高雄已被隔離且封閉太久，長期下來造成經濟衰退、人口減少的結果。我們需要走向世界，推廣我們的產業和產品，吸引更多的人來高雄，並且落實我所主張的「貨出得去，人進得來，高雄發大財！」

你們也許會疑惑為什麼我如此接地氣又不像典型的政治人物。事實上，我也曾經是民眾看不順眼的那種政治人物。我擔任議員和立委超過 10 年。直到有一天，我意識到自己並沒有做好一個政治人物的事實，所以我決定不繼續競選連任。因此，我從高人一等的民意代表變回一個基層民眾。從那以後，我就一直在基層、接地氣，現在即使是市長，也是如此。我知道人們真正想要的是什麼——因為我曾經也是其中之一，對政府懷抱希望，期許掌權者可以為我們人民謀福祉。我深知人民的需求是簡單而且卑微的。人民希望享受和平與安全；希望有一個能做實事的政府；希望能賺到錢；最重要的是，每個人都想擁有美好的生活。

當我一開始定居高雄的時候，我出任國民黨高雄市黨部的主委，我們根本沒有資金。再加上民進黨已經統治高雄二十多年，所以沒有人認為我有任何勝選機會，因此非常難籌措競選資金。因此，當我宣布競選市長選舉時，我的口號是「一瓶礦泉水和一碗滷肉飯」。這是我在造勢會場和集會上所能向支持者提供的——大多數時候，連滷肉飯也沒有，只有一瓶礦泉水！然而，這樣做的原因不僅是因為我們沒有資金，也是因為我認為台灣選舉的方式應該要有所改變。我不要再成為人民不喜歡的那種政治人物。「一瓶礦泉水」完全違背了傳統的競選方式。有一句老話：「只要你有錢，你就不需要學習怎麼選舉。」所以當時很多人警告我，要勝選是不可能的，因為我什麼都沒有，我兩手空空，但也這樣讓我成為一個非典型的候選人，我接地氣、跟民眾站在一起、貼近他們。來到我的聚會或造勢會場的人不是為了免費禮物或餐點，他們就是單純地為了支持而來！

而我如何回應他們的支持呢？我針對他們的擔憂和焦慮做出了回應，一個直言不諱的回應、一個只有土包子才會對著大家大聲喊出來：我們要賺大錢！你們可能聽過我的競選口號，「貨出得去，人進得來，高雄發大財」和「經濟 100 分、政治 0 分」。現在，台灣就是充斥著政治計算，特別是針對兩岸政策方面的議題。令人遺憾的是，台灣經濟空間也因此受到壓縮，難以成長。我知道民眾的想法，這不是他們想要的！人民真正想要的是有更好的收入、優渥的生活、與中國大陸和平共處與相互尊重。這就是為什麼我認為經濟要 100 分、政治必須是 0 分的原因。

同時，作為一個以貿易為主要導向的地區，我們最糟糕的噩夢就是被邊緣化。當世界各國積極推動自由貿易，簽署自由貿易協定和參與區域經濟體時，台灣都被排除在外，這對我們的經濟發展來說是不可取的。實現區域經濟體的複雜性和困難與兩岸關係息息相關。對台灣的任何政治領導人來說，最大的挑戰是維護台灣海峽的和平與穩定，確保台灣不被排除在重要的國際活動之外。

沒有人希望生活在不穩定和混亂之中。我們都非常清楚台灣唯一的軍事威脅來自北京。就像我一再說過，我們不用懷疑台灣人民追求民主的決心，但與此同時，我們也不用懷疑北京追求統一的決心。雖然加強我們的防禦能力很重要，但我們不能對北京擁有強大軍事力量的這一事實視而不見。我們要做的是努力與中國大陸和平共處，用智慧避免潛在的衝突。這是台灣人民所需要的。我們需要面對中國大陸崛起的事實，並且避免不必要的對抗。畢竟，「戰爭沒有贏家及和平，也沒有輸家。」

然而，在民進黨執政的短短三年裡，國際社會開始再次擔心台灣海峽可能會爆發衝突。北京再度提起武統，我們的總統蔡英文正在談論「台灣在國際援助到來前可以堅持幾天」，而我們的行政院長更說「要戰到街頭、山區，要民眾拿出拳頭和掃帚與敵軍打架」，但是，這些暴力和流血場面絕不是台灣人民所希望的！

我認為「貨出得去、人進得來、高雄發大財」才是高雄人民所希望的，因此我認為「九二共識」是切實可行的。我對「九二共識」的看法當然是根據《憲法》和《兩岸人民關係條例》為基礎的「一中各表」。雖然有人說北京並不承認「一中各表」，但我想說的是，在國民黨執政的8年裡，由於國民黨的「九二共識」立場，北京沒有拒絕和我們互動交流。事實上，在這8年中，我們簽署了不少協議，參加了許多國際活動，而且更多的國家給予我們免簽的待遇。

在我作為高雄市長的競選過程中，我強調經濟為主，但是在兩岸關係的基礎上，我主張就是「九二共識」，而人民並沒有排斥這樣的主張。我也公開對蔡總統和她的政府提出呼籲，如果他們不願意承認「九二共識」，就應該拿出一套新的主張和具體作為，以維護台灣海峽的和平與安全，確保台灣的經濟發展，使台灣人民繼續生活在自由民主之中。但到目前為止，他們什麼也沒有提出來。

毫無疑問地，美國是中華民國非常重要的朋友，在經濟、安全、軍事和政治各方面都一直是我們的盟友。我們之前有《共同防禦條約》，之後也有《台灣關係法》，提供台灣軍事防衛的力量。不只如此，美國也是我們重要的貿易夥伴，多年來我們共同合作為台灣提供了一個和平安定的環境，使我們的經濟和民主政治得以發展實現。然而，我們不能、也不應該因為無法妥善處理兩岸關係問題，而把我們的美國盟友拖下水。與我們的美國盟友友好親善是一回事，但將美國友誼視為理所當然卻是另一回事。我們必須承擔起台灣在國際情勢和兩岸關係中應盡的責任，讓台灣人民能夠持續生活在民主和繁榮之中。

總之，這次的勝選主要是因為高雄人民同意我「振興經濟、追求安定」的接地氣呼籲。事實上，若用我接地氣的說法來講，大多數台灣人民所想要的，就是「**台灣安全、人民有錢**」。由於這是在哈佛大學，今天這裡肯定有不少基督徒朋友，我想從腓立比書聖經中摘讀一節經文作為今天的結語：「**忘記背後，努力向前，向著標竿直跑。**」

我會一直腳踏實地前進，這就是所謂的「接地氣的力量」。只有腳踏實地，我們才能持續前進。

再次感謝您們的邀請，非常謝謝大家的聆聽。謝謝！

（本篇演講稿之中文語譯改寫自聯合新聞網〈自嘲「土包子進哈佛」韓國瑜演講中英文對照全文〉）

新聞傳送門

2019/4/16 史丹佛大學演講稿

My Way to Kaohsiung: Reshaping Party Politics in Taiwan and Respecting the Role of Public Servants in Modern Democracy

Good afternoon, Ambassador Eikenberry, ladies and gentlemen.

Before I begin my speech, I would like to express my appreciation first for the long-term friendship between the United States and the R. O. C., and for the support from the US government and its people, that allows us to engage and cooperate closely. I would also like to extend my sincerest thanks to Ambassador Eikenberry for inviting me here to Stanford University, one of the most admired and prestigious universities in the world. It is a great honor to be in front of you, esteemed scholars and students, to share what I think about today's political situation in Taiwan and to share my story of making my way to the mayor's office of Kaohsiung.

I know the main reason I got invited here is that many of you would like to hear about the election held last year, because the result was very much unexpected. You may be curious about how I made my way to Kaohsiung's mayor office; how I went from being an unfamiliar face to a household name, and how I reached this position from such an impossible starting point. In Taiwan, people describe this as the "Hanliu" or "Han wave," but here I would like to make a strong and earnest statement that there is no such thing as "Hanliu" or "Han wave," but only "the will of the people." What swept Taiwanese politics and society in 2018 was not I, Han Kuo-Yu, as an individual. The sweeping changes are because most people in Taiwan have had enough of divisive partisan politics, deceitful ideological confrontation, and ineffective administrations.

These concerns pushed me to pave my way to Kaohsiung, and they are the reasons I stand before you today.

Not long ago, less than a year ago, I would never have imagined myself standing in a lecture hall at Stanford University, as Mayor of Kaohsiung City in the R. O. C., and would not have dreamed to be sharing my story with you. Before my candidature, I was a has-been political figure, serving as general manager of the small Taipei Agricultural Products Marketing company. I was almost 60 years old; promoting produce and agricultural goods was my major mission and responsibility. I was enjoying the work and doing quite a good job. The company recovered from the brink of bankruptcy, and the profits reached a record high during my service. However, just few months before my retirement, I was ousted and accused of some unfounded allegations. I was slandered because some individuals from the ruling party wanted to give that general manager position to a congressman's assistant. I was of course angry, devastated and bewildered. I was, in short, a victim of the political struggles caused by disruptive partisan politics in Taiwan.

I was not the single case. I was not the first one who suffered from the partisan struggles. Taiwan has long been divided by partisan politics, and some people in office prioritize party interests over public interests. I have witnessed for myself that Taiwan's progress has been idling for 20 years due to divisive and malfunctioning partisan politics. I could say the government of Taiwan is not dominated by Public Servants but by Party Servants, and except for the few vested interests beneficiaries, most of the people in Taiwan are all the victims of the polarizing effects of partisan politics that come with the influence of Party Servants.

Over the past 2 decades, we have been faced with a declining economy, standstill salary growth, investments shifting overseas, and also a severe case of brain drain. In the past, Taiwan and Singapore were running neck in neck in terms of development and economy, but now the GDP per capita of Singapore is over US$ 60,000 while Taiwan's is about US$ 25,000. It is no exaggeration that this kind of hopeless and splitting partisan politics and government incompetence left everyone in Taiwan short of more than NT$ 1M per year. Needless to say, our education system, infrastructure development, industrial planning, and other state institutions are all degraded and undermined. I know we could have done far better if we were not trapped in the loop of partisan struggles. Thus, I decided to step forward and speak up and start making some real changes!

To start, I entered the KMT chairmanship election in 2017, as my first step of declaring war on distorted party politics, although at that time I had no weapons and bullets on hand. I had nothing. No team, no resources, no sponsors: only family, a few friends and some big ideas. I had no way to win the election, but as the famous

Martin Niemöller's poem "First They Came..." reminded me, if I did not speak out loud, who would speak up for me? And who would speak up for the millions of people in Taiwan, and for the many future generations that will call this country home? Our country is the first democratic republic in Asia and we have had direct elections for president since 1996. How come our economy and international standings are even weaker than 20 years ago? Why has democracy in Taiwan not brought progress and satisfaction to the people it was instituted for? Could we say democracy is not a good system of government? Could it be said that democracy does not fit Taiwan?

The answers are of course no. However, our democracy in Taiwan, at its budding stage, has become a captive of polarizing ideologies. The questions of independence or unification, Chinese or not Chinese, and also the corrupt desire for power and money have clouded our democratic system for too long. A lot of politicians claim they will be Public Servants who will serve the people and the country during their campaigns, but once they get elected, they only provide services for themselves, for their parties and for pork barrel projects. They are Party Servants, not Public Servants.

When I officially announced my candidature for the Mayor of Kaohsiung City, Kaohsiung was a city on its knees. Kaohsiung was once the 2nd largest city in Taiwan, but now is the 3rd, behind Taipei and Taichung. The city was once the 3rd busiest port in the world but now has dropped to the 15th. Despite all the shortfalls of the city, for more than 20 years, Kaohsiung has been the stronghold of my competitor's party. My friends told me not to run in the election there. Many people were anticipating my failure and my competitors thought it was laughable that I would even think to run. Although I do not have extraordinary talents, I do have strong determination and most importantly, I am bald, so I am bold! I have visited many towns and rural places in Taiwan and set foot on the farms and fields. I could clearly see worry and despair in many people's eyes, like mine. So I know we cannot, and we should not wait any longer.

Taiwan has wasted many years on Party Servants' politics, and for the people who truly put Taiwan dearly in their hearts, like me, we can no longer stand idly and watch this Party Servants' disaster go on damaging our future. So, I stood up and I spoke up wholeheartedly. I asked people from the bottom of my heart to join me and to stop allowing ourselves to fall victim to the endless lies of the Party Servants. I asked the people of Kaohsiung to vote for true democracy, in which we should be responsible for our choices and would rather lose elections with our hands clean, than win with our hands tied up in filthy plots. I asked everyone I met on the streets and spoke out at every occasion on TV or on stage. And the people of Kaohsiung heard me. I would like to give my gratitude and appreciation to the Kaohsiung folks, my fellow like-minded KMT friends, and the many full-hearted volunteers that joined my campaign so that I was not alone any more. With my team and the people by my side, I headed into battle to fight. Together, we encountered miles of challenges and overcame tons of obstacles to finally make our way to Kaohsiung. It was not my own journey but ours.

We fought our way to Kaohsiung, but indeed it is not yet the end of the journey. We are still on the way to building a better Kaohsiung, to recover the old glory and more. Luckily, I have a big team of 2.8 million great citizens with me. We have started our work in 2 major directions. First, is to review and fix degraded infrastructures. For instance, we have thousands of potholes on the streets and also under the ground. Without sound infrastructure, how can we expect people, business, goods and capital to flow in? Secondly, we are promoting Kaohsiung's products and the tourism sector to the world, to realize my campaign slogan "Export Goods Out, Welcome People In, Let Kaohsiung Prosper." We have already been to Singapore, Malaysia, Hong Kong, Macau, Shenzhen and Xiamen. Now I am here in America talking to you future global leaders. We try very hard to increase our global visibility, and to drive business and investment. Besides, we also signed a MOU with Foxconn last month in order to develop Kaohsiungs technology industry and hopefully recruit thousands of software engineers in Kaohsiung for big data, AI and software development.

I would say that we have done a fairly good job so far. However, still many murmurs disturb our work. Some people criticize that agriculture only shares a tiny percentage of the City's GDP, and claim that the sales contracts and MOUs with Mainland China are betrayals of Taiwan. I don't understand, how doing business is not an act of Trade but an act of Treason? This is what the Party Servants' talking to deceive the people. Me and my team, are Public Servants. We care about farmers, fishermen, retailers and all hard-working groups of people. We know that the agriculture business could drive other industries to thrive, like packaging, machinery, logistics, and so on. We, Public Servants, are working hard for progress, yet Party Servants still engage in disruptive partisan politics, discouraging us and holding the city back.

I feel sorry for Party Servants. They do not realize that many people's minds have changed since the election of 2018. I would like to share another opinion of mine about democracy. I believe everyone is familiar with the words of President Kennedy, "Ask not what your country can do for you; ask what you can do for your country." After so many years of elections and especially after the election of 2018, we should have learned the true meaning of democracy. In my words, I would say: "Ask not what your country can do for you; ask who you vote for your country." What if we vote for integrity instead of corruption, vote for harmony instead of confrontation, vote for open instead of closed approaches, vote for truth instead of lies, vote for the well-being of the nation instead of divisive ideologies? Only then, will we have a more productive and constructive society, and a dynamic, reliable, cheerful and peaceful place to call home.

We have reshaped the Taiwanese political environment in 2018, and allow me to re-emphasize that it was not because of a "Hanliu" or "Han wave", it was because of the will of the people, the vision of the people, and the desires of the people. The voters in Taiwan have started to see the damages caused by Party Servant politics, and they now expect Public Servants to bring in honesty, hope, and happiness, without more lies, frustration, and confrontation.

I believe this is the dawn of a Public Servants' era, and we are on the way to reshaping Taiwanese politics, and starting to honor the role and purpose of Public Servants. Hopefully in Taiwan, and also other places in the world where the people believe in true value of democracy, we can one day be all free from the politics of Party Servants and enjoy Public Servants' productive and constructive contributions to society.

Again, there is no "Hanliu" or "Han wave", but only the people. Because of the people, I made my way to Kaohsiung. Now, we are on the way to a new democracy in which Party Servants have laid down their self-interests and means of manipulation, and in which Public Servants work to unleash the great potential of our country.

That is our way.

Thank you, thank you all for listening to me, to this old and bald man. I wish that everyone who listened to my speech without falling asleep today, will live happily ever after!

我的高雄之路：
重塑台灣政黨政治和重視公僕在現代民主中的角色

艾江山大使、女士們、先生們，午安。

在我開始演講前，首先我要對美國與中華民國之間長期的友誼表示感謝，由於美國政府及人民的支持，我們彼此才得以密切交流與合作。我也要向艾江山大使致以最誠摯的謝意，感謝他邀請我前來史丹佛大學這個世界上最受尊崇和極負盛名的大學之一。我非常榮幸能夠站在這裡，在優秀的學者和學生的面前，分享我對現今台灣政局的看法及我走入高雄市長辦公室的故事。

我知道我被邀請站在這裡的原因，是因為很多人都想聽我分享去年那場跌破眾人眼鏡的選舉。您可能對於我走入高雄市長辦公室的方法感到好奇；對於我如何從沒沒無聞、全民陌生的政治家，轉變成家喻戶曉的政治明星而感到好奇；對於我如何從那樣一個不可能的起始點走到今天這個位置感到好奇。在台灣，有不少人把這稱為「韓流」或「韓潮」，但我在這裡要很懇切地向大家強調，從來就沒有「韓流」或「韓潮」這樣的東西，有的只是「人民的意志」。在 2018 年席捲台灣政治和社會的不是我，韓國瑜，這樣一個單一個體。會發生這種徹底的變化是因為台灣大多數人都受夠了分化嚴重的政治惡鬥、充滿操弄欺瞞的意識形態對立和無能的政府。

正因為對這些問題感到擔憂，為我鋪了一條走向高雄的路，也成為我今天站在這裡的原因。

不久前、不到一年前，我絕對不會想到自己有朝一日能以中華民國高雄市長的身分站在史丹佛大學演講廳，而且作夢也想不到我能在此與您們分享我的故事。在我參選前，我是一個過氣的政客，擔任著小小的台北農產運銷公司總經理一職。當時的我已經年近 60 了；推銷農產品和商品是我的主要使命和責任。我很喜歡我那份工作，並且自認勝任愉快。在任內，我把那家公司從破產邊緣拉了回來，並創下公司有史以來最輝煌的業績紀錄。然而，就在我退休前幾個月，我遭到毫無根據的指控並被迫下台。我被誹謗的原因只是因為台灣執政黨的某個派系想用我的總經理職位酬庸某位立委的助理。當然，我感到憤怒、心力交瘁，且茫然無措。簡言之，當時的我，就是一個台灣政黨撕裂性惡鬥造成的政治鬥爭下的受害者。

我絕非單一個案。我也不是第一個遭到政治惡鬥迫害的人。台灣長期以來在政治黨派分裂對立，許多掌權的政治人物首要考慮的是政黨利益而非公眾利益。我親眼目睹因為政治黨派的分裂對立和政府的無能，而使台灣整體發展原地踏步 20 年。我可以直說，台灣的政府不是人民的公僕，而是政黨的奴才，除了少數人能得利以外，台灣的其餘多數人都是政治黨派分裂對立下的受害者。

在過去的 20 年裡，我們的經濟持續衰退、平均薪資成長停滯、投資和資產外移，還有嚴峻的人才流失問題。過去，台灣和新加坡在經濟和各方面發展可說是並駕齊驅，但如今新加坡的人均 GDP 已經超過 6 萬美元，而台灣的人均 GDP 則約為 25,000 美元。毫不誇張地說，這種病入膏肓的政治黨派分裂對立和無能的政府，使台灣每人每年少賺超過 100 萬新台幣。毋庸置疑的是，我們的教育系統、基礎設施發展、工業規劃和國家機構都已經退化並遭到破壞。我知道，若我們沒有陷入政治惡鬥，我們一定可以做得更好。因此，我決定要站出來，並開始做一些真正的改變！

首先，我參加了 2017 年的國民黨主席選舉，這是我向台灣腐敗墮落的政治惡鬥宣戰的第一步，儘管當時的我，手頭沒有任何一把武器，也沒有任何一顆子彈。我一無所有。我沒有團隊、沒有資源、沒有贊助商；只有家人、幾個朋友和一些重要的思想概念。我完全沒有打贏這場戰爭的勝算，但正如德國神學家馬丁·尼莫拉的名詩「起初他們……」❶提醒著我，如果我不勇敢發聲，誰會為我說話？誰又會為數百萬的台灣人民以及我們的下一代發聲？台灣是亞洲第一個民主國家，自 1996 年以來，我們一直維持著總統直選。但為什麼台灣的經濟發展和國際地位甚至比 20 年前還要糟糕？為什麼台灣的民主沒有給它的人民帶來進步和滿足感？我們可以說民主不是一個好的政府體系嗎？我們可以說民主不適合台灣嗎？

答案當然是否定的。但是，在我們台灣的民主還處於萌芽階段時，我們的民主就已經成為極端意識形態的俘虜。我們的民主制度長期存在著統獨問題、是中國人或不是中國人的問題，以及對權力和金錢的腐敗慾望。許多政客聲稱他們將是人民的公僕，他們在競選期間盡心為人民和國家服務，但一旦他們當選，他們就只為自己、政黨及政治酬庸提供服務。他們是政黨的奴才，是黨僕，而不是人民的公僕。

當我正式宣布參選高雄市長時，高雄是一個岌岌可危的城市。高雄曾經是台灣第二大城市，但現在排名第三，落於台北和台中之後。這座城市的港口曾是世界第三大港，但現在已經退居第 15 名。儘管這座城市各式指標都大幅下降，但這二十多年來，仍然是我的競爭對手——民進黨的大本營。我的朋友們都告訴我不要參加高雄的選舉。許多人都在預期我的敗選，我的競爭對手甚至認為這是可笑的。雖然我沒有非凡的才能，但我有堅強的決心，最重要的是，我是個禿子（bald），所以我很大膽（bold）！我去過台灣的許多城鎮和鄉村，踏遍農場與田野。我可以清楚地從許多人眼中看到憂慮和失望，就像我一樣。所以，我們不能、也不該再等了。

台灣這麼多年來一直浪費在黨僕政治的手上，真正把台灣放在心中的人——就像我——我們不該袖手旁觀，看著這個黨僕政治的災難繼續破壞著我們的未來。所以，我站出來，我發自內心地呼喊。我呼籲跟我有一樣想法的人加入我的行列，不要讓自己成為黨僕們無盡謊言的犧牲品。我懇求高雄人民用選票爭取真正的民主，並為自己投下的選票負責，此外，我們也寧願乾乾淨淨地輸掉選舉，也不要骯髒的當選。我在大街上請求我遇到的每個人，也在所有場合——不論是電視節目還是演講舞台——都這麼呼籲大家。高雄人聽見了我的呼喊。我要對所有高雄鄉親、國民黨內和我想法相同的朋友，以及許許多多真心誠意來幫忙相挺的義勇軍，致上由衷的謝忱和感激，感謝他們使我不再孤軍奮戰。有我的團隊和支持者的擁護，我朝對手發起進擊。這一路上，我們遇到了無數的挑戰、克服了許多難關和障礙，最終走向高雄。這不是我個人的征途，而是我們大家的旅程。

我們奮力朝高雄前進，但事實上這個征途尚未結束。我們仍然走在建設一個更好的高雄、恢復它昔日輝煌的路途上。很幸運的是，我擁有一個 280 萬偉大市民的團隊。我們開始從兩個主要方向著手。首先，是查驗和修復所有失修待補的基礎設施。例如，我們路上和地下成千上萬的坑洞或裂口。如果連完善的基礎設施都沒有，我們如何能期待旅客、商賈、貨物和資金流入高雄？其次，我們要向全世界推廣高雄的產品和旅遊業，實現我的競選口號「貨出得去、人進得來、高雄發大財」。我們已經去過新加坡、馬來西亞、香港、澳門、深圳和廈門。此時此刻，我也正在美國與諸位未來全球領導人談話。我們非常努力地要提高我們的全球知名度，並竭力希望促成相關商業機會和投資挹注高雄。此外，我們還在上個月與富士康簽署合作備忘錄，以發展高雄的科技產業，並計畫在高雄招募數千名軟體工程師，進行大數據、人工智能與軟體開發產業。

我認為到目前為止我們（市府團隊）做得可圈可點。然而，仍有許多雜音擾亂了我們的工作。有人批評農業只佔了一個城市 GDP 的一小部分，也聲稱與中國大陸簽署的銷售合同和合作備忘錄是背叛台灣的行為。我不明白，做生意怎麼不是貿易行為而是背叛行為？這些就都是黨僕欺騙人民的說法。我和我的團隊都是人民公僕。我們關心農民、漁民、零售商和所有勤勞的大眾。我們知道農業可以推動其他行業蓬勃發展，如包裝、機械、物流等。我們這些人民公僕正在努力打拼，但是黨僕卻仍在政治惡鬥，試圖使我們望之卻步、把城市拉回原狀。

我對黨僕感到遺憾。他們沒有意識到，自 2018 年大選以來，許多台灣人的思想已經發生了變化，這邊我想與大家分享我對於民主的另一種看法。我相信每個人都聽過甘迺迪總統說過的那句名言：「不要問你的國家能為你做什麼，要問你能為你的國家做什麼。」我們台灣經過了這麼多年的選舉，特別是在2018年大選之後，我們應該已經學會了民主的真諦。用我的語詞來說，我會說：「不要問你的國家能為你做什麼，要問你為了這個國家把票投給了誰。」若我們把票投給了廉潔而不是腐敗、投給了和諧而不是對抗、投給了公開而非封閉、投給了真理而不是謊言、投給了支持國家福祉而不是分裂的意識形態，那會如何？只有如此，我們才能擁有一個更具有競爭力和建設性的社會，以及一個充滿活力、值得信賴、能夠愉快平安生活的家園。

我們在2018年改變了台灣的政治環境，容我再次聲明，這絕不是因為「韓流」或「韓潮」，而是源於人民的意志、人民的願景和人民的希望。台灣選民已經開始看到黨僕政治造成的損害，他們現在期望人民的公僕能帶給他們一個實在的、有希望、具幸福感的政府，再也沒有政治謊言、挫折和對抗。

我相信這是人民公僕時代的曙光，我們正在重塑台灣政治，希望人民公僕的角色與其目標能受到重視。希望在台灣以及世界上其他相信民主真諦的地方，我們終有一天能擺脫黨僕政治的桎梏，享受人民公僕對社會所做出的貢獻和建設成果。

容我再次重申，沒有「韓流」或「韓潮」，有的只是「人民的意志」。因為「人民的意志」，我才得以來到高雄。現在，我們正走向新的民主國家，在這個民主國家中，黨僕們放下了

私利和政治操作手段，而人民公僕們則努力讓我們國家巨大的潛力得到發揮。

這是我們的高雄之路。

謝謝，謝謝大家聽我這個又老又禿的老頭說這麼多。我希望今天所有在場聽我演講、又沒有睡著的人，將從此過著幸福快樂的生活！

（本篇演講稿之中文語譯改寫自聯合新聞網〈談我的高雄之路 韓國瑜史丹福大學演講全文〉）

新聞傳送門

2019/4/23 韓國瑜五點聲明

一、首先，對一路走來，鼓勵、支持、愛護韓國瑜的海內外朋友，深深表示感謝！

二、在擔任高雄市長的這段日子中，我深刻的體會到只有台灣好，高雄才會更好。只有台灣能改變，我才能真正改變高雄！

三、對於國民黨 2020 年總統大選，此時此刻，我無法參加現行制度的初選。

四、長久以來政治權貴熱衷於密室協商，已經離人民越來越遙遠了，台灣的政治改革已經刻不容緩。希望黨內高層都能夠體察民意，關注社會脈動，重視庶民經濟，勿忘世上苦人多。

五、我生在台灣、長在台灣，死在台灣，未來也會埋在台灣，我熱愛中華民國，對中華民國的發展及守護，我願負起責任，不計個人得失榮辱，只願能夠改變台灣。願天佑台灣人民、天佑中華民國。

（本篇聲明引自聯合新聞網〈聲明全文／選不選 2020 ？韓國瑜發表五點聲明〉）

新聞傳送門

❶ Martin Niemöller（馬丁．尼莫拉）於美國波士頓猶太人屠殺紀念碑上留下的短詩：「First they came for the socialists, and I did not speak out—Because I was not a socialist. Then they came for the trade unionists, and I did not speak out—Because I was not a trade unionist. Then they came for the Jews, and I did not speak out—Because I was not a Jew. Then they came for me—and there was no one left to speak for me.」中文語譯：起初他們（納粹黨）抓了社會主義者的時候，我沉默了——因為我不是社會主義者。之後，他們抓了公會成員，我持續沉默——因為我不是公會成員。然後，他們抓了猶太人，我仍保持沉默——因為我不是猶太人。最後，他們來抓我了，再也沒有人站起來為我說話了。

4 Political Fan Phenomenon

從扁迷到韓粉

韓國瑜在2018年底的縣市長選戰中，打了極為漂亮的一役，成功翻轉高雄。他的人格魅力使其在短短半年間就擁有為數眾多的支持者，這些支持者除了在行動上參與造勢晚會以外，更會在網路上集結成軍，為韓國瑜護航。

媒體人更將這股由韓國瑜帶起的風潮，稱為「韓流」，將這些瘋狂追星的支持者，稱為「韓粉」。可不是嗎？除了韓國瑜的「造勢晚會」與明星的「演唱會」略有不同以外，韓國瑜支持者與明星粉絲的所作所為可說是如出一轍。

不知何時，網路上開始流傳一句話——「韓粉出征，寸草不生」，意謂「與韓國瑜為敵者，韓粉就會群起圍攻，大多難以全身而退」。這也給韓國瑜帶來不少麻煩，包括日前曾二次專訪韓國瑜的廣播節目主持人黃光芹，也在網路上受到韓粉的言語攻擊。

但，政治人物的粉絲現象是從韓國瑜開始的嗎？其實不然，早在2000年開啟政黨輪替、首度成為民進黨籍總統的陳水扁，就已經出現這種「政治人物支持者粉絲化」的現象了。

* * *

就讓我們來細數，以下幾位政治明星他們的支持者粉絲化的過程吧！

陳水扁的支持者——扁迷

出生於貧戶之家的陳水扁，經過苦讀，終於考入台大商學系，卻因某次在橋下聽見當時的黨外人士黃信介的演說，除了棄商從法以外，更打下他開始黨外運動的基礎。

人物速寫

台灣民主與黨外運動的先行者——黃信介

黃信介（1928～1999），為高雄美麗島事件的主要人物。1957年，原為國民黨員的黃信介，見國民黨內部拉幫結派、不公不義而對國民黨失望。1979年8月，創辦《美麗島》雜誌，一個「沒有黨名的黨」逐步成形；數月後，發生美麗島事件，黃信介因此遭到逮捕。1987年解嚴前夕，黃信介在蔣經國的指示下被假釋；隔年，當選剛成立不久的民進黨主席，並在其兩任黨主席的任內通過民進黨台獨黨綱。

1979年，美麗島事件爆發，陳水扁加入美麗島事件被告辯護律師團，團中的多位律師後來都成為民進黨內的重要人士，如曾任台北縣長的尤清、現任駐日大使的謝長廷、現任行政院長的蘇貞昌。此事件也成為陳水扁踏入台灣政壇的源起。

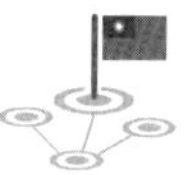

1981 年，陳水扁參選台北市議員，初試啼聲便高票當選；數年後又成功當選增額立委。在擔任民意代表的任期中，他犀利的質詢口吻更受民眾肯定為問政績效榜首。

但當時的陳水扁還只是政治新星，支持者還未過渡到「粉絲化」的現象。真正狂熱的支持者，是從 1994 年陳水扁參選台北市長才開始出現。

面對首度開放市民直選的台北市長選舉，陳水扁在黨內初選時擊敗謝長廷，獲民進黨提名台北市長候選人。他把握住自己因犀利問政而廣為人知的形象，除了將自己打造成「強大國民黨勢力的對抗者」外，他的演講有十足的煽動性，鼓動了受國民黨壓抑的年輕族群。

就這樣，陳水扁成了第一個能讓年輕人關心政治的領袖，成功使全台灣的年輕人都為他瘋狂，成為「扁迷」，也開啟了政治人物周邊商品的熱賣，甚至，在他的造勢場合，不分男女老幼，都會帶著扁帽齊唱他的歌。那年的投票率，更是險些衝破 80%大關，這些在在都能看出陳水扁獨特的人格魅力。

1994 年台北市長選舉結果				
號次	姓名	黨籍	得票數	得票率
1	紀榮治	無黨籍	3,941	0.3%
2	趙少康	新黨	424,905	30.2%
3	陳水扁	民進黨	615,090	43.7%
4	黃大洲	國民黨	364,618	25.9%

柯文哲的支持者——柯粉

柯文哲，這位原先擔任台大外科急救室主任的醫師，因2011年的「愛滋器捐案」而遭懲處，使他燃起針對政府「只求找出頂罪者」態度的改革想法。

柯文哲競選台北市長那年，正逢馬英九政府深陷「太陽花學運」風波的時期。太陽花學運除了使不少政治人物乘勢崛起外，也帶動「網路」這種新型態的媒介在政治領域迅速蔓延。柯文哲有效利用了這股風潮聚集許多支持者，這些「柯粉」很快地投入網路大戰中，圍剿國民黨提名的候選人連勝文。

2014 年台北市長選舉結果				
號次	姓名	黨籍	得票數	得票率
1	陳汝斌	三等國民公義人權自救黨	1,624 票	0.1%
2	趙衍慶	無黨籍	15,898 票	1.1%
3	李宏信	無黨籍	2,621 票	0.2%
4	陳永昌	無黨籍	1,908 票	0.1%
5	馮光遠	無黨籍	8,080 票	0.5%
6	連勝文	國民黨	609,932 票	40.8%
7	柯文哲	無黨籍	853,983 票	57.2%

韓國瑜的支持者——韓粉

韓國瑜親切、豪氣的人格魅力，以及同樣深具鼓動性的演講，為自己吸引了來自各方的支持者，包括藍營根深蒂固的擁護者、對民進黨政府不滿的人士等等。

這些支持者同樣以網路為媒介，四處串聯，並不將戰場放在現實生活中，而是在網絡世界燃起點點烽火，廣泛傳布韓國瑜的言行事蹟。

與「扁迷」、「柯粉」相較，後起之秀的「韓粉」顯然更勝以往，對於網路上與自己持相反意見者，攻擊更是毫不留情。這些都使韓國瑜在外為高雄市奔波的同時，還得回身為這些「韓粉」的所作所為買單。

＊　＊　＊

2014 年，由無黨籍的柯文哲領軍的「白色力量」，帶起綠色旋風席捲整個台灣，他有話直說、他以網路為選戰舞台、他也以公務員的背景迎戰權貴，這些都是為柯文哲帶來支持者的原因，柯粉的聚集、串聯，也造成了「柯文哲外溢」現象，進而使國民黨在 2014 年一敗塗地，台灣在一夕之間「藍天」變「綠地」。

4 年過後，民進黨政府已決心與柯文哲劃清界線，這時，被「遠貶」到南部、用一碗滷肉飯打天下的韓國瑜異軍突起。韓國瑜也把「空軍」建立在網絡上，靠著網路軍團的保駕護航，一步步將自己的理念、口號散播給全台灣的人民，最後將這股力量聚集在 2018 縣市長選戰上，除了高雄在睽違 20 年後終於變「藍天」以外，其餘多個縣市也因「韓國瑜外溢」現象再次翻轉。

短短 8 年時間，台灣的政治情勢就如同「黑白棋」一樣，翻轉過來、又翻轉過去。究竟柯文哲和韓國瑜有哪些共通的人格魅力與選戰策略呢？

首先，兩人都自稱為「平民」，都曾遭受「權貴」的壓迫，這就某方面而言能搏得不少同情票。

其次，兩人都有直爽、誠懇的個性，這對人民來說極具吸引力，但略有不同的是——柯文哲主打自己曾為醫師（表示自己高智商）且為亞斯伯格症患者（在某方面為天才），而韓國瑜則以最直白的選舉口號打天下。

最後，兩人不約而同地將選戰轉移成網絡戰，藉由網絡打響自己的知名度，時不時直播或找網紅聯手，吸引了不少台灣人民的目光。

無論如何，柯文哲與韓國瑜都可以說是突然竄紅的政治明星，他們的聲名鵲起，也在台灣風起雲湧的政治界投下巨型震撼彈。

＊　＊　＊

並不是每個政治人物，都像陳水扁、柯文哲、韓國瑜這樣具有狂熱的粉絲支持者。三人可說是乘「時勢」而起的「英雄」——陳水扁乘「反抗國民黨」之勢而當選「台北市長」、柯文哲乘「愛滋器捐案」及「太陽花學運」之勢而當選「台北市長」、韓國瑜乘「翻轉民進黨」之勢夜襲成功當選「高雄市長」。這種極具「對抗、反抗」性質色彩的風格趨勢，往往使

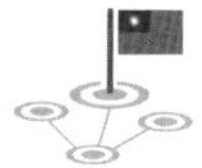

粉絲更具侵略性與戰鬥力。

深具戰力的粉絲，常常將政治人物「神化」，無論這些「造神者」究竟是不是該政治人物真正的粉絲（還是其實是反串的黑粉），這些「神化」政治人物的舉動，並不是長久之計。

水能載舟，亦能覆舟。粉絲進行的網路圍剿行動，很容易就演變成網路霸凌事件，許多看不慣這些粉絲所作所為者，也會將「未善盡督導責任」這個大帽子扣在該公眾人物身上，從而為他／她帶來諸多困擾與麻煩。

92 Consensus
定海神針——九二共識

1992 香港會談「一中各表」的默契形成過程

10月28日	針對「一個中國」問題，兩岸雙方各提出五個方案，但均互不接受。 • 中國大陸的方案之中，最具代表的為：「在海峽兩岸共同努力謀求國家統一的過程中，雙方均堅持一個中國之原則，對兩岸公證文書使用（或其他商談事務）加以妥善解決。」 • 台灣方面回應的五項方案中，受到關注的是：「鑒於海峽兩岸長期處於分裂狀態，在兩岸共同努力謀求國家統一的過程中，雙方咸認為必須就文書查證（或其他商談事項）加以妥善解決。」
10月30日	台灣方面在整合雙方的提案後，再提出「**口頭表述**」方案：「在海峽兩岸共同努力謀求國家統一的過程中，雙方雖均堅持一個中國的原則，但對於一個中國的涵義，認知各有不同。惟鑒於兩岸民間交流日益頻繁，為保障兩岸人民權益，對於文書查證，應加以妥善解決。」
11月3日	台灣海基會在香港會談結束後，正式將「**口頭表述**」方案致函通知海協會。大陸海協會則表示經研究後，對該方案表達尊重並接受，但對口頭表述的具體內容，還需另行協商。 • 海基會在同日發布新聞稿表示，「海協會在本次香港商談中，對『一個中國』原則一再堅持應當有所表述，本會徵得主管機關同意，以口頭聲明方式各自表達，可以接受。至於口頭聲明的具體內容，台灣方將根據《國家統一綱領》國家統一委員會對『一個中國』涵義所作決議表達」。 • 海協會亦在同日透過新華社發布新聞表示願意接受以口頭方式表述一個中國，並建議就表述的具體內容另行協商。

11月16日	海協會致函海基會，表示同意以各自口頭表述的方式，並表明堅持一個中國原則的態度。另外，也將大陸方面的口頭表述重點函告海基會：「海峽兩岸都堅持一個中國的原則，努力謀求國家的統一。但在海峽兩岸事務性商談中，不涉及『一個中國』的政治含義。本此精神，對兩岸公證書使用（或其他商談事務）加以妥善解決。」此函同時附有海基會之前所提口頭表述方案，作為雙方彼此接受的共識內容。
12月3日	海基會函覆海協會，表達台灣方面的看法，再次重申了「各自口頭表述」來解決一中問題：「兩岸事務性之商談，應與政治性之議題無關，且對『一個中國』之涵義，認知略有不同。台灣方為謀求問題之解決，建議以口頭各自說明。」

「九二共識」Q&A

Q1：「九二共識」為何稱為「九二共識」？

A1：「九二共識」之所以稱為「九二」共識，是來源於 1992 年 10 月 26 日至 30 日兩岸的官方授權組織——海基會（台灣）、海協會（中國大陸）在香港舉行的會談，這場會議是為了隔年的辜汪會談而先進行的事務性協商會議，也是海峽兩岸自 1949 年分治之後首次的破冰會談。過程中雙方在彼此互動交流下，對「一個中國」問題達成一種默契——各自以口頭方式進行不同表述。兩岸藉由此次會談所達成的政治妥協，才順利開展 1993 年的新加坡「辜汪會談」以及往後一連串的和平交流。

Q2：「九二共識」一詞出現的背景？

A2：2000 年台灣出現第一次政黨輪替，時任陸委會主委的蘇起為了解決民進黨執政後的兩岸主權問題（因共產黨的「一中」立場及民進黨的「各表」態度，彼此間沒有交集點）而使雙方能夠持續和平交流，於是蘇起為 1992 年香港會談後形成的默契下了一個名詞——「九二共識」，其核心內容依舊是「一中各表」。這個名詞後續也被大陸官方所認可，作為兩岸表達「願意擱置問題，先務實交流」的用詞。而「九二共識」的模糊性，以柔克剛緩解了最尖銳的主權爭議問題，不可否認地，「九二共識」創造出一個海峽兩岸雙方都有「解釋權」的空間。

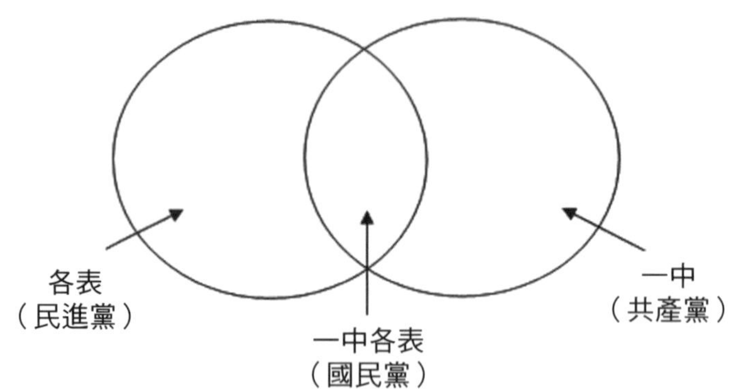

Q3：「共識」的名詞爭議？

A3：「九二共識」一詞的創造人蘇起曾表示：「關鍵是『共識』乙詞。『共識』乙詞在中文應是外來語。它是英文 consensus 翻譯過來，在 1980 年代台灣多元化與民主化的過程中逐漸流行，並於 1990 年代傳入中國大陸。……所以 1992 年以後，我方官員與媒體不約而同地使用『共識』

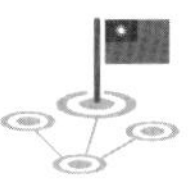

來說明 1992 年的共同看法。中共官方至 1995 年 4 月 28 日辜汪會談二周年時，也首度使用『共識』乙詞。顯見兩岸不僅有共識，並對『共識』乙詞的使用，也有共識。」另外，由香港會談雙方互動協商的過程可以看出，「共識」並非來自雙方簽署的單一文書，而是透過函電往返及各自表述而成型，因此，它有一定的模糊性及表述空間。雖說雙方表述的內容不一致，但彼此能相互尊重並接受。這其中顯示出「兩岸都**有和解意願**、雙方立場**有一定的共同點**、彼此間**存有互信關係**」，這就是一種「共識」的塑成。總之，「九二共識」並非憑空捏造，而是新瓶舊酒，是用於表達兩岸針對「一中各表」所形成的默契。至今「九二共識」一詞已經不只是兩岸間的默契，在 2008 年大陸前國家主席胡錦濤與美國前總統小布希的電話會談中，也使「九二共識」擴展成為國際共識。現今的美國學者亦常以「92 Consensus」稱之。

Q4：「九二共識」真的那麼好用？

A4：近期大陸國家主席習近平對於「九二共識」的言論並不脫自 1992 年以來大陸方面的立場，因此，目前依然是在各說各話，維持現狀的「九二共識」框架下。事實上，只要能確認「雙方有無和解意願？立場是否有異也有同（如何處理這些異同）？雙方是否有互信關係？」並依此達成三要素——兩岸都**有和解意願**、雙方立場**有一定的共同點**、彼此間**存有互信關係**，那「九二共識」仍可維持它兩岸和平交流的定海神針功效。因為「九二共識」主張能成功的關鍵在於「相互諒解，求同存異」，因此，只要雙方均有和解的意願，在「存異求同」的過程中建立基本互信，「九二共識」就只是個 slogan，成為喊出來可以讓對方知道你是否有具備三要素的通關用語。

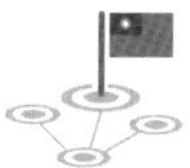

6 *Prospective Policy*

韓國瑜政策的前瞻性

「政策」是指政府、機構、組織或個人，為了實現一個或多個目標而訂立的計畫，政策可以在政治、管理、財經及行政架構上發揮作用以達到各種目標，同時，其設定內容也包含由一連串經過規劃、安排和具有組織性的行動或活動來推動政策進行。在各種選舉或活動發表期間，發掘具有前瞻性的政策，有助於候選人爭取更多選民的支持。

推行政策的過程中，包括以下步驟：首先，先行了解及制定各種可行方案；其次，訂立日程或開支優先順序；最後，經考慮它們造成的影響來選擇將要採取的行動。

無論是政府還是企業，想領導一個組織朝共同目標前進，勢必得規劃出有效且明確可執行的政策，才能使行動更有效率。

＊　＊　＊

韓國瑜之所以能夠吸引眾多粉絲和支持者，其中很大一部分的原因就是他提出「貼近人民生活」的政見。有些政治人物會提出高格局、高眼界的訴求，但這些訴求往往只具有「號召力」而沒有實際執行的可能性，打動不了人民的心。

事實上，很大一部分的人民甚至不管執政者的政治理念是什麼，管他是「台獨」還是「九二共識」，只要可以溫飽、有錢賺便足矣！而韓國瑜從淺入深、從小範圍擴張至大範圍，與選民談的是短、中、長期的計畫與安排，具體且有步驟性地帶著團隊領導市民一起一步步往目標邁進。這樣鮮明且充分的政見發表，也是民眾對韓國瑜有所期待的重要原因之一，因為他將高雄未來的藍圖鋪在眾人眼前，供眾人恣意瀏覽、評判。

★推薦書籍：《把信送給加西亞》（王擎天著）

「我從一開始便透過不同管道闡述我的理念與政見，這一次透過精簡扼要的整理，放入官方網站。希望各方的朋友們能用力地傳散，讓我的政策能深入大街小巷，讓更多人看到我韓國瑜打造高雄的決心！」這是韓國瑜在 2018 年 11 月 14 日凌晨在 Facebook 上的發文，再對照他先是讓副局長監督路平專案，爾後又自己身體力行，親自走訪星馬、港澳等地搶訂單，可見他並不是無的放矢、空口說白話，他是真的具有執行力的政治家。

一直以來，韓國瑜都特別強調要重視高雄的經濟問題——「貨賣得出去、人進得來、高雄發大財」、「讓我們把政治交給台北，高雄的鄉親、南部的鄉親將會以經濟為中心」、「經濟 100 分，政治 0 分」——因為他明白，只要高雄能解決經濟困頓的議題，許多問題都會迎刃而解。

另外，韓國瑜也引用了聯合國人居署最新公布的《全球城市競爭力報告》，高雄的經濟競爭力自 2006 年起，迄今已經足足衰退了 38 名；查閱人口資料，高雄老年人口的比例更是逐年增加，總體人口數更是被台中市超越，屈居第 3 名。這些數據都在在顯示了「高雄又老又窮」的事實。想要降低老年人口的比例，勢必得使「北漂」的年輕人回流，才能做到。而年輕人究竟為何「北漂」？絕大多數都是與「錢途」有關。

＊ ＊ ＊

過去高雄足足由民進黨執政了 20 年之久，留下的現狀與政績高雄市民都有目共睹。實際走在高雄的街道上，在晚上 9 點就已經燈火將熄，彷彿整個城市都陷入沉睡，這在「不夜城」台北市是相當罕見的，曾與台北市並稱為雙直轄市的高雄，如今卻是日日如此，實在令人不勝唏噓啊！

真知灼見的韓國瑜，洞悉高雄仍未消逝的經濟潛力，他立誓要讓高雄成為又年輕、又有錢的全台首富都市，重新拿回過去經濟大鎮的實力，讓高雄這位「沉睡的巨人」再次站上巔峰！

＊ ＊ ＊

接下來，就讓筆者帶大家進入韓國瑜的思維中，分析他為高雄所建構的政策白皮書！

首富經濟

在「首富經濟」中，韓國瑜提出了四個面向——市長招商引資、發展特色觀光、推行「南南合作」、建構南海貿易首都。

四個面向中，「推行南南合作」在執行上的進展可算最快速，比如韓國瑜在結束星馬招商之旅後，馬不停蹄地又展開港澳招商之旅，目前總計已簽下五十幾億元新台幣的訂單，把高雄的農漁產品推向世界。

「發展特色觀光」也已經漸具成效，高雄原先就是從工業城市蛻變轉型的都市，兼具繁華的都會區和純樸的鄉村景觀，無論是景點、歷史、文化、文創、美食，還是特色小吃，對於外地人來說，都深具吸引力，這些都使高雄有雄厚發展觀光的本錢。值得一提的是港星任達華在 2019 年 2 月時就親自前往高雄，與韓國瑜合體推薦高雄的醫療觀光產業；筆者也響應韓國瑜推展高雄觀光之舉，帶了近百位公司員工前往高雄消費。

在「市長招商引資」這部分，韓國瑜於 2019 年 1 月份時就已北上拜訪華邦電、華新麗華、國巨集團、日月光等四大科技廠的董事長，商討投資高雄的計畫；3 月份，更與鴻海集團董事長郭台銘熱線，確定擴大在高雄的投資。

務實建設

在「務實建設」中，韓國瑜提出了三個面向——優化交通網絡、平衡城鄉發展、聚焦建設品質。

「平衡城鄉發展」這個部分，韓國瑜在當選前就已強調自己的團隊是最親民的團隊，甚至在當選後，韓國瑜本人已實行多次的夜宿計畫，希望藉由「夜宿」深入了解部分需要援助或改善的產業或弱勢團體。韓國瑜的團隊也掀起了夜宿旋風，親身前往體驗政府無法觸及的艱困地帶。

「聚焦建設品質」方面，韓國瑜也兌現競選時的諾言——指派副市長管控全高雄市的道路品質，李四川副市長因此時常在深夜出沒於施工工地，除了視察動工的效率外，也慰問夜間忙碌的工人們。

「優化交通網絡」則需要中央與地方協力合作。目前高雄捷運僅有橘線及紅線，與台北捷運五顏六色的捷運路線圖相差甚遠，連最近正在爭取的黃線也才在 2018 年 9 月通過交通部的可行性研究，可見高雄捷運的擴建路還漫漫無期。

青年城市

在「青年城市」中，韓國瑜提出了三個面向——設立「青年局」、青年創業基金、雙語數位教育。

其中「設立『青年局』」與「青年創業基金」均須大量資金投入，這筆資金對於負債累累的高雄而言，是較大的負擔，因此無法一蹴而就。為此，韓國瑜在努力為高雄招商與行銷時，也將此計畫延至 2019 年底實施，而在 2019 年 2 月，則收到高雄市不動產開發公會「捐款 1,000 萬元」的善意。

「雙語數位教育」則是深受韓國瑜重視的區塊，從他創辦維多利亞中小學就可以見得。韓國瑜希望這種「中英文雙語教育」能使高雄順利與世界接軌，成為下一個崛起的「印度」❶。

樂活社會

在「樂活社會」中，韓國瑜提出了四個面向——對抗環境汙染、掃蕩校園毒品、實行友善托育、推行世代共好。

吸毒不僅害人害己，犯罪問題更是層出不窮，近年來的各種統計報告在在顯示出吸毒年齡層有逐漸下降的趨勢。韓國瑜提出「掃蕩校園毒品」的理念，以防範藥頭以糖果、茶包等無害包裝，藉此迷惑青少年，進而使新興毒品流入校園的狀況。

除了吸毒問題，「少子化」及「人口結構老化」也一直都是台灣政府煩惱的問題，韓國瑜分別針對這兩項議題，提出了「友善托育」及「世代共好」的政策。

值得一提的是，「世代共好」政策中，包含了一項「老青共居」的新生活型態，這個策略，曾在荷蘭 Humanitas Deventer 療養院及德國 Geku-Haus 共居社區實施，使長者及青年可以互相分享生活經驗。在台灣，2017 年時，新北市政府就在三峽推出「三峽北大青銀共居居住實驗計畫」，已進行到第三實行階段；2018 年初，台北市政府也跟進，開始推行「青銀共居」，以陽明老人公寓作為示範，招募文化大學的學生入住。因此，韓國瑜提出的構想並非空談，而是真的具有實現可能的。「青銀共居」計畫，抑或稱為「老青共居」計畫，若能實現，將創造「青年人」與「老年人」的「雙贏」局面。

＊　＊　＊

上任高雄市長之後，韓國瑜帶領著團隊馬不停蹄地四處奔

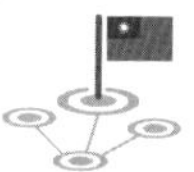

走，為建設高雄踏出第一步。未來在發展的過程中，韓國瑜也相當樂意與各縣市、各路人馬合作，從不分政黨、不分性別、不分族群的方向切入，共同為高雄發展著想。

高雄這部快速列車啟程時，雖然起步將略為緩慢，但它一旦向前衝刺，終將衝出屬於自己的春天！

✪ 打造高雄：14 項政策白皮書

為了讓選民更清楚自己的政見內容，韓國瑜在競選時期成立了一個「韓國瑜 — 賣菜郎 CEO：打造高雄，全台首富」的網站，將個人從競選開始的所有政見、對高雄未來的政策規劃，以及高雄現有的活動消息等，進行統一的集中宣傳和公布。

網站傳送門

❶ 過去龐大緩慢的印度「象」，在近年搖身一變，成為野心勃勃的「印度虎」。印度的崛起，除了得益於它天然地理位置（時區正好與美國相對，分屬不同半球，印度可以接力美國尚未完成的工作，並在下班前移交回美國）的優異外，它的語言（印度曾被英國統治過，因此英語為最受重視的官方語言）更使印度得以順利與歐美各國的專業人才進行溝通，進而吸收歐美各國優秀的技術，培育出自己的科學家、工程師等高端人才。

Debate in the City Council

韓國瑜大戰王世堅

以下摘錄自《台北市議會公報・第 105 卷・第 12 期・市政總質詢第 13 組》之速記錄內容：

質詢日期	中華民國 105 年 11 月 15 日
質詢對象	柯市長文哲
質詢議員	王世堅、江志銘、林世宗（計 3 位／時間 120 分鐘）

影片傳送門

第一階段質詢內容

王議員世堅：

請台北農產運銷股份有限公司韓總經理上台備詢。

韓總經理，你還帶一個保鑣來啊？

台北農產運銷股份有限公司韓總經理國瑜：

是主任秘書。

王議員世堅：

當合音天使就對了！本席沒有請他上台，請他先到旁邊。

韓總經理國瑜：

好。

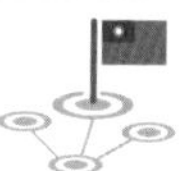

王議員世堅：

市長，本席接下來先讓你看一段影片。

－播放影片－

這是最近市民對於菜價上漲怨聲載道的影片。接下來再播放一段韓總經理如何面對這件事情的影片。

－播放影片－

柯市長，相信你應該看過這個影片，從新聞報導你應該知道這件事。

柯市長文哲：

新聞知道，影片沒有看過。

王議員世堅：

韓總經理這種近乎流氓的行徑，其實也是有其淵源。你再看一段 20 年前的影片。

－播放影片－

韓總經理，20 年過去了，你還是流氓風格，死性不改。

柯市長，剛才第二段影片裡面，韓總經理以江湖口吻大罵「男人世界的小癟三」，用這種近乎流氓的口吻來羞辱可以監督他的國會議員，這算什麼？請問柯市長，現在台北市是流氓當家、黑道治國嗎？對於他這種行徑，你要怎麼處置？市長，他是你的屬下，台北農產運銷公司的總經理，你要怎麼處置？

韓總經理國瑜：

議員不要激動，我自首，如果真的是流氓要送「一清專案」，這不需要市長……

王議員世堅：

還沒有你講話的份啦！

韓總經理國瑜：

這個不需要市長答覆，這是常識問題。

王議員世堅：

柯市長，請說明。

柯市長文哲：

其實台北農產運銷公司是市政府督導的單位，但是也不是直屬市政府，其實我們也只是四大公司的主要股東而已，但是產業發展局是有督導這些公司的權力，所以產發局可以去查他的帳。

王議員世堅：

你的腦袋真的是糊塗到極點！你講這些話就已經不夠格當市長！就本席所知，柯市長見到韓國瑜這種行徑如獲至寶，你要用韓國瑜來當政治打手，幫你掃除政治障礙就對了！現在你對市府是罷黜百官、獨尊國瑜，是不是這樣？

柯市長文哲：

沒有啦！

王議員世堅：

連他這種惡劣流氓行徑，你都不制止、不譴責、也不處理，你這是什麼意思？韓總經理，你要不要道歉？

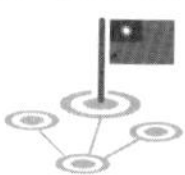

韓總經理國瑜：

跟誰道歉？

王議員世堅：

跟市民、段委員、蔡英文統統都要道歉。

韓總經理國瑜：

為什麼要道歉？請說。請議員說清楚一點。您這樣說我聽不懂，完全聽不懂。你講話不知道是文法不對，還是語意不對，不要太激動，講清楚。

王議員世堅：

韓國瑜，你是挾北農以令天下，你把北農特定的利益給特定的家族。

韓總經理國瑜：

給誰？

王議員世堅：

你聘一些特定的菜蟲當顧問，年薪百萬元，然後讓他們這群人幫你吆喝吶喊助威。你這是挾北農自重、挾北農以令天下！柯市長，這樣的人你還用嗎？

韓總經理國瑜：

議員，我只是個賣菜、賣水果的。我們只是一個蔬菜水果交易平台。

王議員世堅：

賣菜、賣水果？你賣到剝削台北市民！柯市長，你要正視本席的問題，市長重視營運績效，韓國瑜在整場痛罵段宜康的記者會上，說他的績效很好。他的績效是什麼？一年賺個 4,000 多萬元。柯市長，你知不知道成立台北農產運銷公司的目的是什麼？是要幫台北市維持市場機制，保護市民消費者的權益，也保護生產地農民的權益，不要讓菜蟲炒作。結果你要營運績效，要以賺錢為目的之下，你任由他不務正業，去做有機蔬果買賣，裁判兼球員，破壞市場機制，然後豢養一批人，最後交給你這樣的營運績效。

柯市長，就算他賺了 4,000 萬元，可是你知道市民多麼痛苦嗎？今年光是前面 3 個月，6、7 波的蔬菜漲價，這 6、7 波的漲價過程中，平均每位市民總共多花 1,000 元的話，265 萬台北市民，台北市民被剝削了 26 億 5,000 萬元耶！柯市長，你要搞清楚耶！結果你為了一個 4,000 萬元的蠅頭小利，放任韓國瑜在台北農產運銷公司惡搞！本席剛剛提到的維持市場機制他沒有辦法做，為什麼沒有辦法做？因為他破壞還不打緊，他還放任這些菜蟲、果蟲在市場內二次交易、哄抬價格，這就是這一次蔬果大幅上漲最主要的原因。柯市長處不處理？

柯市長文哲：

要不要說明一下，那個價格是怎麼一回事？

韓總經理國瑜：

就以今天價格……

王議員世堅：

你早就應該要求他向你說明了，質詢時間寶貴，你要他說明什麼？柯市長，本席要求你要拿出態度。

柯市長文哲：

檢調也進去查了，一旦進入司法，就交給司法去處理，台北市的態度是這樣。

王議員世堅：

你是他的直接行政上屬，你是市長耶！爛到這個地步，你說交給司法去查！那麼行政責任呢？你是市長，你負責督導農產公司的耶！你在說什麼「肖話」（台語）！

柯市長文哲：

要問的是哪一部分？

王議員世堅：

第一個，像這樣的流氓行徑，你認為他還適任嗎？他挑釁監督他的國會議員，又扯到蔡英文主席，而且是用那樣的口吻！你不用裝傻，粗話你也講夠多了，你自己很清楚。你認為怎麼樣？你認為他還適任嗎？

柯市長文哲：

應該這麼講，每個人都有他的優點，看是要用在什麼地方。

王議員世堅：

你要不要他下台？你認為他這樣對不對？

柯市長文哲：

這個下台，其實……

王議員世堅：

你不用跟本席講這個風涼話！什麼優點？營運績效？市長，台北農產運銷公司抽取固定的營業額比例，另外還有每年 1 億 2,000 萬元的停車場業外收入，這樣的工作是「孤行獨市」（台語），台北農產運銷公司是「孤行獨市」，張三、李四、王二麻子來做，也都會賺錢啦！你懂嗎？結果你找個流氓來做！

柯市長文哲：

這不是我找的，是郝龍斌時代找的。

王議員世堅：

現在跟你「麻吉」（台語）啊！

柯市長文哲：

他不是我任命的。第二點，如果要開除他，也要台北農產運銷公司董事會把他開除。

王議員世堅：

許長仁董事長就是在作業這件事，認為他不適任，結果被韓國瑜和張榮味知道了，向你反彈，你覺得踢到鐵板，你馬上把責任推給許長仁，你說是他擅做主張，你完全不知道，你砍許長仁的頭向張榮味、韓國瑜交心。市長，講起來，你這個市長完全沒有擔當，無能！

柯市長文哲：

你講的這句話我不承認。官股對於人事任命，市長是可以有意見，但是董事長要怎麼處理，坦白講，還是由董事會按照

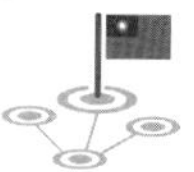

股權結構去投票，這也不是我們一個人可以決定的。

王議員世堅：

所以一盤原本很有贏面的棋局，卻被你玩到全盤皆輸！「好好鰲，刣甲屎流」（台語），市政府和農業委員會可以掌控的，結果你把許長仁砍掉，所以本席認為市長沒有擔當，而且市長今天還決定派許長仁擔任台北富邦銀行的獨立董事，這件事情是你做的，你總知道吧？

柯市長文哲：

知道。

王議員世堅：

如果許長仁當時更換總經理的作業，這種天大地大的事，是由他自己處理，然後你砍他是為了處罰他，那麼你怎麼還會任命他去擔任台北富邦銀行的獨立董事？表示他根本就是奉你之命！奉命行事！許長仁從你競選市長的時候就開始幫你，你和他的關係，本席舉個例來說明，如果你現在叫許長仁去跳樓，他一定直接回答你，從幾樓？

柯市長文哲：

真的還假的？

王議員世堅：

事情是你要他做的，結果韓國瑜和張榮味反彈，你踢到了鐵板。柯市長，要改革就不要怕惡勢力！你懂嗎？當流氓還怕打打殺殺！

韓國瑜，本席直接問你，站在你旁邊的市長，是不是就是你說的「男人世界裡面的『豎仔』（台語）」！沒有擔當！

韓總經理國瑜：

昨天晚上不是有超級大月亮，王議員看了沒有？68 年來最大的月亮，你看了沒有，議員？「**禿子跟著月亮走」，你聽過沒有？誰是「禿子」、誰是「月亮」，你看一下。**

王議員世堅：

你要用自己頭禿來做比喻，本席沒有話說。不過本席今天不是跟你談風花雪月。

韓總經理國瑜：

我也不想談風花雪月。

王議員世堅：

你認為你那樣的流氓行徑，你要不要道歉？

韓總經理國瑜：

你一直說「流氓長」、「流氓短」，我像流氓嗎？

王議員世堅：

你沒有看剛剛播放的影片嗎？

韓總經理國瑜：

那個影片就是流氓嗎？

王議員世堅：

就是流氓！

韓總經理國瑜：

我只是因為段宜康委員在臉書上說我是「菜蟲」、「貪汙」，我不得不反擊。

王議員世堅：

正常人會用江湖口吻罵別人「小癟三」嗎？

韓總經理國瑜：

議員，3 年半來我沒有開過記者招待會，這是第一場。如果是一天到晚開，我沒有話講。4 年沒有開過記者招待會，第一次耶！

王議員世堅：

3 年半果菜市場靜靜地搞黑市、搞菜蟲。

韓總經理國瑜：

王議員是有智慧的人，應該看得清楚。

王議員世堅：

我看得很清楚啊！我剛剛就已經講了啊！

韓總經理國瑜：

我可不可以講講話？

王議員世堅：

你聘任這些特定人士當顧問，年薪百萬元，這就不對！

韓總經理國瑜：

我聘誰當顧問？我聘哪一個菜蟲當顧問？哪一個黑道當顧問？

王議員世堅：

你自己心裡有數。

韓總經理國瑜：

議員，我可不可以回答一點？如果你叫我來挨罵，那麼我不需要備詢。我來這裡備詢，被你一路罵，我不能回應，我不能澄清，我來這裡幹什麼？

王議員世堅：

請問楊燿福不是你的顧問嗎？

韓總經理國瑜：

楊燿福是董事會聘任的顧問，我是總經理。王議員，你這麼有頭腦，連這個 ABC 都看不出來嗎？你好笑耶！他是董事會的顧問。

王議員世堅：

台北農產運銷公司就是總經理制！明明就是由你聘任的！

韓總經理國瑜：

議員不要激動，他是董事會的顧問，有 3 位，楊燿福、邱進福和張清良，和我一點關係都沒有。

王議員世堅：

長來年，你把卸貨業務給特定家族，你知道 1 年的蔬菜卸貨量有多大嗎？一天 1,600 噸，一年 50 萬噸。

韓總經理國瑜：

議員，那都是要招標的。

王議員世堅：

1 噸多少錢，你知道嗎？ 1 年支出多少錢，你知道嗎？這些你都很清楚啊！這些資料都在檢調手上。

韓總經理國瑜：

沒問題，我們完全就是 2 個字「誠實」，我們用「誠實」面對所有的調查。我們認為「誠實」是最好的政策。所以您不要擔心，不要為檢調擔心，我已經原原本本地把資料都給他們了。

王議員世堅：

你所謂的「誠實」，台北市民原本享用的正常蔬果價格，就被你們這群人惡搞！本席剛才提到，光是這一陣子平均每位市民多支出 1,000 元，絕對跑不掉！這筆帳要算誰的？本席請問你，這筆帳要算誰的？

韓總經理國瑜：

議員，給我 30 秒做個完整的報告。今天 11 月 15 日，台北、西螺、高雄等 3 個城市，總蔬菜平均價格，台北 45.5 元，西螺 43.3 元，高雄 45.2 元。請問台北農產運銷跟蔬菜價格高漲，有什麼關係？請您解釋清楚。

王議員世堅：

南北菜蟲一起串連！就是這麼簡單。就是這 8 個字！

韓總經理國瑜：

那就請中央出面去抓啊！農委會馬上去抓！

王議員世堅：

你放心！你進土城看守所前，本席提醒你，記得把曲棍球吞下去。本席剛剛講的這幾樣……

韓總經理國瑜：

萬一我沒有進土城看守所，是不是你吞球？講清楚啊！你跳過海啊！

王議員世堅：

本席不跟你搞這種小玩意的啦！

韓總經理國瑜：

你跳過海，你要不要吞？

王議員世堅：

我不跟你搞這種小玩意，吞什麼曲棍球，小兒科啦！你不用跟我來這一套！

韓總經理國瑜：

「只許州官放火，不許百姓點燈」？

王議員世堅：

本席賭就賭大的，我不跟你搞這種小玩意。

柯市長，你還是拿他沒輒就對了。柯市長，你讓他在台北農產運銷公司做有機蔬業買賣，是對嗎？讓他們供貨給全聯，他們是全聯最大的供貨商，就為了賺那幾千萬元的蠅頭小利！柯市長，如果台北農產運銷公司可以這樣不務正業，那麼警察局也可以不務正業，警察局也可以開保全公司囉？

韓總經理國瑜：

有機蔬菜是 102 年教育局叫我們做的。

王議員世堅：

教育局也可以開安親班囉？你安靜啦！柯市長，可以這樣嗎？公權力可以分開出售嗎？

柯市長文哲：

說明一下有機蔬菜是誰叫你做的。

韓總經理國瑜：

民國 102 年台北市教育局要辦有機蔬菜，本公司奉令開始研究辦理，目前占本公司營業額不到千分之一。

王議員世堅：

你說只有不到千分之一，你是把整個蔬菜進貨量放進來講。

韓總經理國瑜：

當然的。另外一個營業部，只占 1.3%。

王議員世堅：

你以有機蔬菜自豪！就算你賺了 3,000 萬元，這算什麼！你破壞市場機制，你是裁判兼球員，你懂嗎？停車場 1 年也收了一億多元，錢跑哪裡去？

柯市長，你給個態度，本席的質詢時間有限。

柯市長文哲：

說明停車場的收入用到哪裡去。

韓總經理國瑜：

該上繳的部分都上繳給台北市政府。

王議員世堅：

你不用講啦！柯市長，你給個態度。這樣的流氓，你還要繼續用他嗎？你還要聘他擔任首席市政顧問或第一副市長嗎？你要他怎樣？你要他來對付議會？

柯市長文哲：

目前人事的部分就 Hold 著，沒有在處理。

王議員世堅：

什麼沒有在處理？

柯市長文哲：

目前人事沒有在處理。

王議員世堅：

哪一個人事沒有在處理？你該處理的不處理，該解職的不解職。你說哪一個不處理？

柯市長文哲：

沒有。

王議員世堅：

沒有什麼？

柯市長文哲：

你是問我哪一個題目？

王議員世堅：

主席，時間暫停。本席喝一口水。

柯市長文哲：

那我也喝一口好了。

韓總經理國瑜：

我沒有水，可以拿一杯給我嗎？我也口乾舌燥。

王議員世堅：

你也可以喝口水啦！

韓總經理國瑜：

謝謝。

王議員世堅：

流氓也可以喝水啊！

韓總經理國瑜：

那我不喝了，因為我不是流氓。

王議員世堅：

吞曲棍球的時候，記得多喝一點。

韓總經理國瑜：

議員，我可以退席了嗎？

王議員世堅：

你站著聽你的長官怎麼裁示嘛！怎麼發落你的生死嘛！

韓總經理國瑜：

好。

王議員世堅：

柯市長，司法的歸司法，你是行政首長，行政上面你要怎麼處理？

柯市長文哲：

其實他的人事案還是由台北農產運銷公司的董事會決定。我再聲明一下……

王議員世堅：

市長，他的辭職信不是在你的抽屜裡面嗎？那一封辭職信現在怎麼樣？

柯市長文哲：

這件事情有時空背景，沒有辦法在這裡……

王議員世堅：

前前後後不到 1 個月的時間，有什麼時空背景？

柯市長文哲：

今天太混亂了。菜價這件事情，其實我有花時間去研究過，其實當時的菜價，高雄甚至於比台北還高，所以當時是全台灣蔬菜的供需真的出問題，因為連續 3 個颱風。坦白講，這是滿專業的題目，侵襲台灣的颱風，只要不侵擾到雲林和彰化，菜價還不太會動，可是只要雲林、彰化遭到破壞的時候，菜價就會變動。事實上，當時菜價變動的確是有很多的原因。

王議員世堅：

柯市長，本席雖然不齒你，可是我也同情你。原來你研究了半天的資料，就是韓總經理透過這些菜蟲收集來給你的資料。

柯市長文哲：

沒有。

王議員世堅：

市長，全台灣就當時那 3 個月來看，就是台北市的菜價最高，你不要鬼扯高雄。第二點，中央數十年來研擬了一套，如何在水災或菜價高漲的時候，以進口蔬菜或冷凍蔬菜調節，結果進口蔬菜和冷凍蔬菜在台北農產運銷公司操作下，完全失靈！

時間暫停。本席時間有限，第二段質詢再找你。

韓總經理國瑜：

謝謝。

第二階段質詢內容

王議員世堅：

請台北農產運銷公司韓總經理上台備詢。

韓總，別來無恙。

韓總經理國瑜：

掉了一些頭髮，心理壓力大。

王議員世堅：

球吞了嗎？你有留下來，願意面對，這一點很好。

韓總經理國瑜：

謝謝。

王議員世堅：

本席再一次告訴柯市長，韓總經理在台北農產運銷公司有三大罪狀，就是流氓行徑、不務正業、怠忽職守！就這三項，本席認為韓國瑜先生已經不適任台北農產運銷公司總經理。柯市長，所以你要給個交代，你不能都推給司法，這件事情你認為應該怎麼處置？

柯市長文哲：

11 月 30 日應該要開會，我也認為人事應該儘速底定，看他們怎麼決定。

王議員世堅：

柯市長，你說什麼時候開會？

柯市長文哲：

應該是 11 月 30 日。

王議員世堅：

你做何打算？開會的結果跟上次一樣？

柯市長文哲：

台北市政府有 22%的股份、6 席董事，所以我們會配合農委會，合作處理人事問題。

王議員世堅：

柯市長，你不要推卸責任，席次的分配本席都非常的清楚，本席剛才已經講了，再拉 1 席就解決事情，現在台北市和中央既然是白色和綠色共同在執政，很容易排除掉這些江湖人士，不是嗎？

柯市長文哲：

對，所以 30 日……

王議員世堅：

結果「好好鱉，刣甲屎流」（台語），原本很有贏面的賭局，卻被你玩到輸掉！ 30 日你打算怎麼做？是不是要成立新的董事會，然後換掉韓國瑜總經理？你會不會這麼做？要不要這麼做？應不應該這麼做？

柯市長文哲：

應該要先選出新的董事長，然後將整個程序走完。

王議員世堅：

程序上是如此，但是實質上你要怎麼做？要不要換掉總經理？

柯市長文哲：

如果新的董事會要換的話，我們會把它換掉。

王議員世堅：

你怎麼可以把責任推給董事會啦！董事會就是由你主導，你還把責任推給董事會，四大公司的其他三大公司，也是這麼做啊！市政府跟中央合作，不是這樣嗎？

柯市長文哲：

會，我們會跟中央合作處理。

王議員世堅：

如何合作處理？換不換掉韓總經理？

柯市長文哲：

不過我還是要先聲明，這部分要看農委會的態度，我們尊重農委會的處理方式，我們已經跟農委會商量過人事問題。

王議員世堅：

市長，你要給一個結論。例如本席剛才指出的韓國瑜總經理三大罪狀，你認為他還適任嗎？在新任董事長誕生之後，是不是要把它換掉？

柯市長文哲：

這個真的還是應該要由新的董事會決定，當然我們也會表達我們的看法。

王議員世堅：

你的意願呢？

柯市長文哲：

如果新的董事會要換人，就按照新的董事會的決定。

王議員世堅：

董事會要換才換？市政府的官派董事，他們的意願又是誰指示的？當然是由市長指示，不是嗎？

柯市長文哲：

對啊！但是我講過會跟中央農委會合作。

王議員世堅：

你換不換韓國瑜總經理？你的意願是什麼？你認為應不應該換掉他，給市民一個交代？

柯市長文哲：

我覺得那是個是非之地，如果農委會的意見是要更換的話，我們會跟農委會的意見一樣。

王議員世堅：

你都推給農委會！你個人的想法是怎樣？

柯市長文哲：

我的態度是把人事紛爭儘速底定，把問題解決。

王議員世堅：

你這是在講馬後炮！先前你做了一件最不對的事情，把自己的官派董事長換掉，就是本席之前所講的，你砍了許長仁來向韓國瑜和張榮味交心，你把所有的責任推給他，而且你絕對知情，要不然幹嘛又給許長仁一個獨立董事的位置。

柯市長，這件事情經過這幾個月來，菜價上漲了，市民的權益受到影響，市民的荷包也縮水了，然後官派的董事長也被你拔掉了，結果菜蟲也沒有抓到，沒有給市民一個交代。上個禮拜，市長還講「要給新潮流一個交代」，這關政治什麼事？這關新潮流什麼事？你不是要給新潮流交代啦！你是要給市民交代，你懂嗎？韓國瑜用這種分化的方式，扯上段宜康委員、扯上蔡英文主席、扯上新潮流，這是在做政治分化！

本席接下來舉個例給市長，2 年前信義區夜店殺警案，有一個警察被不良少年用紅龍柱亂棒打死，打到骨肉分離。本席跟當時的黃局長講，如果這件事情不速辦、嚴辦，那麼警察局的門可以拉下來了，為什麼？那些不良少年打死這個警察以後，還誣賴該名警察是壞警察，說他是幫夜店圍事。本席當時說如果把血擦掉、紅龍柱移開，就當做沒有那回事，舞照跳、趴照開，那麼司法警察的威信就完全掃地。

同樣的道理，今天菜蟲在韓總經理他們刻意掩飾的台北農產運銷公司，任由他們炒作菜價數年之久。現在國會議員和地方議員要查了，他就賴給段宜康、賴給蔡英文！這算什麼！如果殺警案的那個警察是壞警察的話，也應該是被法辦，而不是被亂棒打死，打到骨肉分離，這一點你懂嗎？一樣的道理，段宜康也好，蔡英文也好，這件事情關他們什麼事？他們說錯什麼？做錯什麼？要任由這個流氓用那種江湖口吻來數落他們？柯市長，你今天非得給本席一個交代不可！你當這個什麼市長！當流氓、黑道影響善良社會的時候，善良社會的民眾都要站出來，你懂嗎？更何況你是市長！

市長，本席現在問你的意願，市政府的官派董事要不要更換韓國瑜？

柯市長文哲：

這個我們還是會尊重董事會，但是我們會先跟農委會商量，這個案子到底要怎麼處理。

王議員世堅：

市長，你在上個月就已經去商量了。柯市長，你越是含混其詞，越是推諉塞責，本席更是覺得你真的不適任！市民選你的時候，你是這個樣嗎？你答應市民的是這樣嗎？當時市民要的是改革的力量，才會支持你這個素人，結果你這個素人所標榜的公開透明到哪裡去了？你跟他們私相授受、眉來眼去，那你不就是跟他們一夥的囉！

韓總經理，本席再給你一個機會，包括你的記者會，以及惡人先告狀，你先到法院提告。你在那2個場合，嚴重地汙辱政治圈的國會議員和政黨主席，對於這樣的流氓行徑，你願不願意道歉？

韓總經理國瑜：

我只想說「問世間情是何物？」、「問世堅真理是何物？」第一，我今天在質詢台變成流氓。第二，我變成菜蟲。第三，我汙辱國會議員。第四，我汙辱了總統。第五，我剝削全台北市民，造成台北市民的痛苦，讓台北農產運銷公司的生意欣欣向榮。我有一大堆的罪狀，但是我只是一個水果蔬菜交易平台。所以我想問世堅真理是何物？

王議員世堅：

你忘了啊！成立台北農產運銷公司就是要維持市場機制，就是要提供一個合理、合法的交易平台，保護市民消費者跟產地農民，減少中間的產銷剝削。

韓總經理國瑜：

王議員，你充滿了理想。

王議員世堅：

結果你不務正業！

韓總經理國瑜：

王議員，你充滿了正義，也充滿了理想。

王議員世堅：

你從事有機蔬果買賣就是不對，就是不務正業！

韓總經理國瑜：

王議員，給我 1 分鐘說明，可以嗎？

王議員世堅：

我的時間只剩下 6 分鐘，你在 20 秒內講完。

韓總經理國瑜：

我不是流氓，我再說一遍，你再這樣講就很無聊了，好不好？我有四個「對得起」，第一個，我對得起股東。41 年來，股東分紅最高是在我的手上。第二個，我對得起員工。600 個員工，60 個讀大學，15 個讀碩士班，40 個補英文，學費由公司出一半。600 個員工當中有 500 個是夜勤，我怕他們身體不好得癌症，全部練氣功。不參加進修計畫，一、三、五、七、九發放理性的書，二、四、六、八、十是發放感性的書，因為員工的學歷嚴重不足。台北農產運銷公司是台灣農產市場的龍頭，軟實力是第一的，所以我們一直不停地在自立自強。台北農產運銷公司欣欣向榮，員工端午節、中秋節長期以來領不到一毛錢，春節只領 2,000 元，到了我的任內，大力地支持他們。

王議員世堅：

時間到了，本席多給了你 15 秒。

韓總經理國瑜：

謝謝。

王議員世堅：

對於韓總經理剛剛的說明，本席一開始就講了，你是挾北農自重，挾北農以令天下！你就是把該管理的、該處理的予以漠視！你任令場內特定人士二次交易！

韓總經理國瑜：

議員，凌晨3點我陪你去看看公司。

王議員世堅：

你邀約了市民去看，結果從頭到尾只有3個市民！

韓總經理國瑜：

報告議員，這個禮拜六的蔬果交易有21位市民參觀。

王議員世堅：

你認為265萬台北市民，參觀人數從3位增加到21位，是多麼了不起的突破嗎？

韓總經理國瑜：

向議員報告，因為報到時間是凌晨2點集合，以遊覽車到萬華火車站接人，必須考量市民的作息可能不習慣。

王議員世堅：

本席對你列出的三大罪狀，你好好地反省。流氓行徑、不務正業、怠忽職守！不務正業指的是你們裁判兼球員，做有機蔬果就是不對！剛好迎合柯市長的要求，要有績效、要賺錢，一切向錢看！結果為了三、四千萬元的蠅頭小利，讓市民的荷包縮水！本席剛才講過，平均每位市民多支出 1,000 元，265 萬市民就有 26 億 5,000 萬元。

柯市長，這就是你的德政。你為了讓台北農產運銷公司賺個三、四千萬元，結果卻讓市民賠掉 26 億 5,000 萬元，這就是柯文哲市長！你這樣叫做素人！柯市長，你給個答覆啊！

柯市長文哲：

你要問哪一個部分？

王議員世堅：

跟你講話實在很累！官派的董事，你要不要交代他們把韓國瑜總經理解職？因為他已經不適任了。

柯市長文哲：

我跟你保證，我一定會跟農委會的投票一致。

王議員世堅：

會跟農委會的投票一致？

柯市長文哲：

我只能做到這樣的保證。

王議員世堅：

只能做到這樣的保證？你認為韓國瑜總經理那樣的流氓行徑是對的嗎？

柯市長文哲：

我也不知道該怎麼講，其實這件事情不應該搞成這個樣子。

王議員世堅：

不應該搞成這樣？那是你咎由自取啊！罪魁禍首就是你嘛！時間暫停，韓總經理請回。

韓總經理國瑜：

謝謝議員，謝謝主席。

王議員世堅：

柯市長，你最近說台灣人從鄭成功時代開始，已經精神錯亂了 350 年，說台灣人是在自我摧殘下苟活，台灣人都是精神錯亂，簡單講，都是神經病就對了。你說了這些話之後，讓本席想到一部電影「隔離島」，Shutter Island，男主角是李奧納多。李奧納多在電影裡面飾演的男主角，懷疑每一個人，把每個人都當做壞蛋，把每個人都當做精神病，每個人在他的眼裡都是精神錯亂，結果這部電影的結局是什麼？飾演男主角的李奧納多就是個精神病，而且全部的角色當中，就只有他一個人是精神病。原來大家是為了醫治這個精神病，所以就配合他演了那齣戲。

柯市長，過去你動不動就經常說這個國家瘋了，這是你的口頭禪。所以本席今天跟很多憤怒的市民一樣，本席要把這句話回敬給你，柯市長，這個市長瘋了！台北市 265 萬市民、台灣 2,300 萬人，大家都是正常人，我們沒有精神錯亂，我們更沒有自我摧殘而苟活，台北市民、台灣人都不是這個樣子。本席希望你擺脫那些跳脫式、無厘頭式、假裝無辜式，現出你的原形才對。

以上是本小組對柯市長、柯市府團隊所上的第 4 堂課。不敬禮下課。

主席：

質詢時間到。